编委会

顾　　问：梁　茜　于俊清

主　　编：王士贤

副 主 编：李战春　康　玲　吴　驰　柳　斌　姚　坦

秘　　书：任佳文

参编人员：（按姓氏笔画排序）

王　芬	毛文卉	文坤梅	龙　涛	任佳文
刘　云	刘　波	刘　洪	刘　恋	刘　群
刘晓兰	刘雅琴	江　林	江　敏	孙晶晶
严　帆	严格知	李　冬	李　凯	李赤松
李俊峰	杨　峰	杨　峻	杨　毅	张　策
张江露	张建国	张洁卉	张晓芳	张雪梅
陆　梅	陈　英	陈小翠	罗　蔚	周丽娟
郑君临	郑祥坤	郑竞力	洪剑珂	秦　楠
徐永兵	唐九飞	陶建平	黄　剑	黄庆凤
黄晓涛	曹　霞	章　勇	彭娅婷	韩迎春
谢立明	雷　洲	詹广辉	蔡春光	熊　鹰

◎主编 王士贤

智慧华中大
——华中科技大学网络与计算中心40周年发展纪实

华中科技大学出版社
http://press.hust.edu.cn
中国·武汉

图书在版编目（CIP）数据

智慧华中大：华中科技大学网络与计算中心 40 周年发展纪实/王士贤主编. —武汉：华中科技大学出版社，2023.5
ISBN 978-7-5680-9369-9

Ⅰ.①智… Ⅱ.①王… Ⅲ.①高等学校-教育工作-信息化-概况-武汉 Ⅳ.① G640-39

中国国家版本馆 CIP 数据核字（2023）第 058032 号

智慧华中大——华中科技大学网络与计算中心 40 周年发展纪实　王士贤　主编
Zhihui Huazhongda: Huazhong Keji Daxue Wangluo yu Jisuan Zhongxin 40 Zhounian Fazhan Jishi

策划编辑：张　玲	
责任编辑：余　涛	
封面设计：刘　卉	
版式设计：赵慧萍	
责任监印：周治超	
出版发行：华中科技大学出版社（中国•武汉）	电话：(027) 81321913
武汉市东湖新技术开发区华工科技园	邮编：430223
录　　排：华中科技大学出版社美编室	
印　　刷：湖北新华印务有限公司	
开　　本：710mm×1000mm　1/16	
印　　张：22　　插页：2	
字　　数：336 千字	
版　　次：2023 年 5 月第 1 版第 1 次印刷	
定　　价：99.00 元	

本书若有印装质量问题，请向出版社营销中心调换
全国免费服务热线：400-6679-118　竭诚为您服务
版权所有　侵权必究

前言
PREFACE

踔厉奋发　创新引领
支撑学校建设中国特色世界一流大学而努力拼搏

时光荏苒，岁月变迁，华中科技大学网络与计算中心迎来创立40周年。40年来，网络与计算中心始终秉承为教学、科研和管理提供一流支撑服务的理念，低调奋进，在学校建设中国特色世界一流大学的征程中，一直发挥着支撑，甚至创新、引领作用。

筚路蓝缕，满怀激情创业。1982年，原华中工学院决定成立计算中心，第一代计算中心人在几乎是一穷二白的情况下开始了艰苦的创业历程。朱九思老校长亲自督建计算中心大楼，一批教师远赴美国接受学习培训，Honeywell DPS8/52等一批世界先进的计算机先后到校并开始运行，短短两三年时间便渐具规模，并为学校计算机教学不断填补空白，为科学研究屡屡建功。2000年，因应学校招生规模扩大，中心向上要空间，在南六楼顶楼加层建设板房，建成容纳547台微机的全国一流的计算机教学开放实验室；2010年，全校服务器集中管理，服务器机房和UPS告急，计算中心启动改建地下室，建成UPS机房和教学科研服务器机房；2014年，为满足校园卡系统等急剧增长的信息化需求，将原网络演播大厅改建为机房；2018年，为满足数据中心扩容和高性能计算需求，将原网络运维办公室和IBM中心办公室改建为机房……全体计算中心人总是在艰难的条件下，满怀激情，通过不懈的努力获取支持，在有限的空间中谋求突破和发展。

计算为宗，助力教学科研。服务于教学科研是计算中心建立之宗旨，从 Honeywell DPS8、NCR、Concept32，以及 IBM 的 S390、z900、z10、AS400、RS6000 等大中型计算机和小型计算机，到 IBM PC、Apple II、286、多媒体 PC 等微型计算机，从面向全校非信息类本科生开设的"计算机概论""计算机文化""程序设计"课程到融入计算思维的课程改革和基于闭环的计算机基础教学质量保证体系，计算中心无不保持着对"计算"的坚持与追求。

网络互联，创新改变未来。1994 年，CERNET 在全国筹建，华中理工大学和同济医科大学在全国第一批建立起校园网，在全国高校率先实行了大规模实名上网，建成了全国高校三大 BBS 之一的白云黄鹤站，PPTV、5Q 等一批 IT 明星在此升起。目前，网络与计算中心已成为 CERNET 华中地区主节点、湖北节点、中国下一代互联网 IPv6 的武汉核心节点和示范单位，接入高校 80 多所，服务用户 100 多万，为华中地区联网单位提供技术支持、咨询和网络安全服务，承担 CERNET 连接北上广成的传输枢纽。华中科技大学校园网已经建成覆盖 6 万余用户的大规模园区网络，部署无线 AP 近 3 万台，实现了室内基本全覆盖；5G 校园专网投入运行；极简以太全光网络获评全国信标委优秀案例；获批中央网信办、教育部等组织的 IPv6 技术创新和融合应用试点项目。目前，已建成全国一流的高校校园网。

信息引领，智慧校园起航。2013 年学校信息化发展开始转型，中心职能不断扩展，逐步从以网络建设为中心转向网络与信息化应用建设并重。

10年来，通过"十个一"工程等建设，校园网和信息化基础设施明显改善，网上办事大厅、华中大微校园、网站群平台、正版软件平台、校园卡系统等200多个信息系统或综合性平台陆续上线；疫情期间，紧急建设了专题网站、师生健康状况填报系统、常住人口管理系统、可信电子成绩单系统、数字返校系统等，有效支撑了学校疫情防控工作。不断探索应用新技术，在全国高校率先建设了"一张表"平台、"一张图"平台、电子签名平台、待办中心、智能问答系统、智能推荐系统、"众筹式"高性能计算公共服务平台、大数据可视化交互与辅助决策平台（数字孪生校园平台）等一批先进的系统，教育部网站、媒体进行了大量报道，引领着中国高校信息化发展的潮流。

追求卓越，链接未来。网络与计算中心将按照学校"敢担大任、勇攀高峰""顶天立地、追求卓越"的总体要求，继续坚持"用心服务、专业高效、风雨无阻"的服务理念，秉承"创新引领、技术赋能、共创价值"的网信精神，紧密围绕"双一流"建设等事业发展总体目标，深入推进信息技术与教育教学和科学研究深度融合，发挥信息技术的创新引领作用，加快学校数字化转型步伐，为学校建设中国特色世界一流大学提供更加强有力的支撑！

网络与信息化办公室主任
网络与计算中心党总支书记、主任
王士贤
2022年11月

目录
CONTENTS

第一章　发展之路 ___ 001
　　支撑卓越　链接未来　网络与信息化跨越发展之路 ___ 002

第二章　砥砺奋进 ___ 033
　　网络运行部：努力让校园网更快，更好用！ ___ 035
　　网络安全技术工作组：负重前行，只为岁月静好 ___ 040
　　信息系统部：让信息多跑路，师生少跑腿 ___ 043
　　数据智能部：创新引领，谱写数据与智能化新篇章 ___ 051
　　计算业务部：计算服务无止境，业务保障无休期 ___ 064
　　计算机开放实验室：务实奋进　全力服务教学实验 ___ 066
　　用户服务部：用心用情用功　全力服务师生 ___ 072
　　同济分中心：踏实努力做建设，细致温馨做服务 ___ 078
　　计算机基础教研室：砥砺奋进正当时，乘风破浪再扬帆 ___ 081

第三章　交流活动 ___ 089

第四章　媒体聚焦 ___ 119
　　华中科技大学深化"放管服"改革　打造"一站式"师生
　　　服务中心 ___ 120

师生少跑路　事事有回应　华中科大：320项事务"一次办好"　_ 122
华中科技大学于俊清：病毒隔离千万家　网络联通你我他　_ 124
华中科大：从"一站式"服务到数字孪生，智慧校园
　　服务10万师生　_ 135
像选车票一样选宿舍，华科大新生用企业微信"秒定"入学手续　_ 139
华中科技大学打造"智能问答"，赋能校园咨询新生态　_ 142
华中科技大学网络与信息化办公室主任王士贤：
　　构建数字孪生校园，促进教育升级　_ 147
在汉高校赴京调研：信息化建设攻坚深水区　_ 153
用"一张图"，打造校园地图服务体系　_ 161
王士贤：科研信息化关键在人　_ 167
【对标对表　先思先行】华中科技大学　王士贤：促进教育融合
　　创新　支撑学校高质量发展　_ 171
【对标对表　先思先行】华中科技大学　于俊清：教育信息化
　　再思考　_ 179
华中科技大学"三维发力"　推进智能化"一网通办"平台建设　_ 185
为科研人员大减负！华科大"一张表"可网上办理300多项流程　_ 187
为科研人员减负　华中科大近400项流程"一张表"办理　_ 191

王士贤：迈向深度融合的高校信息化　　_194

　　【光明时评】　为科研人员减负　实招越多越好　　_203

第五章　大事记　　_207

第六章　成果统计　　_287

第七章　建设者　　_337

智慧华中大

——华中科技大学网络与计算中心四十周年发展纪实

第一章
发展之路

支撑卓越　链接未来
网络与信息化跨越发展之路

华中科技大学网络与信息化起步可追溯至 1982 年华中工学院成立计算中心，历经砥砺发展，迄今已经走过 40 年的历程，经历了大型计算机、微型计算机、校园网络、数字校园和智慧校园 5 个阶段。40 年来，学校网络与信息化工作始终紧紧围绕立德树人根本任务，始终坚持服务学校教学、科研、管理和服务等中心工作，始终牢牢把握发展支撑、信息枢纽、数字底座、创新引擎基本定位，始终努力秉持响应学校发展、回应师生需求、因应技术潮流基本理念，始终积极坚持资源共享、高效服务、科学管理基本原则，从无到有，从小到大，由弱到强，充分展示出强盛生命力和勃勃生机，稳步实现了高质量、跨越式发展，为学校教学、科研、管理各项事业跃迁提供强大的信息化技术保障和支撑。

·从单一到统筹：机构沿革·

1982 年 6 月 30 日，原华中工学院决定成立计算中心，划归自动控制和计算机工程系领导，计算中心的主要任务是为教学、科研工作服务（院科字〔1982〕84 号）。1981 年，原武汉医学院（原同济医科大学前身）设立计算机室。

1984 年，原华中工学院计算机系的小型机实验室划归到计算中心，成立了微机实验室。

1985年4月18日，计算中心从自动控制和计算机工程系划出，成为独立的二级单位，行政升为处级建制，支部隶属机关党总支（院发字〔1985〕46号）。

1985年，原华中工学院成立了计算机基础教研室，共有教师5人。主要任务是面向工科专业的学生开设"FORTRAN语言程序设计"课程，编程环境是使用Honeywell机的FORTORAN77。

1987年12月11日，建立计算中心直属党支部（院发字〔1987〕125号）。

1994年9月26日，中国教育和科研计算机网CERNET华中地区网络中心在我校设立（教技〔1994〕45号）。

1996年5月29日，学校成立"中国教育和科研计算机网络华中地区网络中心""华中理工大学校园网网络中心""华中理工大学信息网络工程中心"，上述机构不设行政级别（校办字〔1996〕10号）。

1996年5月13日，根据国家教委与美国国际商业机器有限公司（IBM公司）就加强信息技术教育进行广泛合作的精神，华中理工大学与IBM公司建立合作关系，并共建"IBM公司与华中理工大学计算机技术中心"。

1997年11月3日，计算机科学与工程系从信息科学与工程学院划出，与计算中心联合成立计算机科学与工程学院，成立计算机科学与工程学院党总支。

2000年5月，华中理工大学、同济医科大学、武汉城市建设学院和武汉科技职工大学（科技部管理学院）合并成立华中科技大学。四校计算机基础教研室合并，成立了华中科技大学计算机基础教研室。

2005年7月8日，计算中心从计算机科学与技术学院划出，成立华中科技大学网络与计算中心，并成立华中科技大学网络与计算中心直属党支部。

2006年9月，根据学校深化医科管理体制的决定，同济医学院计算机网络中心并入网络与计算中心。

2013年11月，进一步理顺学校信息化管理体制，加快学校信息化进程，学校决定成立信息化管理办公室。

2015年8月，为进一步理顺部门职责关系，优化机构数量，提高管理水平和运行效率，学校决定成立网络与信息化办公室，信息化管理办公室、注册中心并入网络与信息化办公室，网络与计算中心挂靠网络与信息化办公室。

2017年8月16日，为进一步加强学校基层党组织建设，规范和优化学校基层党组织设置，撤销网络与计算中心直属党支部，设立网络与计算中心党总支。自此，学校网络与信息化工作格局发生根本性变革，从网络与计算中心原来的单一直属单位功能，提升为网络与信息化办公室统筹全校信息化建设发展的重要使命。

· 从萌芽到繁华：发展历程 ·

1. 破土萌芽：1982—1984（大中型计算机阶段）

为了改善高校的计算机教学和科研环境，1982年国家利用世界银行贷款为高校引进计算机，我校是第一批引进计算机的14所高校之一。引进的机型是美国霍尼韦尔（Honeywell）公司DPS8/52中型计算机，终端数64台。在朱九思老校长的亲自关心和督办下，紧邻学校主楼南一楼后面新建了南六楼，作为计算中心教学、科研和办公为一体的大楼。从1983年初破土动工，不到一年的时间，一栋具有集中式空调，建筑面积达3000多平方米的三层楼建立起来。同时，学校用世界银行贷款又引进了GOULD公司的concept32/2750 CAD系统和NCR商业机，1984年初NCR商业机和DPS8/52中型计算机等设备先后到校，经过紧张的安装调试，7月正式对全校师生开放。

在以后的几年里，每年约有200多项科研课题在DPS8/52和CAD系统上进行，多项课题完成后达到国内先进水平，如我校机械系在DPS8/52上安装和扩充的机械零件优化程序软件包获国家科研成果奖，计算中心与化学系合作的在DPS8/52上完成的国家自然科学基金"微量元素数据库"达到国内首创水平，计算中心与船舶系合作移植的SAP5线性结构学软件包为许多科研解决了重大的设计问题。

图 1.1　Honeywell DPS8/52 计算机系统主机房

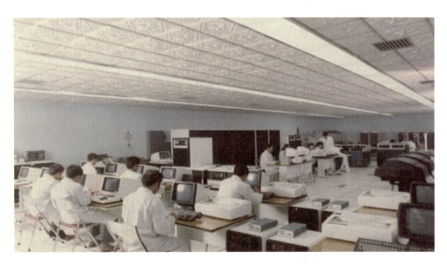

图 1.2　Honeywell DPS8/52 计算机系统在工作中

图 1.3 终端室

2. 生根发叶：1984—1993（微型计算机阶段）

1984年，学校再投资购买 IBM PC 和 Apple-II 各 45 台，教学、科研计算机终端数达到 170 台。在此期间，不断从各院系抽调教师和实验人员，计算中心人数达 90 人，下设有 Honeywell 室、NEC 室、CAD 室、微机室、计算机基础教研室和动力室，计算中心称为学校计算机教学中心、科研中心和服务中心。为了满足学校科研和教学的需要，大机系统为全校师生 24 小时开放，微机在工作时间全开放，每年提供 35 万机时。承担全校的算法语言教学工作，1990 年增开"计算机概论"课程，实行讲课、答疑、批改作业、辅导上机一条龙，提高了教学质量，算法语言教学小组获校 1985 年教学质量优秀奖。

图 1.4 学生在微机实验室上机

图 1.5 教师辅导少年班的学生上机实验

3. 拔节伸茎：1994—2010（校园网络建设阶段）

1994年，在学校的大力支持下，争取到中国教育和科研计算机网CERNET华中地区网络中心设在我校，为中心的发展提供了极好的机遇。同期，学校在计算中心建立起校园网络中心，负责校园网建设和运管，中心逐步建立起以网络平台和计算平台服务为主体的基础设施。校园网的建设坚持"标准化设计、规范化建设、智能化监测、制度化管理"，投资达3776万元，特点是平台规模大、带宽高、性能高、效率高、覆盖广、应用多、进宿舍早，并在2000年成功实现了三校区跨城区、跨江光纤千兆网络互联，校园网已覆盖了全校所有的办公区、教学区和学生宿舍。在网络应用中，率先采用了大屏幕图形和数字网络监控系统，开发了学生自助服务系统、计算机开放实验室系统，开展了网络视频会议、网络招生录取、数字图书馆、远程教育、多媒体网络教学，以及教育部精品课程网上评选、网络电视直播等一系列基于网络平台的应用服务。

2000年，为满足扩招后的教学需求，学校投资800多万元在南六楼上加层建成了一个大型计算机开放实验室，共安装计算机547台、专用服务器3台，安装各种教学软件30多种，建立了良好的网络和教学环境。2002—2003年学校又投入约100万元对计算中心2楼的3个小机房进行了更新改造，安装计算机150台；同时建成了1个小型组网实验室，可供20余人同时进行实验，填补了当时计算机网络课程完全没有实验环境的空白。2007年，为迎接学校本科教学评估，投资1000多万元购置了1000多台计算机和网络设备，建设了东校区计算机开放实验室，使计算机开放实验室规模达到1600台，同时新建了网络实验室和数码艺术实验室，为培养学生的计算机实践能力提供了良好的平台。

计算机基础教学工作快速发展。在20世纪90年代后期，"计算机概论和程序设计"课程被列为全校非计算机专业的必修课。2000—2002年，网络与计算中心开展计算机基础教学课程体系和教学内容改革，逐步形成2+1（2门必修课+1门选修课）的课程设置方案；2002年面向全校新开"因特网与应用"课程。届时，开设的核心课程达6门、公共选修课程达到10门，接受授课学生年均3000余人。网络与计算中心成为学校非计算机专业计算机基础教学的牵头单位。

科研工作逐步形成具有中心特色的研究方向，以带动相应领域的日常工作保持一流的水准，使网络与计算中心在全国高校同行保持与华中科技大学同等或同步的地位或水平。

1995 年 3 月，创建了华中理工大学 IBM 计算机技术中心，这是国家教育委员会与 IBM 公司在全国 23 所知名大学创建的技术中心之一。

图 1.6　1996 年初建时华中地区网络中心及其武汉主节点机房

图 1.7　1996 年初建时校园网络中心主机房

图 1.8 华中理工大学计算机技术中心 S390 主机房

图 1.9 2000 年建设的可容纳 370 人的计算机开放实验室

图 1.10 2007 年建设的可进行 50 多个网络实验的计算机网络实验室

图 1.11 2007 年投入使用的有 400 个机位的东校区计算机开放实验室

图 1.12　2008 年投入使用的数码艺术设计实验室

图 1.13　2010 年网络主机房一角

4. 含苞怒放：2011—2015（数字校园建设阶段）

围绕学校"十二五"发展规划提出的任务，到 2015 年，作为学校信息化建设的主要承担单位，网络与计算中心在学校信息化统一规划下，具体实施完成数字化校园建设，力争数字化校园水平居于全国重点高校前列；计算机基础教学水平大幅提高，教学质量明显提高，教学特色明显，在全国高校中具有一定影响。

图 1.14　2011 年改造后的网络主机房一角

图 1.15　网络机房配套的精密空调

2013 年校务综合管理信息平台投入运行，华中科技大学外国留学生在线申请（支付）系统从校外服务器平台正式迁移到学校电子校务综合管理平台上，成为电子校务平台上正式运行的首个系统。

校园无线网建设快速发展，到 2013 年底已部署了近 1400 台 AP，覆盖了教学办公楼 25 栋、学生宿舍 4 栋、公共场馆及室外公共区域 5 处。为了让广大新生更早更好地体验校园网,网络与计算中心首次在迎新现场设置了迎新点,帮助新生立即体验校园无线网。为了进一步提高服务质量,网络与计算中心建设了呼叫中心和运维系统,2014年4月1日正式投入运行。2015年4月25日,我校校园卡系统正式上线,建设了应用于食堂消费、超市购物、医院就医、图书借阅、网费充值、乘坐校车、体测签到等30多个场景的校园卡系统,实现了"一卡在手,走遍校园"。

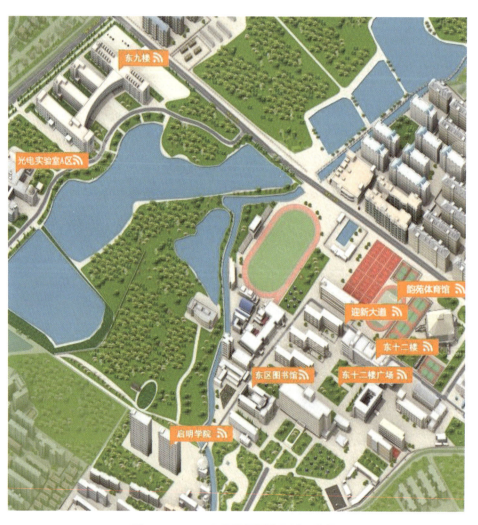

图1.16 2013年无线网覆盖区域示意图

图 1.17 迎新点校园无线网咨询现场

图 1.18 校园卡

2013年8月底,东校区计算机开放实验室完成了"计算机基础实验室改造"项目,更新了计算机和电脑桌,对机房环境进行了维修改造。

图1.19　东校区实验室改造后的场景

在这个时期,为了规范全校的信息化建设管理,信息化管理办公室不断加强制度和规范建设,相继出台《华中科技大学信息化建设纲要》《华中科技大学信息化管理工作条例》《华中科技大学信息化技术架构条例》《华中科技大学互联网站管理办法》《华中科技大学互联网络域名管理办法》《华中科技大学信息化项目管理办法》《华中科技大学信息管理系统使用人员编号编码管理办法》《华中科技大学校园卡管理办法》等文件。信息化建设、网络服务等流程越来越规范。

5. 似锦繁花：2016年至今（智慧校园建设阶段）

2015年8月,学校成立网络与信息化办公室,进一步理顺了信息化体制机制,落实了信息化建设经费,不断充实信息技术队伍。2016年6月,《华中科技大学"十三五"信息化发展规划》出台,提出了通过"十个一"工程建设全国一流智慧校园的目标,学校网络与信息化建设进入快车道,校园有线网络和无线网络实现全覆盖,信息化基础设施明显改善,网上办事大厅、华中大微校园等200多个信息系统陆续上线,有力地支撑了学校教学、科研、管理和服务等工作，师生信息化获得感、幸福感和安全感明显增强，初步建成了具有华中大特色的全国一流智慧校园。

1）"十个一"工程建设成效显著

（1）"校园一张网"夯实网络基础。

建成了有线和无线校园网，以及能满足校内外相关单位使用需求的统一建设、管理和运维的校园光缆网络。校园网完成大二层整体升级改造；部署无线 AP 设备 2.9 万余台，实现了室内基本全覆盖；出口带宽达 70 Gb/s；建立了参照 ITIL 的校园网运维管理平台和呼叫中心；升级了学校电子邮件系统，新建校友电子邮件系统。校园网建设规模和运维管理水平居全国高校前列。

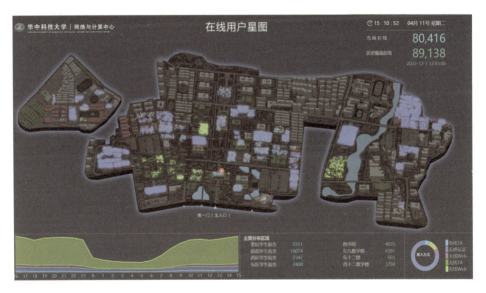

图 1.20　校园网星光图

（2）"基础一平台"提高设备效益。

建成了核心数据中心、二级数据中心、校园卡数据中心以及灾备中心，形成"三中心一灾备"格局的信息化基础平台。数据中心资源总配置达到 CPU3800 核，内存 60 TB，存储容量 3.7 PB，运行虚拟服务器 1800 多个，支持 200 余个校级重要信息系统运行，基本统一了数据库管理系统和中间件等基础软件，从根本上解决了基础硬件和基础软件散乱和重复建设的问题。

（3）"网站一个群"确保网站安全。

建设了涵盖学校主页、新闻网、职能部门、学院、直附属单位等各二级单位，各实验室、科研团队、课程组主页以及教师个人主页的网站群平台。入驻网站556个，开通教师个人主页2308个，实现了分散站点集中管理、系统安全统一监控、用户权限一体化授权的"网站一个群"，网站稳定性、可靠性和安全性大幅提升。

（4）"数据一个库"保障数据一致。

建成了以实现数据共享为主要目的的基础数据库。以52个信息系统的数据库为权威数据源，为109个信息系统提供基础数据，为90个系统之间提供两两数据交换服务，日均共享数据约1.6亿条，有效保证了学校基础数据的一致性。

图1.21 统一数据服务平台

（5）"集成一总线"消除信息孤岛。

创立了全生命周期的信息化项目管理方法，实施了16项集成和共享标准，确保了新建系统不再产生新的"信息孤岛"。数字迎新、财务报账、OA系统、本科教务、研究生综合管理、人事系统、科研管理、思政一键通、设备管理、房产家具管理、教代会提案、智慧医院、档案数字化、明厨亮灶等一大批管理服务信息系统建成或升级，助力学校管理服务水平明显提升。

（6）"上网一个号"解决账号烦恼。

建设了集成账号密码、第三方绑定、二维码、人脸识别等多种登录方式的统一身份认证系统。接入信息系统130余个，注册用户36万人，激活用户16万人，日均认证10.8万次，解决了师生记多套账号密码的烦恼，实现全校师生上网认证一个号。

(7)"信息一个站"完成信息汇聚。

建成了PC版信息门户和基于微信企业号（企业微信）的移动信息门户——华中大微校园。PC版门户提供了通知、公告、公文等公共信息和各类待办等个性化信息以及常用正版软件服务，华中大微校园应用有300余个，涵盖教学、学习、办公、生活、医疗等，为师生提供了"一站式"信息服务。

(8)"消息一通道"实现统一管理。

建设了实现短信、微信和邮件三个通道消息集中统一管理的统一通讯平台。为103个系统提供发送接口服务，为全校各单位提供人工发送服务，年均发送短信228万条，微信172万条，邮件32万封，有效保障了消息安全和师生体验。

(9)"校园一张卡"便捷校园生活。

建成了应用于食堂消费、超市购物、医院就医、校园门禁、乘坐校车、体测签到等30多个场景的校园卡系统。发卡56万余张，推出了电子账户和无卡支付，实现了"一卡在手，走遍校园"，极大方便了师生在校园内的工作、学习和生活。

(10)"办事一张表"打造智慧办事。

建成了网上办事大厅和"一张表"平台。网上办事大厅上线流程375项，统一了校园卡、设备、家具、本科教务、研究生、荣誉证书等自助终端设备，与师生服务中心共同构建了线上线下结合的"一站式"智慧办事服务体系；"一张表"平台应用于全部41个学院，实现了教职工年度基本数据汇总自动化和学院基础数据的展示分析。

2）创新型系统全面应用

2021年是学校校园网全光网络建设元年，开始建设全光宿舍网络；与中国联通合作建设了5G校园专网，校园网进入5G时代。疫情防控期间，上线了可信电子成绩单系统，有效解决了学生居家学习期间办理成绩单的需求；建设了课程平台、常住人口管理系统、数字返校系统、数字化迎新报到系统等，保障了疫情期间"停课不停学"、校园健康管理和学生有序返校。建设了学生大数据分析平台，完成了精准资助、学业预警、关注学生上报管理、智能就业等模块，为精准化管理服务提供了重要支撑。待办中心上线，与 OA、设备管理系统、采购管理系统、会议管理系统、网络安全管理平台、网上办事大厅等 10 余个系统待办集成，实现各类业务的待办事项一站式审批，解决了师生待办处理分散的痛点。电子签名系统上线，并在财务电子审批、网上办事大厅、高性能计算公共服务平台结算等系统中进行了应用。智能问答系统、智能推荐系统、数据看板系统、大数据可视化交互平台（数字孪生校园）等智能化应用陆续上线，在全国高校信息化中发挥了创新引领作用。

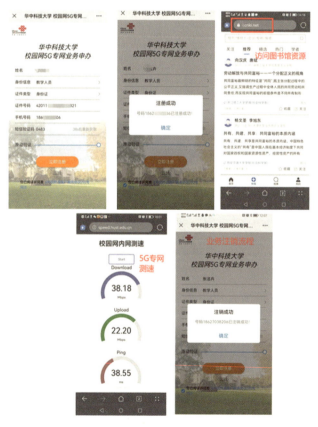

图 1.22　5G 专网用户自助申请页面

图 1.23 智慧迎新大屏

图 1.24 新生使用智慧迎新系统刷脸报到

图 1.25　待办中心

图 1.26　电子签名平台

3）计算机基础课程建设成果丰硕

持续深化课程整合改革，计算机基础教学质量稳步提升。2016 年开始探索和实践基于新工科的创新理念，探索计算机课程线上线下与分层教学相融合的计算机基础教学模式。2017 年 9 月"VB. NET 程序设计"MOOC 课程在中国大学 MOOC 平台上线，2019 年 12 月"C＋＋程序设计基础"MOOC 课程在中国大学 MOOC 平台上线，每期选课人数均在 9000 名以上。2019 年开始在环境科学与工程学院、药学院、建筑与城市规划学院等学院进行了试点，开设"计算机与程序设计基础（Python）"课程。2019 年"VB. NET 程序设计"MOOC 课程获湖北省本科精品在线开放课程；2020 年"计算机与程序设计基础"课程获国家级线下一流本科课程；2022 年"计算机及程序设计基础（Python）"课程获湖北省线下一流本科课程。

图 1.27 国家级一流本科课程

4）规章制度建设更加完善

先后出台《华中科技大学信息技术安全事件报告与处置流程（试行）》《华中科技大学基建修缮工程中计算机网络建设管理暂行办法》《华中科技大学信息系统建设与运行维护管理暂行办法》《华中科技大学网上办事大厅信息平台建设管理暂行办法》《华中科技大学校园计算机网络管理办法》《华中科技大学信息化自助设备建设与运行维护管理办法》《中共

华中科技大学委员会关于落实网络安全工作责任制的实施细则》《华中科技大学网络安全事件应急预案》《华中科技大学网络安全责任制落实考核评价办法》《校内常住人员登记管理信息系统管理办法》《华中科技大学"十四五"信息化发展规划》《华中科技大学高性能计算公共服务平台建设与运行管理》等文件，截止到目前，共制定校级信息化规章制度43个。

受邀100余次在中国高等教育学会教育信息化学术年会、中国教育和科研计算机网络学术年会、中国高教博览会等全国和地区性的会议上做特邀报告，累计受众6000余人，覆盖高校500余所。包括北京大学、清华大学在内的近100所高校到我校参观调研信息化工作。出版的《高校信息化建设与管理》系列著作（三册）在高校同行中产生了强烈反响，销售8000多套。在我校首创或以我校建设思想为主进行大规模创新的信息化产品如本科教育教学综合服务平台、移动信息门户、"一张表"平台等产品在20余所重点高校推广应用，惠及全国高校40余万师生。

图1.28 国内第一套高校信息化建设与管理系列丛书

5）受到上级部门表彰和社会认可

中央网信办领导来校视察，对我校教育教学信息化和网络安全工作高度认可。我校申报的中央网信办、教育部等组织的IPv6技术创新和融合应用试点项目通过。教育信息化试点"智慧校园与社会服务模式探索"顺利通过教育部验收。教育部网络安全考评成绩居全国高校前列。湖北省网信办在我校设立"湖北省网络安全与信息化创新研究中心"和"湖北省网信智库"。

图1.29 中央网信办、湖北省等上级领导来校视察

与锐捷网络股份有限公司合作的"极简以太校园全光网络"获评由全国信息技术标准化技术委员会教育技术分技术委员会组织的高等学校数字校园建设规范优秀应用案例;"移动信息门户——华中大微校园"等4案例入选湖北省数字校园应用场景优秀案例;被评为2017年度和2021年度湖北省网络安全等级保护工作先进单位;获得第二届智慧高校CIO论坛智慧高校综合实力卓越奖凌云奖;获2021年度微信"数字化政务民生先锋·教育"奖。《高层次创新人才培养教育数字信息化生态研究与实践》获第九届(2022年)湖北省高等学校教学成果奖二等奖。

图1.30 获评高等学校数字校园建设规范优秀应用案例

湖北省教育厅办公室

鄂教科办函〔2021〕21号

省教育厅办公室关于公布数字校园应用场景案例遴选结果的通知

各市、州、直管市及神农架林区教育局，各高等学校：

按照《省教育厅办公室关于征集数字校园应用场景案例的通知》（鄂教科办函〔2021〕5号）部署，经各单位申报推荐、省级组织专家评选，共遴选出363件优秀案例，现将案例名单予以公布（见附件）。请各地和学校认真参考借鉴优秀案例的经验做法，不断提升数字校园建设与应用水平。

附件：湖北省数字校园应用场景优秀案例名单

湖北省教育厅办公室
2021年10月26日

图1.31 4案例入选湖北省数字校园应用场景优秀案例

2. 高等教育组

序号	案例名称	单位
1	中法线上线下混合教学的信息化应用	湖北汽车工业学院
2	基于智慧教学平台的多维无感知教学督导	三峡大学
3	面向课程评价的知识点自动分析系统	三峡大学
4	三峡大学用户画像平台	三峡大学
5	三峡大学机构知识库建设	三峡大学
6	线上线下多平台全融合的智慧教学应用	三峡大学
7	"学在华中大"数字校园智慧教学环境应用	华中科技大学
8	一张表平台	华中科技大学
9	移动校园门户——华中大微校园	华中科技大学
10	智慧华中大——构建线上线下一体的智慧办事服务体系	华中科技大学
11	OBE模式全过程教学及管理信息化	武昌首义学院
12	基于云部署的媒体融合仿真系统	武昌首义学院
13	智慧教学区域建设	武汉商学院
14	打造空中课堂 搭建"教室+工地"同步教学桥梁	湖北城市建设职业技术学院
15	蘑菇丁实习管理平台开启精细化管理新篇章	湖北城市建设职业技术学院
16	以平台建设为抓手,推进学校高质量发展	湖北国土资源职业学院
17	高校云端一体化教学服务应用	华中师范大学
18	高校智慧教学环境探索与实践	华中师范大学
19	"一景多用"助力数字教育资源建设	华中师范大学
20	南湖e站实现师生"少跑路"	华中师范大学
21	数据驱动的教学创新	华中师范大学
22	微助教在心理学课程中的应用	华中师范大学
23	教育部华中师范大学心理援助热线平台	华中师范大学
24	虚仿助力实验教学,大力推进资源共享	华中师范大学
25	"同课异构 协同共研"——打造全国思政课教师"云端"备课新模式	华中师范大学
26	数据资产化管理应用案例	湖北民族大学
27	虚拟校园应用案例	湖北民族大学
28	校园外卖应用案例	湖北民族大学
29	以制冷资源库建设应用为抓手,打造"时时处处人人"的学习环境	黄冈职业技术学院
30	开展信息化农民教育培训,助力数字乡村建设-信息技术在高素质农民培育中的应用与实践	黄冈职业技术学院
31	推进教学评价信息化,全面提升教育教学质量	黄冈职业技术学院
32	"螺旋递进,全面培养"的职业院校信息素养培育体系构建与实践	黄冈职业技术学院
33	双线双元融合教学在《饮料生产技术》课程中的探索与实践	黄冈职业技术学院
34	湖北文理学院知识空间服务系统	湖北文理学院
35	学生自助入学报到	湖北工程职业学院
36	学生行为画像	湖北工程职业学院
37	故障报修	湖北工程职业学院

续图 1.31

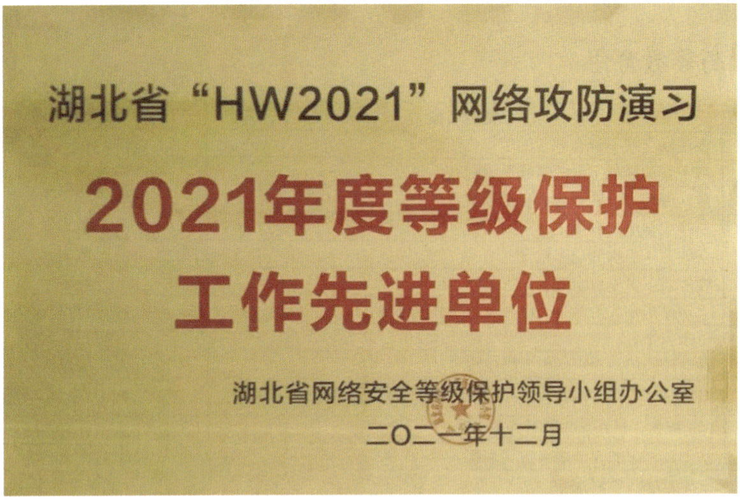

图 1.32 被评为 2021 年度湖北省网络安全等级保护先进单位

图 1.33 获第二届智慧高校 CIO 论坛智慧高校综合实力卓越奖凌云奖

图 1.34 获 2021 年度微信"数字化政务民生先锋·教育"奖

6）媒体关注并广泛报道

学校信息化工作受到媒体关注，自 2015 年 6 月，每年推出"光阴的故事"毕业生个性化大数据系统，以故事的形式将学生在校期间的 10 余类数据温情展示，在广大毕业生中引起强烈反响，新华网、中国教育电视台等数十家媒体或网站进行了报道或转载，被评为"大数据应用于教育行业的十大案例（国内外）"之国内案例之首。此外还推出了"同年同月同日生""四六级成绩"等个性化大数据。

图 1.35　本科生毕业生个性化大数据系统

人民网以"华中科大：320 项事务'一次办好'"；教育部网站以"华中科技大学深化'放管服'改革打造'一站式'师生服务中心""华中科技大学'三维发力'推进智能化'一网通办'平台建设"；中国教育网以"华中科技大学打造'智能问答'，赋能校园咨询新生态"；腾讯网以"华中科大：从'一站式'服务到数字孪生，智慧校园服务 10 万师生"等为题进行了报道。中国教育网在"对标对表 先思先行"专题活动中，先后刊发了"华中科技大学王士贤：促进教育融合创新支撑学校高质量发展"和"华中科技大学于俊清：教育信息化再思考"的文章。初步统计，各类媒体、网站报道转发 100 余篇（次）。

华中科大：320项事务"一次办好"

2018.12.25 09:27 中国教育报

"过去签订一份三方协议得盖4个章，在保卫处、学院、派出所等多个部门之间来回跑，以往，一些高校存在审批事项不集中、盖一个章、只需填一张表、师生办事来回跑的问题，以及"门难进、脸难看、事难办"的现象。如何提升管理服务水平，让广大师生拥有更多的获得感？近年来，华中科大通过推进"放管服"改革，统筹全校公共服务资源，建立网上办事大厅及线下师生服务中心，让师生少跑路、事情能"一次办好"。

华中科大师生服务中心为师生集建试个窗，中心已经有25个单位提供131项线上服务，18个单位设立28个服务窗口，9个单位设立17台自助服务设备，同时引进了五大类30多项社会服务，涉及义务乘票取款、天然气购气、武汉通充值等方面，并出台配套措施确保320项师生事务可"一次办好"。截至目前共办理事项逾16万件次，服务满意度始终保持在99.5%以上。

华中科大以工作流程设计与再造为抓手，先后梳理优化各类流程近百项，极大地提高了"一次办结率"与师生满意度，如网上报账，通过财务处、网信办等多部门协同，解决了长期困扰师生的缴费难、报账难问题。报账难问题：一张麦工程，整合全校34个职能部门的力量，化解了数据分散、不准确、反复填表等难题；2244报修平台，提供"事事有回应"的全年无休服务。

"在优化服务的过程中，学校既做加法持续梳理管理服务事项，也做减法实现多部门联审以缩短办事流程，使师生能够享受到更便捷的服务。学校研究生院新线上线下服务一体服务，从单一的校内服务到'学校+社会'的综合服务，我们将继续加强育人能力、创新能力和治理能力建设，努力构建一流的高校服务体系，做好新时代服务师生的答卷。"华中科技大学校长李元元说。（程墨 毛军刚 万霞）

（责任编辑：郝孟佳 实习生）

图1.36 人民网报道"华中科大：320项事务'一次办好'"

图1.37 教育部网站报道"师生服务中心"

图 1.38　教育部网站报道智能化平台建设

·从支撑到引领：畅想未来·

"十三五"期间，学校信息化建设获得长足进展，"十个一"工程建设完成，有力地支撑了学校教学、科研、管理和服务等工作，师生信息化获得感、幸福感和安全感明显增强，初步建成了具有华中大特色的全国一流智慧校园。立足当前，畅想未来，网络与信息化建设挑战与机遇并存。随着现代信息化技术的不断发展，师生信息化素养不断提升，信息化战略地位也在不断提升，"双一流"对信息化支撑学校建成中国特色世界一流大学，建设世界一流学科，深化教育教学改革，实现治理体系和治理能力现代化提出了更高要求，为网络与信息化建设带来更有力的驱动和更多机遇。与此同时，信息化建设进入深水区，网络安全形势异常严峻，社会专业服务影响校园，信息技术更新迭代过快，信息化建设依然挑战重重。2021年12月28日，《华中科技大学"十四五"信息化发展规划》出台，以建设"智能化校园"和"数字孪生校园"为中长期目标。"十四五"期间，继续夯实和巩固"十个一"工程，重点加强信息网络、平台体系、数字资源、智慧校园、创新应用和可信安全等方面的新型基础设施建设，为教育高质量发展提供数字底座。实施信息化基础能力跃升行动计划、治理能力现代化支撑行动计划和教学科研能力提升支持行动计划"三大能力提升计划"，充分挖掘数据价值，全面运用大数据、人工智能等先进技术，建设以"教学平台"为核心的"互联网＋教育"大平台、以"超算中心"为基础的科研信息化支撑平台和以"智能化决策系统"为重点的管理服务信息化综合平台（校园大脑），推动学校实现管理服务科学化、精细化、智能化，教学科研模式不断创新，"十四五"末将建成全国一流的新一代"智慧校园"。

云帆高张，亟待昼夜星驰；信息潮涌，正要重装出发。站在教育高质量发展的关口上，全面回顾学校网络与信息化四十年的发展，历史一再指出，过往的成绩是驱动前进的底气，技术的升级是指导发展的翅膀，师生的需求是召唤奋进的方向。展望未来，学校网络与信息化工作将紧密围绕"双一流"建设等事业发展总体目标，以教育新基建为契机，统筹做好网络安全和信息化工作，深入推进信息技术与教育教学和科学研究深度融合，致力于提升学校治理体系和治理能力现代化水平，全力推动学校数字转型、智能升级、融合创新，以信息化支撑引领教育现代化，加快信息化时代教育变革，让师生享有更多的获得感、幸福感和安全感。

智慧华中大

——华中科技大学网络与计算中心卌周年发展纪实

第二章
砥砺奋进

40年来,根据学校发展需要,中心经历了多次调整和变迁,同时,为了因应中心整体发展需要,内设机构也与时俱进,不断拓展,承担新的历史使命,部门的快速发展也推动、支持着中心的发展。本章以现有部门为主线,梳理了部门发展历程以及在相应阶段完成的主要任务或取得的主要成果。

网络运行部：
努力让校园网更快，更好用！

2012—2016 年
砥砺奋进，夯实网络基础建设，打造现代化校园网架构

完成共五期《办公楼综合布线》项目，对全校大部分办公楼进行结构化布线建设，实现校园网拓扑结构清晰，网络管理到房间，千兆带宽到桌面的新一代校园网建设标准，为校园网规范化管理奠定良好的硬件基础。

通过六期的《校园无线网》项目建设，实现办公区90%无线网覆盖，宿舍区100%无线网覆盖，全校统一推行HUST_WIRELESS信号，有线无线统一认证，在国内高校无线网覆盖率中处于领先位置。

接入网改造，逐步完成全校所有楼栋从静态IP改为动态IP上网，解除账号与IP的绑定，用户上网操作简便，实现账号全校漫游。

接入网与信息化建设相结合，校园网认证系统所有账号从静态编号改为工号和学号，实名认证落实到人，网络行为轨迹追溯，实时同步账号状态实现自动开户销户功能。主校区和同济校区统一认证，校际漫游，无缝衔接。

在此期间通过不懈的网络建设，校园网已具备现代化网络的规模和架构。

图 2.1 结构化布线

图 2.2 完工后的机柜　　　　图 2.3 机柜内跳线标注房间号

2017—2020 年
励精图治，推进校园网智能化、可视化、远程化管理

在夯实校园网建设的基础上，进一步提升校园网运维管理水平，用户侧体验改善，管理侧水平提升，契合我校网络运维切实需求，构建满足智能化、可视化、远程化的先进校园网。

智能 DHCP 系统上线后，实现统一管理主校区、同济校区所有区域动态地址分配的功能，DHCP 管理系统目前承担了 603 个 IPv4 子网、162 个

IPv6子网的动态地址分配服务。系统上线后，实现了针对各区域的精细化管理，对个人终端实现精准管控，有效提高了校园网运维管理水平。

SDN系统上线，实现特殊设备一个IP全校使用，专网设备独立管理，提高接入网运维工作效率的同时，出台相关管理规范，提升特殊设备安全管理水平。

网管系统管控全校网络设备4700余台，AP设备2.9万台，规划主校区及同济校区各区域拓扑图409个，实现全网设备实时监控，网络故障即刻告警，维修服务快速响应。

eduroam服务对接上线，实现校园网用户在eduroam联盟区域全球漫游。

校园网保障军运会女篮赛事网络转播等工作顺利开展。

疫情期间，各网络系统实现远程智能化管理，保障校园网始终稳定运行，24小时不中断提供各项服务。

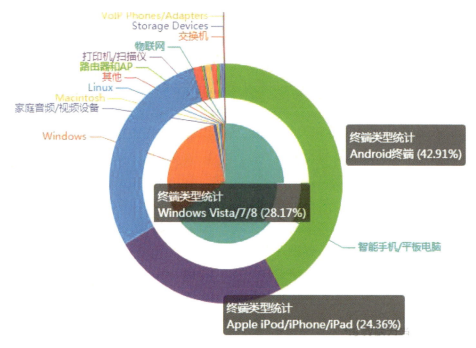

图2.4 联网终端统计图

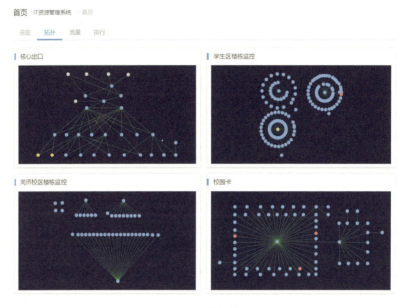

图 2.5 网络拓扑图

2021 年至今
开拓进取，光网络建设元年，先进方案初露锋芒，服务扩容卓有成效

2021 年是校园光网络建设元年，网络中心在全国高校中率先使用以太全光网集中供电方案，将主校区西六舍打造为全国首个集中供电以太全光网络试点项目。

网络中心在以太全光网的建设实践中取得了理想的效果，坚定了加快推进全光网建设的信心，并在实践中不断探索发展，制定出不同场景下全光校园网建设的标准，从建设理念到施工规范，一步一个脚印走出一条创新之路，为建成全国一流的新一代"全光智慧校园"提供有力保障。

伴随着全光网络建设的推进，校园网核心交换机进行同步扩容，实现楼栋 10G 上联，重点楼栋 40G 上联，支撑光网络高速数据传输。

校园网全面推行 MAC 无感认证方式，兼容性良好，全网使用率达到 80%，同时开放学生账号三终端上网，达到校园网最高同时在线设备数 8 万，大幅提升在校设备用网率，网络建设卓有成效。

实现校园 5G 专网对接，自主设计数据中台方案，实现校园网账号与 5G 手机号状态实时同步，强关联管控，打造全国高校首个支持全国漫游的校园 5G 专网，显著提升用户上网体验。

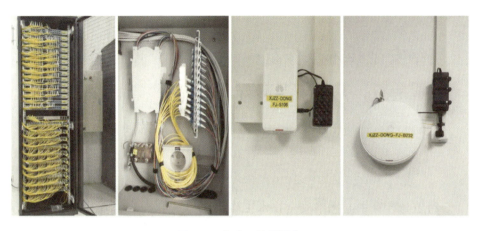

图 2.6　全光无线网设备

图 2.7　校园网内网测速

网络安全技术工作组：
负重前行，只为岁月静好

网络与计算中心网络安全技术工作组（后简称安全组）是一支团结协作、求真务实、作风过硬的网络安全保障队伍，目前共有4名成员。2018年成立以来，安全组严格落实信息系统安全检测机制，主动改革上线检测流程，创新检测技术，为保障学校信息系统的稳定运行和网络安全发挥了积极作用。近几年安全组取得了不少亮眼的工作成绩。

积极完成日常检测和重保值守，切实保障信息系统长治久安。近年我校未发生过重大网络安全事件。安全组共完成我校300多个信息系统上线或更新的安全检测工作，发现高危漏洞数千个；完成了各个重要时期的安全值守工作，及时发现并封堵安全漏洞，成功保障了校园网的安全，获得了"湖北省2021年度等级保护工作先进单位"称号。

强力创新安全检测举措，助力提升校园信息化网络安全水平。针对我校信息系统开发公司中普遍存在的安全开发观念薄弱及技术缺乏问题，撰写一套《Web应用安全开发规范》，并在系统上线流程中增加安全自检步骤。该项措施实施后，上线系统在安全检查中出现的常规漏洞数大幅下降。

针对当前市场安全态势感知设备与实际防护设备分离，导致态势图与实际情况不符、严重失真的现状，安全组启动自研态势感知系统项目，搭建了一套可真实展示我校实时安全防御情况全貌的系统。

图 2.8　荣获"湖北省 2021 年度等级保护
工作先进单位"称号

深入学习 Python 语言，将其在海量数据分析、快速并行处理及机器学习分类等方面的优势引入日志大数据分析工作中，成功实现了对我校 400 多个系统的访问数据进行实时分析并告警的目标。目前通过告警邮件共发现包括弱密码登录、目录/文件爆破、远程代码执行、越权等数十次异常情况，并成功拦截了这些安全防护设备未检测出的黑客入侵行为。

通过不断加强学习，持续提升了履职尽责能力。安全组成员在承担日常工作的同时，不断通过学习提升自我。4 人获得 CISP 认证证书，获得实验技术成果三等奖 1 项；获得软件著作权 3 项；已发表论文 5 篇，其中核心论文 1 篇。

图 2.9　获软件著作权 3 项

保障网络安全是一项长期而艰巨的任务，责任重大，安全组不畏艰难、直面挑战、认真值守、勇于创新，不断推动我校网络安全工作迈上新台阶，为维护我校网络安全发挥了重要的作用。

图 2.10　《校园网精细化管理平台》荣获华中科技大学第十二届实验技术成果三等奖

信息系统部：
让信息多跑路，师生少跑腿

信息系统部成立于2019年8月，前身为网络与计算中心信息管理部，主要负责学校各类公共服务信息系统的规划、建设和运维，以及学校各部门业务信息系统的对接、集成与技术支持。"十三五"期间，我校信息化建设进入高速发展期。按照《华中科技大学"十三五"信息化发展规划》，信息系统部建设了网站群平台、统一身份认证系统、信息门户和微门户、统一通讯平台、校园卡系统、网上办事大厅、正版软件服务平台等多个面向全校师生的大型公共服务平台，有力地支撑了学校教学、科研、管理和服务等工作，显著提升了学校综合信息化水平，师生信息化获得感、幸福感和安全感明显增强。

· 网站群平台 ·

2016年12月，我校建成了网站群平台，初期面向全校所有学院以及职能部门进行网站集中建设、运维和管理，为二级学院等单位减轻了网站建设和运维负担。目前已建设了涵盖学校主页、新闻网、职能部门、学院、直附属单位等职能部门以及学院、直附属单位等各二级单位各实验室、科研团队、课程科研团队、课程组主页以及教师个人主页的网站群平台。网站群平台共入驻网站556个，开通教师个人主页2308个，实现了分散站点集中管理、系统安全统一监控、用户权限一体化授权的"网站一个群",网站稳定性、可靠性和安全性大幅提升。

·统一身份认证系统·

建设了集成账号密码、第三方绑定、二维码、人脸识别等多种登录方式的统一身份认证系统。接入信息系统 130 余个,注册用户 36 万人,激活用户 16 万人,日均认证 10.8 万次,解决了师生记多套账号密码的烦恼,实现全校师生上网认证一个号。

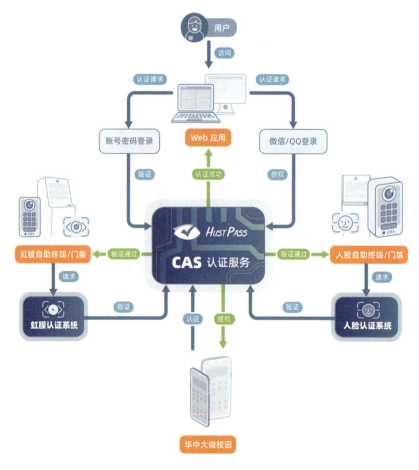

图 2.11 统一身份认证系统架构示意图

信息门户和微门户

建成了 PC 版信息门户和基于微信企业号的移动信息门户——华中大微校园。PC 版门户提供了通知公告等公共信息和各类待办等个性化信息以及常用正版软件服务，华中大微校园应用有 300 余个，涵盖教学、学习、办公、生活、医疗等，为师生提供了"一站式"信息服务。

统一通讯平台

建设了实现短信、微信和邮件三个通道消息集中统一管理的统一通讯平台。为 103 个系统提供发送接口服务，为全校各单位提供人工发送服务，年均发送短信 228 万条，微信 172 万条，邮件 32 万封，有效保障了消息安全和师生体验。

校园卡系统

建成了应用于食堂消费、超市购物、医院就医、校园门禁、乘坐校车、体测签到等 30 多个场景的校园卡系统。发卡 56 万余张，推出了电子账户和无卡支付，实现了"一卡在手，走遍校园"，极大方便了师生在校园内的工作、学习和生活。

网上办事大厅

建成了网上办事大厅。网上办事大厅上线流程 380 项，统一了校园卡、设备、家具、本科教务、研究生、荣誉证书等自助终端设备，与师生服务中心共同构建了线上线下结合的"一站式"智慧办事服务体系。

疫情防控平台建设

2020年新冠疫情爆发，校园安全形式严峻，学校要求停课不停学。学校受到全国乃至全世界校友和爱心人士的关注和关心，为贯彻落实学校疫情防控工作要求，信息系统部勇于担当，快速响应，火速建设了一系列抗疫服务平台，全力以赴做好各项疫情防控信息化服务和保障工作，用信息化手段构建起学校的网络抗疫空间。

2020年1月27日，新冠疫情防控专题网站上线，对于实现学校疫情防控工作的信息发布、公开、公示和咨询等发挥了重要作用。

2020年1月30日，师生健康填报系统上线，大幅度提升了健康数据收集的时效性和准确性，为打赢疫情防控阻击战提供了大数据支持。

2020年2月1日，健康查询统计系统上线，各院系通过师生填报的健康数据，对疫情信息进行统计分析，有力地促进了疫情防控工作的快速反应、科学决策和精准施策。

2020年2月15日，华中科技大学防控防疫捐助平台上线，可受理社会捐赠及颁发捐赠证书，将校友及社会爱心力量引入校园疫情防控，助力抗疫工作取得胜利。

2020年2月15日，学术资源文献聚合访问服务上线，使得师生在任何时间、任何地点，通过任何终端，以任何联网形式，均可通过统一身份认证账号访问学术资源，保障了疫情期间师生的科研学习工作。

2020年3月13日，"可信电子成绩单"系统上线，我校学生成绩单可在"中国高等教育学生信息网（学信网）"进行可信电子成绩单验证，最大限度保证了成绩单的真实有效性，为我校学生疫情期间的就业及深造提供了保障。

2020年4月16日，"常住人员登记"系统上线，建设并完善了校内常住人员信息库，累计登记教职工1.3万余人，登记实际居住人3.4万余人，为学校实名制门禁的顺利实施和疫情防控常态化提供了有力的数据支撑。

2020年6月5日，华中大通行码、毕业返校登记系统上线，协助毕业

图 2.12　统一身份认证账号访问学术资源

图 2.13　可信电子成绩单系统

生顺利安全返校。

2020 年 6 月 8 日,校园卡自助退费登记系统上线,毕业生无需线下提交申请材料,线上确认信息后即可办理校园卡、校园网和机房账户的销户和退费登记手续。2020 年共有 7801 名毕业生,共计 16317 人次办理了线上销户退费登记手续。

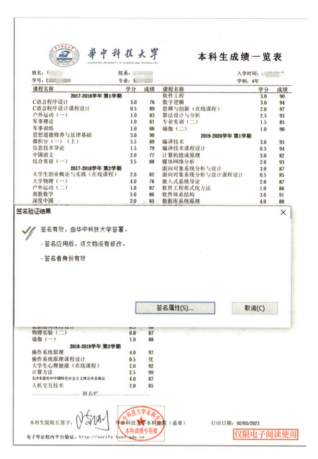

图 2.14 可信电子成绩单

疫情终会结束，但信息化人在疫情期间不畏困难、勇于担当、奋勇向前的精神会继续延续在以后的工作中，为保卫校园安全、建设智慧校园拼搏奉献。

随着校园信息化规模的不断扩大，信息化基础公共服务平台将发挥越来越重要的作用，我们不仅要夯实基础，增强稳定性，也要不断扩大外延，拓展功能，助力智慧校园高速发展。"十四五"期间我们将着力建设电子签名（章）平台，升级校园卡服务平台，建设"一张图"平台。建设学校统一的密码基础设施，为全校各类应用提供基础密码服务；加快推进相关标准建设及应用改造，应用推广密码技术。推动电子签名、电子签章技术在可信电子成绩单、电子荣誉证书、学历学位证明、注册系统、OA

系统、财务系统、网上办事大厅、数字档案系统、电子票据、电子合同、电子招标等系统和领域的应用，全面推进无纸化办公和无纸化办事等应用。

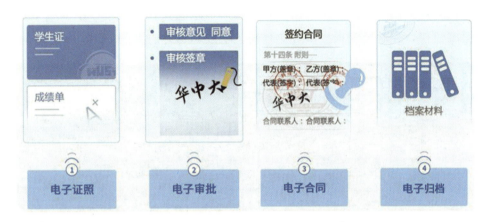

图 2.15 电子签名、电子签章示意图

升级校园卡服务平台，建设支持 CPU 卡片、二维码、手机 NFC 等多种介质的校园卡系统，实现微信、支付宝、银联等多元化支付渠道，打造新一代数字校园卡。

图 2.16 校园卡聚合支付系统架构示意图

建设"一张图"工程，打造校园地图服务体系，实现校园空间数据的信息化管理与展示，为学校教学、科研、管理等各类信息系统提供精准的地理空间数据信息，保证各业务系统中地理空间数据的一致性，逐步实现学校各类数据与应用基于校园空间地图的展示与操作以及基于空间数据的深度挖掘，为学校管理提供更加直观、精准和有力的支撑。

图 2.17 "一张图"实景地图展示

信息技术发展日新月异，学校信息化发展和建设也要紧跟时代步伐，信息系统部将紧跟时代潮流，不断积累项目经验、更新知识库，深化推动我校信息化发展迈入新台阶，助力我校发展成为世界一流大学。

数据智能部：
创新引领，谱写数据与智能化新篇章

2021年1月，网络与计算中心从原数据管理部和信息管理部分离出数据相关业务，成立数据智能部，主要负责各类基础数据管理，以及分析平台和智能化平台的规划、建设和运维。部门建设及运维平台包括统一数据服务平台、"一张表"平台、大数据平台、智能问答、智能推荐。数据智能部在中心总体部署及领导下，深化数据基础建设，强化数据应用，推动数据创新，数据支撑学校信息化发展取得积极成效。

· 基础数据库及共享交换 ·

华中科技大学于2016年制定了《华中科技大学"十三五"信息化发展规划》，规划提出"十个一"工程，其中包含"数据一个库"工程，主要内容包括基础数据库建设、信息标准建设、信息交换与共享平台建设、数据交换与共享平台建设、数据治理等内容。学校于2016年启动数据共享平台建设，开始数据治理工作。

2017年，以教育部信息化标准为指导，结合我校实际制定了《华中科技大学基础数据标准（V1.0）》，包含人事、学生、教学、科研、组织、研究生、科技成果等七个方面的基础数据集和代码标准，共46张数据表。制定了包含"实时"和"定时"两种方式的数据交换和共享技术方案，并

实现了人事基础数据到学校基础数据库的实时交换。基础数据库现有数据记录4800万条，与46个系统进行了数据交换，日均共享数据约300万条，日均交换次数约200次。

2018年，我校制定了学校部门数据采集流程规范并加以实施。根据《华中科技大学基础数据库建设与使用管理暂行办法》（校信息化〔2016〕6号）等管理办法，坚持数据"一次采集，全校共享"的原则，对各部门数据采集流程进行规范，探索表格管理的长效性机制。我校继续加强基础数据库和数据交换与共享平台建设。在实现人事基础数据到基础数据库实时共享的基础上，通过数据接口或OGG方式，实现人事数据到校园卡系统、邮件系统、信息门户、统一身份认证、网上办事大厅、统一通讯平台、校园网认证等系统的实时共享。通过用户角色权限的控制，保证实时共享中的数据安全。协助有人事数据实时共享需求的信息系统进行升级改造。根据业务系统需求和建设情况，进一步扩大基础数据范围。进一步对基础数据的产生、共享等进行清理规范，提升数据质量。

2019年，继续进行基础数据库中数据的扩充和梳理。综合"一张表"的数据需求、各业务系统的数据共享需要、新业务系统上线的实际情况，对照数据标准扩充了基础数据库中的数据，新增了约24张表。数据类型涉及培训生和网络成人自考生的各类信息、教职工婚姻状况、学校建筑物等信息。由于管理职能的变化，HUB系统与研究生管理系统、注册系统分离，对照具体字段的权威数据源，重新进行学生基本信息、学籍信息等的采集和梳理。2019年，新增的数据共享系统共23个，新增对接系统8个，打通18个系统之间数据。

2020年，启动统一数据服务平台建设。建设内容包括升级原有的定时、实时同步工具；建设数据开发平台，新增数据接口方式对外提供数据，保障数据实时性；建设数据质量管理平台，定期对数据质量进行监测，不断提升数据质量；建设数据同步监控平台、数据标准管理平台，全面提升我校数据治理水平。

2021年，完成统一数据服务平台建设。截至2021年年底，以35个信息系统为权威数据源，为97个信息系统提供基础数据共享服务，为58个系统提供数据交换服务，日均交换数据约 3 亿条，人事数据基于 CDC 工具和触发器实现实时共享。数据开放平台共开放 82 个接口，注册系统数 12 个。通过数据标准管理平台，对基础数据库的表再次进行标准化工作。

2022 年至今，不断对基础数据库进行扩充，不断提升数据质量，提升我校数据治理水平。

图 2.18　数据共享交换监控

· 数据看板系统 ·

在前期数据治理的基础上，根据 2021 年制定的《华中科技大学"十四五"信息化发展规划》中"三大能力提升计划"，于 2022 年启动"数据看板"建设。

2022 年，调研各部门数据情况，梳理我校各部门的核心数据统计指标，共列出包括今日校园、学科建设、教职工信息总览、各单位教职工统计分析、学生数据、学生管理、科研情况、本科生教学、研究生教学、资产设备房产、学院综合、总务后勤、网络与信息化 13 大类、276 项二级统计指标以及 291 项三级页面统计指标。截至目前，已完成看板平台的开发工作，并设计开发了学生、教学、科研等数据大屏，完成了第一轮统计数据准确性核对工作，2022年11月完成项目一期上线。

图2.19　数据看板系统

· "一张表"平台 ·

华中科技大学于2016年制定了《华中科技大学"十三五"信息化发展规划》，规划提出了包括"办事一张表"在内的"十个一"工程建设内容。办事一张表的核心就是网上办事大厅和"一张表"平台建设。推进"一张表"工程列入学校2017年工作要点。学校于2017年6月成立了"一张表"工程建设领导小组，党委书记和校长任组长，多位相关校领导任副组长，同时成立了工作组，由领导小组成员单位的具体工作人员组成。学校多次召开"一张表"工程建设推进或检查会议，校领导非常重视，出席会议，研究解决推进过程中的实际问题。

2017年，"一张表"工程项目之一"业绩管理系统"启动建设，并于年底在学校计算机学院初步试用，为计算机学院整理、建设涵盖教学、科研在内的26项数据内容，根据需求配置32项考核内容。2017年，平台在计算机学院和网络与计算中心两个单位成功试点。

2018年，"一张表"工程加快建设步伐，为进一步推进"一张表"工程建设，学校征集试点院系，进一步扩大试点范围。多家单位申请试点，最终确定 7 家试点单位，包括：计算机科学与技术学院、机械科学与工程学院、生命科学与技术学院、基础医学院、环境科学与工程学院、社会学院和网络与计算中心。同时开展部门表格清理工作，共收集清理分析 13 个部门 369 张表格。在新一轮的建设及试用工作中，需求进一步扩充，综合学校多个职能部门、试点单位需求，建设 61 项数据，实现与人事、教务、研究生、科研、图书馆等权威数据源的同步。教师仅需通过简单核对和填充即可实现"数据一次核对（录入），各处共享使用"，初步实现"数据填报一张表"。平台还以教师业绩管理为抓手，为学院提供了灵活方便的考核方案配置功能，实现了教师业绩考核数据的自动填充和业绩计算，将教师从年底烦琐的业绩填报和统计中解放出来。2018 年"一张表"工程稳步推进，取得初步成效。

经过 2017 年和 2018 年两年的试点，又将"扩大'一张表'试点范围"列为学校 2019 年十件民生实事之一。2019 年，新增数学与统计学院、物理学院、化学与化工学院、人工智能与自动化学院 4 家试点单位，同时完成"一张表"平台系统重构及优化工作，完善教师数据核对流程，扩展数据需求，更新成果库数据对接。2020 年，平台进一步扩大试点范围，新增 9 家试点单位。在疫情期间，配合学院管理需要，远程合作进行新功能开发及系统优化，支持学院完成线上业绩考核工作。根据学校 2021 年度工作要点，2021 年在全校各学院全面推进"一张表"平台应用。

截至目前，平台全面推广至全校 41 个学院应用，成为全国首个实现院系全覆盖的高校，为 6000 余位教职工提供服务，管理各类数据记录 40 余万条。教师通过简单核对和填充即可实现数据一次核对（录入），各处共享使用，实现"数据填报一张表"。学院通过"一张表"全面准确掌握本学院教职工的人事、教学、科研情况，并且可进行对比分析。平台数据为学院决策和教师个人发展提供了有力的数据支撑，对于提高学院管理水平具有重要意义。

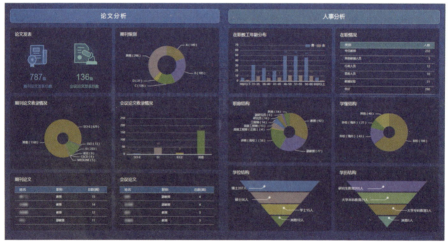

图 2.20 "一张表"平台

· 大数据平台 ·

华中科技大学数据中心的数据已涵盖了学校的学生、人事、教学、科研、后勤等各方面,根据《华中科技大学"十三五"发展规划》,结合学校信息化工作实际,为了充分发挥和挖掘数据价值,提升学校科学化管理水平、个性化服务水平和风险管理水平,于2019年启动了大数据分析平台以及学工大数据应用的调研工作。

2019年，完成大数据平台的解决方案调研，以及学业预警和学生经济困难分析2个模型的建模和测试工作。通过对市场主流的高校大数据厂商的平台特性进行比较调研，确定了大数据平台采用关系数据库、大规模并行处理（MPP）数据库、Hadoop等混合存储架构。学业预警模型基于学生学习成绩和学习生活习惯预测学生挂科学分的准确率达到80%，具备较好的预测能力。学生经济困难分析模型主要基于学生校园卡消费数据筛选出的经济困难学生表现出生活消费水平过低的显著特点。两个模型的测试结果均达到预期效果。

2020年，在前期充分的调研和大数据应用模型的测试工作的基础上，结合学校的实际数据情况，完成学生画像、学业预警、学生经济困难分析、防疫溯源4个应用的预研工作。

2021年，启动大数据平台（一期）的建设，上线后面向6个学院开放试用，包括船舶与海洋工程学院、人工智能与自动化学院、生命科学与技术学院、数学与统计学院、外国语学院、物理学院。建设内容包括大数据基础平台、学生画像系统、学业预警系统、经济困难学生辅助认定系统、防疫溯源系统共5个子系统：① 大数据基础平台，建设高质量、可管理、可持续健康发展的大数据基础平台，实现海量存储体系和分布式高性能计算能力；② 学生画像系统，分析学生从入学到离校全生命周期的数据，涵盖学工、后勤、图书馆、教务、网络等多种数据类型，从社交、生活、阅读、学业等层面对学生个体、群体进行全方位刻画，实现个人画像、学生信息、学情总览；③ 学业预警系统，通过数学建模和机器学习等相关大数据算法，基于全校学生历史的学习成绩与学生的学习生活习惯，提前预测出学生本学期可能会挂科的学科，并结合学校的留级、退学等机制，为学生管理提供针对每个学生的分级预警功能，帮助学校及时识别学业存在风险的学生；④ 经济困难学生辅助认定系统，通过分析学生的校园卡消费数据，建立算法模型评估学生的经济困难程度，评估结果可作为经济困难学生认定的重要参考依据，用科学化的手段辅助认定经济困难学生，辅助学校及时发现疑似经济困难学生和消费异常的经济困难认定学生，让资助更加精准；⑤ 防疫溯源应用，有效追溯校内师生的活动轨迹，并动态计算校内人员的密切接触人员，一旦出现疫情，真正做到内防扩散、外防输入。

2022年，完成大数据平台（一期）的建设，面向学工部和所有院系开放使用。系统累计访问量达 6000 余次，辅导员用户累计上报重点关注学生从建设前的 500 余人规模增长至 1200 余人，提高了重点关注学生上报的效率；系统累计发现 800 余名疑似经济困难学生通过了学生工作部的经济困难认定，推动了对学生的隐性资助工作，提高了经济困难认定的科学性。

2022 年，根据《华中科技大学"十四五"信息化发展规划》的信息化基础能力跃升行动计划，启动了大数据平台（二期）的建设，已在秋季学期上线。在大数据平台（一期）项目建设的基础上继续开展学生工作的大数据应用，用数据去探索高校学生工作管理规律，充分利用大数据分析技术对学生在校学习、生活和就业数据进行挖掘，建设学生安全预警、智能就业等应用，构建现代化的学生安全管理模式、智能化的辅助就业服务，为学生工作的科学决策提供服务，同时建设学工大数据应用的移动端系统，为用户提供更加便捷和高效的服务。

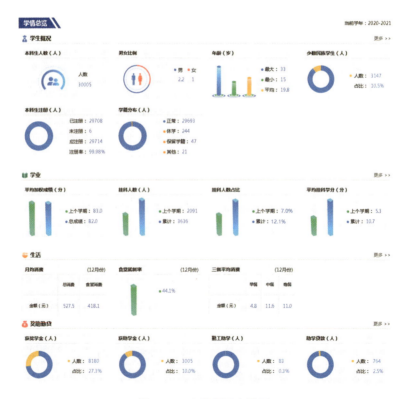

图 2.21 大数据平台展示

智能问答系统

华中科技大学于 2021 年制定了《华中科技大学"十四五"信息化发展规划》，规划提出了治理能力现代化支撑行动计划，其中管理服务智能化工程中明确指出利用人工智能技术，建设支持网页、App 和实体形式，涵盖文字、语音等交互方式的智能问答机器人平台。学校于 2021 年初启动智能问答系统建设，开始校级知识库的建设和应用工作。

2021 年 1 月，调研各部门咨询服务现状，收集功能需求，并以"全天候""全方位""全覆盖""全过程"为建设目标启动系统设计与开发工作。2021 年 2 月，在网络与计算中心、网络与信息化办公室进行初步试用，围绕网信业务收集并录入包括富文本问答、多维问答、流程式问答、第三方查询问答等多种形式的问答 1000＋条，形成网信知识库，并以智能问答机器人"华小智"为形象开辟官网、企业微信等多个问答渠道，为师生提供 7×24 小时网信咨询服务，随时随地，有问必答。2021 年 3 月，在财务处进一步试点应用，通过梳理财务各项政策法规及业务流程，收集并录入问答 300＋条，其中包含复杂流程问答 14 项，并为财务打造专属问答机器人"华小财"，极大缓解了财务咨询服务压力，优化了咨询体验。随着智能问答机器人逐渐被师生熟知，智能问答平台进一步向全校各职能部门收集问答知识，扩充知识库，并为各二级单位提供分级分权的知识库管理功能，形成"一体 N 翼"的管理模式。截至 2022 年 9 月，平台已接入包括网络与信息化办公室、网络与计算中心、财务处、研究生院、科学技术发展院、总务后勤处、图书馆、体育学院等 15 个二级单位的知识库，问答总量达 3105 个。随着校内统一知识库的建立，师生对智能问答的需求与日俱增，上线以来，最高单日访问量达 1141 人次。智能问答平台通过满意度问答、留言反馈、问答统计分析、热点问题推荐、智能问题联想、未知问题聚类等技术手段，跟踪师生咨询的全过程，分析师生的实际咨询需求，并根据分析结果，联合各单位进行知识库的优化、修正和补充，形成管理闭环，促进校园知识库的健壮发展。截至目前，超过 12 万人次师生通过智能问答平台体验了智能咨询服务，校园咨询服务新生态环境初见成效。

图 2.22　智能问答系统问答方式灵活

图 2.23　智能问答系统统计分析全面

图 2.24 智能问答展示大屏

· 智能推荐系统 ·

华中科技大学于2021年制定了《华中科技大学"十四五"信息化发展规划》，规划提出了治理能力现代化支撑行动计划，其中管理服务智能化工程中明确指出利用人工智能技术，建设内容智能推荐系统，根据师生的身份、专业、研究方向、兴趣和访问行为等，向师生推荐通知、活动、新闻、课程、论文等校内外信息，实现"千人千面"的个性化信息展现。学校于2021年初启动智能推荐系统的调研工作。

2021年4月，通过分析智能推荐方案可行性，搭建测试环境并接入校内测试数据等方式，对多家市场主流智能推荐解决方案提供商进行了调研工作，确定了智能推荐系统总体架构的顶层设计，包含推荐应用层、运营中台层、推荐引擎层、数据挖掘层和数据收集层。2021年5月，在前期充分的调研和资讯推荐模型测试工作的基础上，完成了首个基于校内师生脱敏特征数据及校外学术资讯内容的推荐模型演示系统的搭建工作，初步确定了推荐方案的可行性。

2021年6月正式启动华中大智能推荐系统的设计与开发工作。为丰富推荐内容，提升用户体验，一期将推荐内容进行了扩展，包含校内网站群资讯、校内公众号资讯、校外学术网站资讯、校外权威公众号资讯、网络公开课、公开存取论文、校内办事服务等7大内容。经过多方调研，最终确认了包含300多个校内网站群、150多个校内公众号、100多个专业权威网站、100多个学术公众号、4个网络课程平台、3个OA论文站点的资讯源库。利用API对接、微信订阅、网络爬虫等技术进行内容采集。不仅如此，为了将被动推荐和主动探索相结合，进一步引导用户产生交互，本系统设计了"四位一体"的功能组合，以推荐为主，搜索、关注和发现为辅，提升用户体验。

2021年10月完成华中大智能推荐前端页面的开发工作，2021年11月完成运营中台的开发工作。为了更好地展现系统推荐内容的多样性，对系统首页进行了升级，并增加了头图和专题功能。2021年年底，华中大智能推荐系统正式上线试运行。

2022年1月，为提高系统的曝光率，推出个性化推送功能，以网络与计算中心为试点，逐步推广到职能部门，2022年3月，个性化推送扩展到全校。2022年5月，根据师生反馈，调整了资讯时效性的相关算法，新增最新资讯召回策略，并升级个性化推送功能，过滤时效性差的资讯。2022年7月，开发智能推荐企业微信webview页面，将系统与微校园进一步融合，为师生提供更便捷的推荐服务。

截至2022年9月，华中大智能推荐系统已采集内容资讯60多万条，访问总次数超过17万次，日均访问量稳步增长。

(a)首页　　　　　　(b)资讯　　　　　　(c)办事服务

图2.25　智能推荐系统建设成效

(d)发现　　(e)详情页　　(f)校外资讯

(g)网络课程　　(h)OA论文　　(i)用户反馈

(j)个人页　　(k)资讯专栏　　(l)每日推送　(m)企业微信webview

续图 2.25

计算业务部：
计算服务无止境，业务保障无休期

计算业务部成立于 2021 年 1 月，前身为网络中心数据管理部，负责学校数据中心信息化和高性能计算基础设施平台的规划、建设和运维工作。

目前计算业务部管理的数据中心高性能服务器有近 300 台，存储器 20 余套，划分为信息管理服务、实验教学公共服务、高性能计算公共服务三大平台。

信息管理服务平台初建于 2014 年，经过多年建设，目前运行的虚拟服务器已达 2000 个，支撑了学校信息门户、统一身份认证、办公自动化、人事管理、设备管理、教务管理等 200 多个校级重要信息系统运行。

实验教学公共服务云平台建成于 2021 年，平台为学校各院系 30 多个虚拟仿真实验和实验教学相关管理系统提供了稳定的运行环境。

高性能计算公共服务平台建成于 2020 年，算力为 2.5pFlops。平台实行"众筹式"建设模式，2021 年 12 月 20 日，国家脉冲强磁场科学中心高性能计算集群接入平台，2022 年 7 月 12 日，数学与应用学科交叉创新研究院数据处理集群接入平台，2022 年 7 月 18 日，精密重力测量国家重大科技基础设施超算集群正式接入平台。目前平台注册用户达 1466 人，为能源与动力工程学院、物理学院、人工智能与自动化学院、生命科学与技术学院等 32 个院系的 136 个科研团队提供了高性能计算服务。平台建成第一年就支持发表了 13 篇高质量学术论文。

计算业务部在工作之余不断加强学习，提升职业技能，所有成员均有 OCP、VMCP、RHCE 等一项或多项专业工程师认证证书，部门成员多次发表论文、获得实验技术成果奖励以及软件著作权等。

随着学校信息化建设不断深入，学校日常业务已对 IT 基础设施形成深度依赖。数据中心的运行关乎师生日常生活、学习、科研和工作，运维保障工作不容忽视。计算业务部仅有两名专职人员，他们任劳任怨，保障了各平台的正常运转。尤其在新冠肆虐的疫情期间，计算业务部克服困难，确保了各个业务系统的平稳运行，为疫情防控工作提供了有力保障。

未来，计算业务部将继续砥砺前行，坚持从学校信息化及学科建设实际需求出发，不断加强平台建设，完善平台环境，提高平台技术水平和管理手段，为实现我校"双一流"建设目标提供有力的技术支撑。

图 2.26 华中科技大学核心数据中心机房

计算机开放实验室：
务实奋进　全力服务教学实验

· 面向全校，服务师生 ·

计算机开放实验室作为全校唯一一个大型的、面向全校各院系开放的公共计算机教学实验室，在中心领导的关心和指导下，全体实验管理人员秉持着"一切为了教学，全心全意为师生服务"的指导思想，积极为实验教学提供优质的软、硬件环境，努力做好实验室管理、服务工作。

实验室面向全校本科生29个院系100多个专业，每年承担了包括程序设计（C++、VB、Java、Python）、计算机网络、数据库技术及应用、数据结构、药学分析设计、工程训练、计算方法、计算机图形学、三维设计、编译技术、机械基础工程设计等近150项课程实验，以及各类专业课程设计、计算机选修课和自主学习等的上机实验任务。在实验室全体人员的共同努力下，顺利地完成了各项教学实验任务。据机房管理系统和教学教务系统统计的历年数据如下：

年度	接待上机学生人数/万人	完成各类上机总机时/万小时	其中教学计划机时/万小时
2015	19.4	607	44.2
2016	16.5	57.3	46.1

续表

年度	接待上机学生人数/万人	完成各类上机总机时/万小时	其中教学计划机时/万小时
2017	13.6	47.6	39.6
2018	15.7	61.2	49.1
2019	13.3	88.6	79.5
2020	7.2	38.9	35.4
2021	13.5	63.6	56.9

图 2.27 学生上机实验实景

·人员合并，优势互补·

2018 年 1 月，根据学校要求拆除了南六楼的实验机房，在主校区机房工作了十几年的实验人员收拾起心中的万般不舍，迅速调整心态，配合中心安排，全身心地投入到实验设备、家具的整理搬迁工作中。在寒假期间放弃了休息，完成了南六楼 205、401、403 机房的 600 余台计算机转移至东校区机房；清点东校区原有老旧设备搬移至老图书馆封存；同时对东校区 301、206 机房的电脑桌、网络环境和电源重新进行改造。两个实验室的人员快速融合，将各自实验室的优势带到日常管理工作中，相互之间取长补短，并潜移默化地影响着身边的同事，使得整个实验室的凝聚力和服务质量有了极大提升，产生了"1＋1＞2"的团队效应。

图 2.28　301 机房拆除旧设备和桌椅

图 2.29　迁移设备和桌椅的安装

图 2.30　开放实验室的老师参加 2020 年中心联欢活动

· 继往开来，开拓创新 ·

计算机开放实验室、办公室和同济分中心的全体教师齐心协作共同努力，在实验教学管理、改善实验教学条件、实验教学改革、对外服务、实验室未来规划等方面均有突破，成效显著，同时也获得各方认可。

（1）2020年获得湖北省考试院"全国计算机等级考试（湖北考区）优秀考点"；

（2）获得华中科技大学"2020年度保密工作先进集体"；

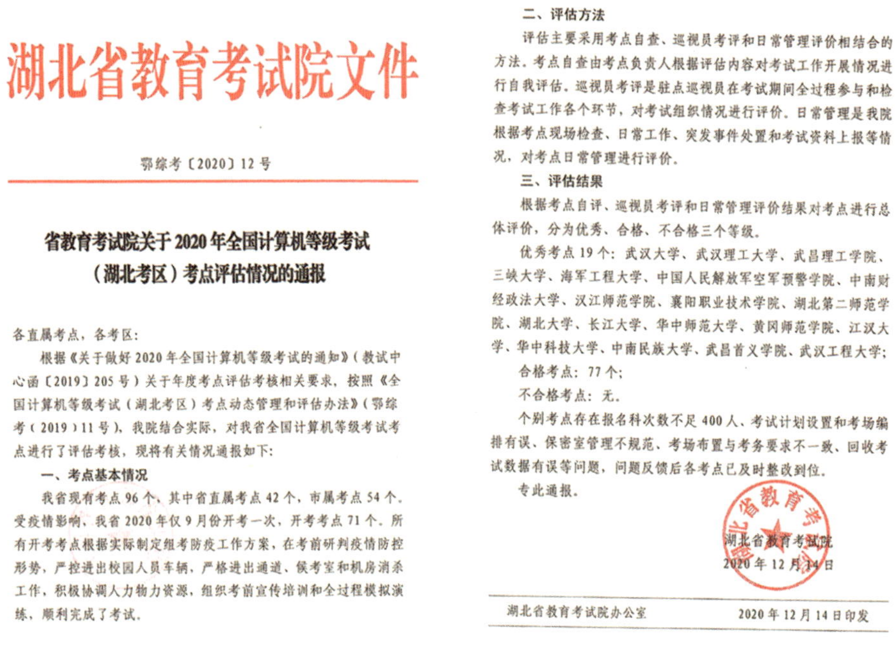

图 2.31 2020年获得湖北省考试院"全国计算机等级考试（湖北考区）优秀考点"

（3）2021年10月，"计算机开放实验室管理系统"获得我校第十二届实验技术成果奖二等奖。实验室初步形成了以实验室为中心的分布式综合管理体系，全面提高了实验室的管理人员的业务水平，提升了管理信息化和制度化水平。

图 2.32　荣获华中科技大学"2020 年度保密工作先进集体"

（4）2021 年 11 月实验室与设备管理处对全校承担有本科实验教学的二级单位进行了 2019—2020 年教学实验室工作考核，网络与计算中心计算机开放实验室获得三等奖，打破了实验室考核从未获奖的记录。计算机开放实验室是我校唯一无本学科专业学生，承担所有院系公共实验教学的实验室，这次考核结果是对实验室规范科学有效的管理新模式的一种认可。

（5）2022 年 3 月，教学实验室建设项目"公共机房设备更新建设"通过实验室与设备管理处专家验收。该项目经过细致的前期调研和选型测试，本着资源合理利用和节约的原则，根据现有设备老化状况分批更新不符合需求、不能提供稳定服务的计算机硬软件和进行必要的实验机房修葺，极大地改善了实验教学物理环境。

（6）通过校企合作，对实验教学进行创新与改革。利用企业的先进技术首开"智慧园区网的设计与实践"课程实验，该课程以园区网技术为核心，包括网络准入控制、业务随行技术、VXLAN 技术、园区网络虚拟化技术、智能运维等，同时设置了社会实践环节。以培养适应新技术和应用发展的综合型人才为导向，通过社会实践，理论联系实际，提高学生的实践动手能力，扩展了学生视野，目前该课程已经开设了三期。

（7）网络与计算中心的"公共实验大楼计算机开放实验室建设"项目与本科生院、实验室设备管理处经过五轮的论证和修改，其方案汇报以

图 2.33 "智慧园区网的设计与实践"课程实验

87.6 分获得本科生院和实验室设备管理处专家组评审的认可，高居第二位。通过研究分析未来实验室的发展，从实验室的功能、实验课程建设以及专业人才培养等多个方面进行了全新的规划设计，将计算机开放实验室打造成面向全校、服务多个学科、共创共享的实验教学基地。

用户服务部：
用心用情用功　全力服务师生

用户服务部作为网络与计算中心对外服务的窗口单位，承担着校园网及各类信息应用系统的业务咨询、办理和报障服务，直接面对学校全体师生提供服务。长期以来，用户服务部坚持"以用户为中心"的优良服务传统，耐心周到、热情服务，获得了全校师生的广泛肯定，荣获华中科技大学"巾帼建功示范岗"，多次获评"优秀窗口单位"等荣誉称号。

图 2.34　荣获 2019 年和 2020 年华中科技大学师生服务中心红旗窗口
荣获 2014 年巾帼建功示范岗

近些年来,随着学校信息化建设的迅速发展,用户服务部实现了从场所升级、技术升级到服务方式完善的迅速发展,为全校师生提供服务的能力和提供的服务也实现了实质性提升。

·升级的服务场所和服务方式·

犹记得最初,秦山秀老师还是在中心一楼的一个小房间里办公,一个人,夹在肩膀耳边的电话、键盘上翻飞着用户的QQ信息、穿插着现场的学生咨询,常常都是在忙个不停。来反映问题的师生,在狭小的空间中,不免有时候会摩肩接踵。有时候遇到突发网络故障,对外服务电话87541449就成了极热的热线,很难打通电话。2013年1月,网络与计算中心新建的用户服务大厅正式启用,秦老师搬迁到崭新宽敞的用户服务大厅中接待用户,师生们的线下办事环境得到了极大的改善。

图 2.35 南六楼用户服务大厅

2014年2月,在新建设的呼叫大厅,呼叫系统开始试运行。2014年4月,校园网统一对外服务热线电话82668837正式启用,可同时接听3路用户来电,师生只需拨打一个号码即可咨询、报修及办理校园网相关业务,解决了校园网服务电话经常占线、服务电话号码多不易记的问题,为师生的各类问题提供一站式解答。

图 2.36 呼叫中心

2017 年 12 月，主校区师生服务中心正式启用，秉持"办事一站到底、服务永无止境"的理念，其中的校园网窗口，则为师生提供更优质的线下面对面校园网服务。

· 业务技术升级助力服务升级 ·

1. 新呼叫运维系统试运行：助力服务的高效率

2018 年 3 月，基于 ITIL 的统一、集成、开放并可扩展的网络与信息服务及运维管理系统上线试运行。系统与统一身份认证、华中大微校园、呼叫中心、SAM 系统集成，用户可以通过微信、语音留言、电话等多渠道进行故障申报。运维平台则集中统一管理，从而实现对各类运维故障的全面采集、及时处理与合理分析，实现运行维护工作的智能化和高效率。该系统的试运行不仅为全校师生提供了更多反映网络问题的平台，也为高效解决师生的各类问题提供了强大的技术支撑。

2. 账号管理技术从静态到动态：助力网络服务的便利化

原来学生的上网账号管理是静态管理，每年宿舍调整后都需要完成大规模宿舍账号调整,同学们才能正常使用网络账号,非常不便。账号管理进行动态管理改造后,上网账号无需再绑定宿舍账号,无论同学们宿舍如何调整均不影响上网账号的使用,大大方便了同学们的使用和有关部门宿舍调整的管理。

3. 不断完善的自动化系统:助力超前服务、自动化服务

从每年新生开学季,南六楼用户服务大厅挤满了开户的学生,从统一手动生成学生的账号,到同步自动生成账号。新生人还没到校,上网账号已经准备好,可直接使用,而无需到服务网点办理;同时,个人邮箱也无需申请,入校即已开通,实现了超前服务,为新生校园网络生活的开启提供了便利。

新入职教职工的网络服务,也实现了从原来费时费力的到网络中心服务窗口人工开设账号,到系统同步生成上网账号的升级,为新入职教职工迅速投入教学研究提供了便利。

上网账号的充值,从需要线下到网络与计算中心购买充值卡进行充值,到可以通过企业微信中的校园卡电子账户进行线上充值,还可以直接在企业微信中修改密码和套餐方式,一个手机解决所有问题,大大便利了师生。

学校 VPN 系统是学校师生在校外利用校园网资源进行学习研究的必需工具,在原来的管理模式下,VPN 账号的开通需要线下填写纸版的《VPN用户申请表》并签字和单位盖章,线下提交后经审核才能开通。现在,学校师生可以直接在手机企业微信的网上办事大厅线上提交即可完成申请,大大方便了学校师生在校外时利用校园网进行学习研究。

原来学校各部门的业务系统有各自独立的密码,师生们经常抱怨这么多密码记不住、容易忘,非常不方便,用户服务部经常会接到师生们的抱怨,并需处理较多中心相关的密码重置问题,统一身份认证系统上线后,"上网一个号",记住统一身份认证的密码就可以了,极大化解了学校师生在这方面的烦恼。

砥砺奋进：为师生服务升级永远进行时

用户服务部的人员，虽然没有高新技术能力傍身，但是却一直秉持着"以用户为中心"的服务理念，大家积极学习各种业务知识，认真提高服务能力，真诚服务用户。

呼叫系统试运行伊始，用户服务部人员就积极试用，快速熟悉了新的业务系统。针对中心不断涌现的各类新业务系统，如"企业微信""电子签名"等，鼓励大家率先使用，组织针对新业务的相关讲座，提高了员工的业务能力，确保了优质的服务。

工作中，积极学习，认真整理、记录各类知识点，形成用户咨询和报修常见问题汇总的文档，并根据业务的变动及时更新。新加入的人员，积极学习各种业务知识和常见问题文档。同事们之间经常直接面对面交流在与用户沟通中，有哪些语言组织的还不太好，下次应如何改善回答的内容等。部门则通过例会交流，定期汇总近期的知识点。大家一起学习，一起分享，一起努力，增强了业务知识，提高了服务能力。通过个人努力和团队协作，形成积极向上、互帮互助、互动温馨的良好团队氛围。

为了更好地服务师生，用户服务部的工作人员为各项工作投入了极大的努力和热情，下班后往往还在思考和处理用户的问题。尤其是在2020年的疫情期间，中心的校园网咨询和报修电话82668837坚持对外服务。通过设置呼叫转移到每天不同的值班人员手机上，即使疫情最严重的期间，也没有一天中断，始终坚持服务不掉线。在2020年4月学校的住房登记期间，每天要处理大量的用户微校园绑定问题。对于不熟悉手机操作的老年人，用户服务部员工经常牺牲自己的休息时间，在下班后通过微信一步步耐心指导老年人完成住房登记，助力学校做好复学、复工前的常住人员登记工作。

学校信息化的发展催生新的服务需求，服务的提升永远在路上。用户服务部所有工作人员将继续把"以用户为中心"的服务理念深植于心，为师生的用户服务升级，永远在砥砺奋进的路上。大家在每一个岗位上，用善解人意、体贴周到的热忱服务之心，认真踏实，兢兢业业，服务好校园师生，为学校的双一流建设，奉献出自己的一份力。

时值中心成立 40 周年，在此，祝愿中心的发展越来越好！祝愿学校早日迈进世界一流！

同济分中心：
踏实努力做建设，细致温馨做服务

八年以来，在网络与计算中心的领导和支持下，同济校区校园网建设获得了巨大的发展。

2015年，同济校区师生拿到了自己的第一张校园卡。华中科技大学第一套校园卡系统在主校区和同济校区同时上线、投入运行使用。

2016年，同济校区实现了认证系统与主校区系统合并统一，结束了以前两校区上网账号各自独立，互不通用的情况，彻底实现了全校范围内"上网一个号"的信息化改造。

2017年，同济校区校园网出口与主校区校园网出口实现合并，完全实现并实际落实了"全校一张网"的奋斗目标，同时将同济校区校园网出口从3.2G，直接提升到10G互联，统一享受主校区全部出口带宽。

同年，完成同济校区校园网核心设备间双UPS供电系统建设，完成同济校区校园网40余个各级设备间的环控项目和视频监控项目建设，通过2016年、2017年两期环控监控项目建设，实现了同济校区所有设备间的365×24小时实时监控。

自2015年到2020年，同济校区连续六年投入校园无线网建设，分期共计安装无线AP设备7866台，经过一系列建设改造，最终实现了同济校区所有办公区楼栋、学生宿舍校园无线信号全入室。目前，无线网建设又进入一轮新的改造周期，已实现五栋学生宿舍楼的光网络改造，上线光AP近九百台。

2021年初，同济校区师生服务大厅正式投入使用，实现了同济校区各部门业务一站式综合办理，大大方便了广大师生。

目前，同济分中心正在全力投入校园网光网络改造和校园网光缆入地项目的实施，为提供更快更稳定的校园网连接，更好更全面地为广大师生服务而努力。

图 2.37　同济校区师生服务中心

图 2.38　同济分中心机房

图 2.39 同济分中心教学实验室

计算机基础教研室：
砥砺奋进正当时，乘风破浪再扬帆

计算机基础教研室创建于 2002 年，主要工作是面向全校非计算机专业开设计算机及程序设计基础课程。历经近 20 年的发展，形成一支专心教学、爱于教学、乐于教学、教学实力雄厚、业务素质高、团结友爱的教学团队。

20 世纪 80 年代初期，计算机基础教育进入高校，我校率先在工科院系开设了"FORTRAN 语言程序设计"课程。20 世纪 90 年代后期，"计算机概论"更名为"计算机文化基础"，面向全校开设。2000 年，华中理工大学、同济医科大学、武汉城市建设学院和武汉科技职工大学（科技部管理学院）的计算机基础教学部门进行了合并，形成现在网络与计算中心的计算机基础教研室。2002 年，计算机基础教研室成立，主要职责是承担全校非计算机专业的计算机与程序设计基础系列课程的教研工作。

从成立至今，主要经历了三个发展阶段：基本建设期、快速建设期和改革深化期。

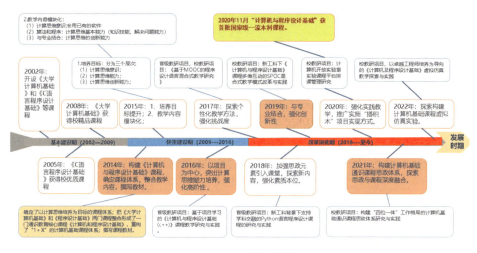

图 2.40 发展阶段龙骨图

基本建设期：
2+X 教学模式的探索构建计算机系列课程体系
（2002—2009 年）

2002 年以"非计算机专业计算机基础系列课程"确立为学校重点建设课程为契机，率先在全国提出"2+X"（2门必修课+X门任选课）的计算机系列课程设置方案，开设 9 门核心课程。积极参与学校教学模式改革，承担了 2002—2005 年医科七年制及英语护理专业的全英文教学任务。开设的 2 门必修课程为"C 语言程序设计"和"大学计算机基础"。

本阶段的书籍出版及获得的荣誉：

"C 语言程序设计"获 2005 年校优质课程；

"大学计算机基础"和"电子商务导论"获 2008 年校精品课程；

黄晓涛主编的《电子商务导论》（清华大学出版社，2006）2008 年获校优秀教材二等奖；

"新形势下非计算机专业计算机基础教学系列课程的研究与实施"成果获 2004 年湖北省教学成果奖二等奖。

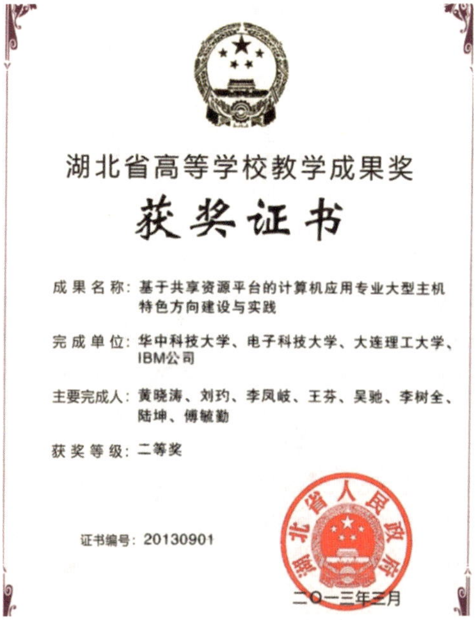

湖北省高等学校教学成果奖

获奖证书

成果名称：基于共享资源平台的计算机应用专业大型主机特色方向建设与实践

完成单位：华中科技大学、电子科技大学、大连理工大学、IBM公司

主要完成人：黄晓涛、刘玓、李凤岐、王芬、吴驰、李树全、陆坤、傅毓勤

获奖等级：二等奖

证书编号：20130901

湖北省人民政府

二〇一三年三月

图 2.41　“基于共享资源平台的计算机应用专业大型主机特色方向建设与实践”荣获湖北省高等学校教学成果奖二等奖

快速建设期：以计算思维为航标拓展计算机基础教学的新思路（2009—2016 年）

计算思维能力的培养作为计算机基础教育的核心任务将计算机基础教学引入了以提高学生计算思维能力为目标的新模式。我们采取多种形式积极推进计算思维与课程教学的融入，多次召开计算思维的研讨会，申报并完成了相应的教学改革项目，出版两本体现计算思维的教材并发表多篇计算思维的教学文章。在课堂上以问题为驱动，引出计算思维案例，以案例为主线，诠释计算思维精髓。

为了提高教学质量，逐步形成闭环式教学质量保障体系，也夯实了集体备课制度和互听课制度，并制定了优质课堂评选方案，使得计算机基础教学水平得以提升。在 2013 年组织召开了全国计算思维研讨会，我校在计算机基础教学的成果得到参会者的一致好评。

本阶段的书籍出版及获得的荣誉：
出版了相关教材 7 本。

图 2.42 部分教材展示

2016 年，黄晓涛教授负责的"计算机与程序设计基础"系列课程被评为校责任教授课程。

张晓芳副教授负责的"计算机与程序设计基础（VB）"被评为校级 MOOC。

黄晓涛教授负责的"以计算思维为核心的计算机基础课程教学平台建设与实践"成果获校教学成果奖三等奖。

改革深化期：
基于新工科的创新理念探索计算机课程线上线下与分层教学相融合的教学模式
（2016年至今）

在"新工科"的背景下，大数据技术和人工智能技术的应用越来越广泛，面向计算思维培养，重视"回归初心"教学，重构教学内容和体系，提升大学计算机教育内涵。创新教学资源，革新教学手段，建立基于新一代教育信息化平台的"MOOC＋SPOC/对分易＋OJ＋线下课堂"的线上线下与分层教学相融合的教学模式。增强计算能力培养，更好支撑专业课程学习。

2016年，成功申请了"计算机与程序设计基础（VB）"在线MOOC课程。课程的线上资源于2017年上半年建设完成。自2017年9月开始，"VB.NET程序设计"MOOC课程在中国大学MOOC平台上线，至今已经开设了13期。

2018年，成功申请了"计算机与程序设计基础（C＋＋）"MOOC课程的建设。课程组建设的"C＋＋程序设计基础"MOOC课程于2019年12月上线，迄今为止开设了8期（第8期目前正在开课中），前三期选课人数均在9000名以上。

2018年，为适应"新工科"建设对人才培养的需求，增设了"计算机与程序设计基础（Python）"课程，建设了课程的教学大纲、课程课件并设计了课程实验，于2019年开始在环境科学与工程学院、药学院、建筑与城市规划学院等学院进行了试点。下一步考虑在更多的院系推广该课程。

2020年9月，机械科学与工程学院承担计算机及程序设计相关课程的老师加入了团队，分享了程序设计课程在机械科学与工程学院的特色内容和教学方法，增强了课程对机械大类专业的支持，并使团队变得更有活力。

2021年，构建计算机基础通识课程思政体系，多角度多方位加强课程思政，深度挖掘课程思政元素，探索思政与课程的无缝融合。

2022年,加强课程实验建设,积极探索将虚拟仿真技术引入计算机基础课程实验环节的方法。

在本阶段中,逐步完善了闭环式教学质量保障体系,修正了优质课堂评选方案,制定了《网络与计算中心职称晋升教师教学工作总体评价实施方案》和《网络与计算中心本科教学质量综合评价及酬金分配办法》等相关文件,更有利于教学质量提高,并提高了教师的积极性和创造性。

本阶段的书籍出版及获得的荣誉:

出版教材1本;

图 2.43 出版教材《数据库技术与应用——SQL Server 2012》

在线 MOOC 课程"VB.NET 程序设计"于 2019 年获湖北省本科精品在线开放课程;

2020 年课程组承担的"计算机与程序设计基础"课程获国家级线下一流课程。

风劲潮涌,自当扬帆破浪;重任在肩,更需策马扬鞭。新时代新的目标激励人心,新的任务光荣艰巨,新的使命催人奋进。计算机基础教研室全体同仁当不忘初心,砥砺奋进,在教书育人的岗位上谱写时代新篇章!

图 2.44　在线 MOOC 课程"VB.NET 程序设计"

图 2.45　"计算机与程序设计基础"课程获国家级线下一流课程

智慧华中大
——华中科技大学网络与计算中心40周年发展纪实

第三章
交流活动

网络与计算中心在四十年发展中取得不错的成绩，得益于各级领导的亲切关怀和指导，在四十年发展过程中不断开展对外交流，组织各种学术会议，在全国性学术论坛上做交流报告，接待高校同行和社会人士来校调研交流，中心在交流中不断汲取新的营养和力量，也将在网络和信息化建设过程中的所获、所思、所感向社会和同仁分享，共同提升高校信息化水平。

中央网信办副主任刘烈宏，湖北省副省长郭生练，湖北省高级人民法院院长游劝荣，湖北省委宣传部副部长、省网信办主任姚德新，武汉市网信办副主任王烁，湖北省网信办网络安全与信息化处处长项海，武汉市政务服务和大数据管理局大数据管理处处长薛童等多位领导来中心调研，对学校网信工作和中心发展起到了重要的指导和促进作用。校领导李元元、尤政、路钢、丁烈云、罗俊、王伟、段献忠、湛毅青、梁茜、谢正学、周建波等多次到中心调研，给予了悉心指导和大力支持。

为进一步扩大交流，与同仁分享建设成果，中心主办或承办了第三届湖北省网络空间安全实践能力竞赛、高校"一张表"工程暨"十四五"信息化规划研讨会、人工智能技术在高校信息化中的应用研讨会、第四届全国高校软件定义网络（Software Defined Network，SDN）应用创新开发大赛、2021年CERNET湖北省高校网络安全技术培训、CERNET湖北省2015年学术论坛、"关于高校校园网运行与管理闭门研讨会"第三届会议等数十场学术研讨会议或学术活动，数千人次参加了会议。

为了进一步加强与兄弟院校的友好往来，通过互学互鉴，实现共同进步，中心每年都积极接待各兄弟院校的参观、访问。清华大学、北京大学医学部、北京师范大学、中山大学、华南理工大学、中国人民公安大学、国防科技大学、哈尔滨工业大学、四川大学、电子科技大学、武汉大学、南京航空航天大学、华北电力大学、中南财经政法大学、宁波诺丁汉大学、山西大学、中南民族大学、浙江财经大学、安徽师范大学、重庆医科大学等近百所兄弟高校同仁来校调研信息化工作，共同探讨信息化建设之道，分享信息化建设中的酸甜苦辣。

中心工作和信息化发展离不开业界的支持，腾讯云副总裁、腾讯教育副总裁付曼青，东软集团股份有限公司总裁徐洪利、副总裁贾彦生，湖北联通有限公司党委副书记、副总经理覃晟，上海科探公司总经理茅维华等许多业界知名企业的领导到中心调研指导，洽谈合作，为中心学习利用新技术不断注入新的活力。

图 3.1　2019 年 4 月 20 日，中央网信办副主任刘烈宏来校调研，校长李元元陪同并参加座谈，校党委副书记马建辉主持座谈会，中心主任于俊清汇报了学校网络安全和信息化建设情况

图 3.2 2015 年 6 月 18 日,湖北省副省长郭生练到中心开放实验室视察高考外语阅卷工作,副校长段献忠陪同

图 3.3　2022 年 11 月 18 日,校党委书记李元元到网络与计算中心调研,听取网络与计算中心党总支书记、主任王士贤关于部门学习贯彻党的二十大精神、学校网络与信息化工作发展目标和落地举措的汇报,参观中心硬件设施建设,了解智慧校园系统运行情况,肯定了网信工作取得的显著成效

图 3.4　2021 年 12 月 30 日上午,校长尤政实地调研学校网络安全和信息化工作,认为学校"十三五"期间的信息化"十个一"工程建设卓有成效

图 3.5 2020 年 10 月 15 日，校长李元元和湖北省高级人民法院党组书记、院长游劝荣共同为"湖北司法网络安全与信息化创新研究中心""湖北司法大数据研究中心"和"湖北审判管理研究中心"揭牌

图 3.6 2019 年 3 月 19 日，校党委书记邵新宇、副校长梁茜到中心参加学校网络安全与信息化领导小组会议，部署学校网信工作

图 3.7　2016 年 7 月 7 日，校党委书记路钢到网络与计算中心调研并指导工作

图 3.8　2016 年 7 月 13 日，校长丁烈云到网络与计算中心调研并指导工作

图 3.9　2018 年 10 月 10 日,校长丁烈云、副校长梁茜到网络与计算中心听取"一张表"工程建设进度汇报

图 3.10　2021 年 10 月 17 日,教育部科学技术与信息化司教育信息化与网络安全处处长任昌山到网络与计算中心调研网络安全和信息化工作

图 3.11　2018 年 10 月 29 日，第三届湖北省网络空间安全实践能力竞赛启动仪式在我校举行，湖北省委宣传部副部长、省网信办主任姚德新，副校长梁茜共同为"湖北省网络安全与信息化创新研究中心"揭牌

图 3.12　2018 年 10 月 29 日，湖北省暨武汉市网络安全人才建设与产业推进精英沙龙在中心举行。湖北省委宣传部副部长、湖北省网信办主任姚德新，武汉市网信办副主任王烁，华中科技大学副校长湛毅青，湖北省网信办处长项海，华中科技大学网络信息化办公室主任兼网络与计算中心党总支书记、主任于俊清等出席沙龙

图 3.13　2016 年 11 月 24 日，湖北省保密局局长李卫斌到网络与计算中心调研并指导工作

图 3.14　2022 年 9 月 23 日，常务副校长王伟到网络与计算中心调研并指导工作

续图 3.14

图 3.15　2016 年 3 月 3 日，副校长湛毅青到网络与计算中心
听取网络与信息化采购情况汇报

图3.16 2019年3月29日下午,南京航空航天大学党委副书记陶勇一行来校调研信息化相关工作,校党委副书记谢正学出席调研座谈会

图 3.17　2021 年 12 月 17 日，副校长梁茜到网络与计算中心参加"一张表"平台应用工作总结暨全校推广启动会

图 3.18　2022 年 5 月 11 日，学校第一届网络安全和信息化用户委员会成立大会暨第一次会议在网络与计算中心召开，副校长梁茜出席会议

图3.19 2022年5月19日,学校第一届网络安全和信息化专家委员会成立大会暨第一次会议在网络与计算中心召开,副校长梁茜出席会议

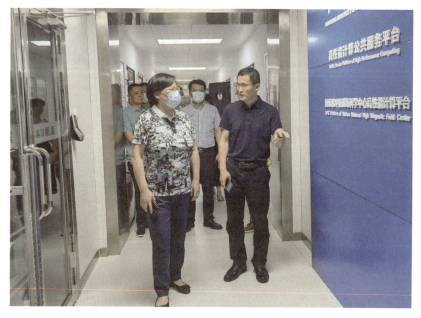

图3.20 2022年7月1日,校党委副书记、纪委书记、国家监委驻华中科技大学监察专员周建波到网络与计算中心调研并指导工作

续图 3.20

图 3.21 2022 年 10 月 20 日,副校长梁茜一行到网络与计算中心座谈,座谈会上梁茜对网络与计算中心在 70 周年校庆中的网络保障和信息化支持工作给予了高度肯定

图3.22 2022年6月10日,武汉市政务服务和大数据管理局大数据管理处处长薛童一行来校调研。总务后勤处处长于俊清,网络与信息化办公室主任兼网络与计算中心党总支书记、主任王士贤和薛童一行进行了座谈,就学校信息化建设情况进行了深入交流

图 3.23　2015 年 5 月 8 日，CERNET 湖北省 2015 年学术论坛在宜昌召开，湖北省教育厅信息化发展中心邹德智主任、三峡大学胡翔勇副校长、CERNET 专家李芝棠教授、CERNET 华中节点主任于俊清教授、CERNET 华南节点主任陆以勤教授及赛尔网络有限公司副总裁付晓东先生，湖北省内 50 余所高校近 140 名专家和技术骨干参加了会议

图 3.24　2018 年 6 月 12 日下午，中国人民公安大学副校长李守德一行 16 人来校调研信息化相关工作。梁茜副校长陪同参观了师生服务中心、校史馆和网络机房，座谈会由网络与信息化办公室主任于俊清主持

图3.25　2018年6月14日上午,哈尔滨工业大学学校办公室副主任范轶、财务处处长杨瑞伟一行8人来我校调研信息化相关工作

图 3.26　2018 年 6 月 20 日上午，清华大学机关党委副书记赵颖一行 11 人来我校调研行政办事服务信息化工作

图 3.27　2018 年 9 月 12 日，四川大学信息化建设与管理办公室主任段磊一行来校调研信息化相关工作

图 3.28 2018 年 11 月 2 日上午,北京师范大学信息化建设办公室、信息网络中心副主任陈金焘一行来校调研信息化相关工作

图 3.29 2018 年 11 月 15 日上午,华南理工大学校办公室副主任梁大为一行 8 人来我校调研信息化相关工作

图3.30 2019年4月4日,中山大学网络与信息技术中心何海涛主任一行来校调研信息化相关工作

图 3.31 2019 年 5 月 24 日，华北电力大学副校长孙忠权一行来校调研信息化相关工作

图 3.32　2020 年 9 月 15 日，华中农业大学信息技术中心主任袁友亮一行到校调研信息化建设工作

图 3.33　2021 年 3 月 18 日上午，湖南农业大学副校长兰勇一行到网络与计算中心调研信息化建设工作

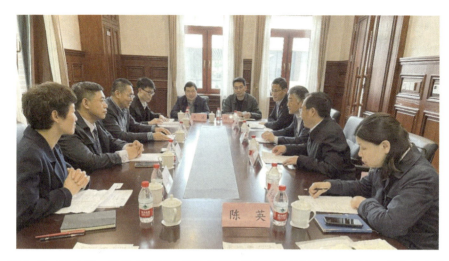

图 3.34　2021 年 4 月 22 日下午,东软集团股份有限公司副总裁贾彦生一行四人来校访问,洽谈两校战略合作事宜。双方座谈会在梧桐语问学中心举行,副校长梁茜参加座谈

图 3.35　2021 年 7 月 15 日,我校与东软集团在梧桐语问学中心签订战略合作框架协议,副校长梁茜和东软集团联席总裁徐洪利代表双方签署战略合作框架协议,共同为"华中科技大学—东软集团智慧校园联合实验室"揭牌

续图 3.35

图 3.36 2021 年 7 月 16 日，高校"一张表"工程暨"十四五"信息化规划研讨会在梧桐语问学中心明德报告厅举行。武汉理工大学副校长刘春江、四川师范大学副校长郭朝辉、青岛大学副校长李军、清华大学信息化工作办公室主任张小平以及中科大、人大、吉大、川大、天大、中南大学、大连理工、华南理工、华东师大、中国农大、武大、兰大、西工大、深圳大学等 200 余名高校信息化部门主任、专家和技术骨干齐聚一堂，共话高校信息化数据治理与规划。副校长梁茜参加研讨会并致辞

续图 3.36

图 3.37　2022 年 5 月 25 日下午，我校高性能计算公共服务平台专家委员会成立大会暨第一次会议在网络与计算中心举行

图 3.38 2022 年 6 月 1 日,湖北联通有限公司党委副书记、副总经理覃晟一行到网络与计算中心交流

图 3.39 2022 年 6 月 23 日,腾讯云副总裁、腾讯教育副总裁付曼青一行到网络与计算中心交流座谈

图 3.40 2021 年 11 月 9 日,中国教育和科研计算机网(CERNET)华中地区网络中心与国家计算机网络与信息安全管理中心湖北分中心以线上方式联合举办了 2021 年 CERNET 湖北省高校网络安全技术培训,来自湖北省 68 所高校的 300 余名信息中心技术人员参加了培训。网络与计算中心组织网络安全与信息化相关人员参加了培训。国家互联网应急中心湖北分中心网安处副处长彭骏,我校网络与信息化办公室主任、网络与计算中心主任王士贤分别致辞

图 3.41 2022 年 7 月 12 日,人工智能技术在高校信息化中的应用研讨会在校举行。中国高等教育学会教育信息化分会常务副秘书长宋式斌到会致辞,240 余名高校信息化部门领导和技术骨干线上线下参加了研讨会

续图 3.41

智慧华中大
——华中科技大学网络与计算中心40周年发展纪实

第四章
媒体聚焦

华中科技大学深化"放管服"改革打造"一站式"师生服务中心

华中科技大学坚持"发展为了师生,发展依靠师生,发展成果由师生共享"的理念,深化"放管服"改革,建设"一站式"师生服务中心,推进"互联网+服务",打造"一网通办""一站式服务",进一步提升师生获得感。

· 推进"互联网+服务",实现"线上线下"相协同·

实施信息化建设"十个一"工程,即全校一张网、基础一平台、网站一个群、数据一个库、集成一总线、上网一个号、信息一个站、消息一通道、校园一张卡、办事一张表,力推"让信息多跑路,让师生少跑腿",为师生服务提供强有力的技术和服务保障。搭建网上办事大厅,进行跨部门、跨系统服务流程网上整合,为师生提供办事服务的综合入口,实现办事公开、程序规范和办理通畅。建立师生服务中心,推动"只进一扇门,最多跑一次",18个单位设立28个服务窗口,13个单位提供21台自助服务设备。师生服务中心和网上办事大厅实行全过程、全口径管理,实现全天候、全方位服务,可办理320项各类事项。截至目前,共计为师生办理各类事项逾17万件次,一次办结率达85%,服务满意率保持在99.7%以上。

· 持续优化服务，构建服务师生新模式 ·

坚持"把后台困难留给自己，把前台方便留给师生"，持续完善管理服务事项，推动多部门联审缩短办事流程，缩短办理时限，提高一次办结率，不断拓展服务功能，努力提升师生服务体验。实行量化考核制、服务评价制、窗口评比制、绩效激励制、办事公开制、分类办理制、窗口分区制、首问负责制、归口管理制等，全面调动改进提升服务质量的积极性。拓展服务领域，引进火车票购取票、天然气、武汉通充值、车管所车辆违章年审等社会服务，设置24小时自助服务区，实现全天候服务。

· 打好"组合拳"，疏通"放管服"改革堵点 ·

实施服务清单、流程清单、责任清单"三单清理"制度，加快机关职能转变，加大简政放权力度，规范权力行使监管。建立"问需于民、问计于民、问政于民"的"三问"机制，集中民智、凝聚民心、改善民生，做好年度民生实事，解决全校师生员工关切。聚焦重点、难点和堵点问题，持续开展工作流程设计与再造竞赛，先后梳理、设计、优化、再造面向师生管理服务的各类流程102项，打造并推出数字迎新、网上报账、报修平台等优秀案例，深受广大师生好评。

（教育部网站 2018 年 12 月 25 日）

师生少跑路 事事有回应
华中科大：320项事务"一次办好"

"过去签订一份三方协议得盖4个章，在保卫处、学院、派出所等多个部门之间来回跑。"近日，华中科技大学机械科学与工程学院2015级学生丰星星告诉记者，自学校推行"一站式服务"以来，只需填一张表、盖一个章，5分钟内就能解决所有问题。

以往，一些高校存在审批事项不集中、师生办事来回跑的问题，以及"门难进、脸难看、事难办"的现象。如何提升管理服务水平，让广大师生拥有更多的获得感？近年来，华中科大通过推进"放管服"改革，统筹全校公共服务资源，建立网上办事大厅及线下师生服务中心，让师生少跑路，事情能"一次办好"。

华中科大师生服务中心负责人朱鲁斌介绍，中心已经有25个单位提供131项线上服务，18个单位设立28个服务窗口，9个单位提供17台自助服务设备，同时引进了五大类30多项社会服务，涉及火车票取票、天然气圈存、武汉通充值等方面，并出台配套措施确保320项师生事务都可"一次办好"。截至目前共办理事项逾16万件次，服务满意度始终保持在99.5%以上。

华中科大以工作流程设计与再造为抓手，先后梳理优化各类流程近百项，极大地提高了一次办结率与师生满意度。如网上报账，通过财务处、网信办等多部门协同，解决了长期困扰师生的缴费难、报账难问题；一张表工程，整合全校34个职能部门的力量，化解了数据分散、不准确、反复填表等难题；2244报修平台，提供"事事有回应"的全年无休服务。

"在优化服务的过程中，学校既做加法持续梳理管理服务事项，也做减法实现多部门联审以缩短办事流程，使师生能够享受到更便捷的服务，我们工作人员的负担也因此大大减轻，办事积极性大幅提升。"学校研究生院有关负责人甘晓燕告诉记者。

"从分散式服务到集中式服务，从线下服务到线上线下一体服务，从单一的校内服务到'学校＋社会'的综合服务，我们将继续加强育人能力、创新能力和治理能力建设，努力构建一流的高校服务师生模式，做好新时代服务师生的答卷。"华中科技大学校长李元元说。

（教育部网站 中国教育报 2018年12月25日 记者：程墨 通讯员：毛军刚 万霞）

华中科技大学于俊清：
病毒隔离千万家　网络联通你我他

3月16日，身处疫情中心武汉、仍然保持居家办公状态的于俊清上午给学生上网课，下午又在网上处理了学校的一些事情，直到将近下午5点终于能够坐下来接受电话采访。武汉封城50多天来，他已经习惯了这种工作状态，由于省去了在物理空间移动所耗费的时间，感觉工作比平时更加紧凑和忙碌了。

图 4.1　华中科技大学网络与信息化办公室主任　于俊清

作为华中科技大学网络与信息化办公室主任，他惊叹于处于疫情倒逼状态中，信息化在高校教学、科研和管理中所释放出来的巨大能量，尤其是在线教学对于传统的高校教学模式和观念的颠覆性改变。他坦言，此次疫情给信息化应用，尤其在线教学、视频会议和远程办公等大规模应用的机会！但是，我们更应该着眼于建立高校信息化建设和应用的长效机制，而不仅仅是抗疫期间的一时应急之举。

·快速反应，完成抗疫专题网站等任务·

大年除夕前一天，2020年1月23日上午10点，由于新冠疫情日益严峻，武汉封城，华中科技大学的整体工作随即进入抗疫状态。对于于俊清及其同事来说，面临的是突然完全转入线上工作的不适应以及信息化作为疫情期间高校管理、教学等工作重要甚至唯一手段的巨大压力。这也使得于俊清对于"疫情就是命令，防控就是责任"这句话的感触特别深刻。

他回忆道，1月26日下午，网信办接到学校新冠病毒性肺炎疫情防控工作领导小组指示，配合校友办、基金管理处建立专门的捐赠公示网站。网信办分析了需求后，决定扩大建设内容，直接建设防控工作专题网站。经请示领导小组同意后，网络与计算中心人员连夜进行设计和开发工作，27日早晨，网站已经开发完毕。

网站包括通知公告、捐赠动态、工作动态、网上门诊、防治知识、疫情资讯、便民服务等10余个栏目，党委办公室、校长办公室、党委宣传部、校友会、基金管理处、校医院等几个职能部门分别负责相应栏目的信息录入，27日下午3点网站正式上线。专题网站的建设，对于实现疫情防控工作的信息发布、信息公开、公示、咨询等发挥了重要作用。

网站刚刚完成，就要接着啃师生健康填报系统这个"硬骨头"。由于时间紧，形势变化快，1月28日，网信办、网络与计算中心在接到任务后，迅速确定了"边开发、边上线、边完善"的策略，立即组织技术人员连夜开发。两天之后的1月30日中午，师生填报系统上线，填报系统分为PC版和手机版。

图 4.2 华中科技大学新冠肺炎疫情防控专题网站

图 4.3 华中科技大学微校园

防控办设立了 24 小时服务电话，当天 43232 位师生完成了填报；2 月 1 日中午，各单位综合查询系统上线，各单位可查询和导出本单位师生填报数据；2 日凌晨 4 点，更加详细的统计和未填报名单查询功能上线。健康数据要求师生每日填报，为简化填报流程，第二次填报时，如果状况未发生改变，则点击"与上次填报内容相同"即可，其简单易用的体验也获得师生的一致好评。师生健康状况填报和查询统计系统的上线，为学校和校内各单位及时了解师生健康状况提供了重要的平台支撑。

之所以能够间不容发迅速完成学校交办的各项任务，于俊清认为这不仅仅是依靠网信办的同事们吃苦耐劳、敢打能打的精神，更是考验一所学校的信息化"积淀"，这些看似繁乱的工作背后有一项重要抓手,那就是数据治理和平台建设。如果没有长期以来对于学校各项数据的收集、整合、分类、优化等工作的持续进行,那么想要短期完成一项覆盖全校、综合性很强的开发工作是难以想象的,这也说明学校信息化基础工作是多么重要。

疫情期间机房的安全值守是网络中心的一项重要工作,因为这是全校信息系统安全运行的基础。为了降低工作人员来回奔波和流动感染病毒的风险,华中科技大学网络中心的机房在疫情期间临时取消了轮流值班,实施以远程维护为主,固定人员巡检为辅的值班方式,从而最大限度地保证员工健康。

图 4.4 华中科技大学机房

这项工作得益于他几年前就开始"装备"机房,比如每一个设备间、每一个机柜都实现了温湿度和电源负载的数据和视频监控,绝大多数系统都可以进行远程维护,这才有可能实现这种看起来无人值守却又能保障安全的模式。于俊清说,这项工作下一步将会进一步强化,信息化部门要能够完全用信息化的手段解决信息化问题。

· 多管齐下,确保学术研究不"掉线" ·

此次疫情发生在寒假期间,这使得所有中国高校图书馆都遭遇了始料未及的问题,原本师生只能在校内访问的各类学术资源因为延迟开学也无法及时获取。

为了满足师生因延期开学急需在家访问学校图书馆电子资源的需求，确保学术研究不"掉线"，学校网络与信息化办公室、网络与计算中心与图书馆一起，多管齐下：

一是立即开发学生在线申请 VPN 账号的网上办事大厅流程。学生在线申请，网络与计算中心技术人员后台实时审核，立即开通。1 月 29 日上线以来，平均每日为 1000 余名学生开通 VPN 账号。

图 4.5　华中科技大学校园网 VPN 申请页面

二是紧急扩容 VPN 系统。由于 VPN 开通需求量大，现有 VPN 设备无法满足要求，1 月 29 日联系设备厂商发货，2 月 2 日晚设备安装完毕，可支持最高 10000 个用户同时在线。

三是基于学校统一身份认证系统和中国教育科研计算机网统一认证与资源共享基础设施（CARSI）开发了学术资源文献聚合访问服务。

图 4.6　智慧华中大：学术文献资源聚合访问页面（PC 端）

该聚合服务将复杂的操作封装在服务中，简化了用户的操作，实现了一键直接跳转，学校师生无需登录学校 VPN，便可通过统一身份认证账号及密码直接访问中国知网、万方数据、Web of Science、Springer、IEEE Xplore、Science Direct 等图书馆购买和试用的大部分学术文献电子资源。

他特别提到了此次 CERNET 为了应对疫情推出的全球学术资源共享平台——CARSI，基于 CARSI 系统，高校师生在任何时间、任何地点，通过任何终端，以任何联网形式，均可通过校园网账号访问资源，在疫情期间对于校外的师生可谓是恰逢其时。

图 4.7 智慧华中大：学术文献资源聚合访问页面（移动端）

· 精准施策，教无定法贵在得法 ·

因疫情防控需要，教育部做出了"停课不停学、不停教"的重要部署。华中科技大学也根据学校抗疫整体安排，提出了"推迟开学、按时上课、网上教学"的要求。于俊清称，这客观上为高等教育提供了一次大规模线上教学的实践机会。

为了给网络教学工作提供基本条件保障，华中科技大学网信办协助教务处等部门，通过与超星合作，仅用一周左右时间完成了本科网络教学平台的紧急部署工作，实现了与学校统一身份认证系统、统一通讯平台和教务系统的数据对接。此外，学校积极拓宽在线教学资源，与各大教学平台包括雨课堂、智慧树等开展合作，并鼓励一线教师"共享一门课、共上一门课"。

图 4.8　华中科技大学"按期开课"

作为首批在线开学的高校之一，华中科技大学于 2 月 17 号顺利通过开学首日"大考"。对于本科生来说，有 2300 余门课程启动，有 3000 余名教师、300 余名教学管理人员在线上互动；研究生在线教学也结合其课程安排特点，开学第一周，有 223 名授课教师充分运用各种线上平台开展线上授课、线上学习讨论等教学活动，95% 以上的研究生课程如期开课，覆盖全校 5600 余名研究生。

·聚力打造本科网络教学平台·

于俊清认为，华中科技大学在此次疫情防控期间的在线教学在一定程度上实现了"教无定法"。对于这次史无前例的大规模在线教学所带来的带宽压力，没有学校主导的平台是不行的，但事实也证明，使用统一的单一平台也是肯定不行的。2 月 17 日当天，出现了大量学习平台中招"沦陷"，华中科技大学则因为提前给老师们打了"预防针"而实现了实时补救。

图 4.9 华中科技大学"按期开课"

学校一方面在学习平台上给予多种选择，另一方面在教学方式上，教务处要求院系充分考虑不同学科、不同课程的性质、特点和基础等因素，不搞"一刀切"，鼓励"一课一方案"的精准施策，只要能够保证质量，慕课、直播、录播、研讨、答疑等都可以作为在线教学的组成部分。任课教师根据实际情况选择教学平台和教学方式，根据课程需要组合教学模块，"一课一方案"是华中科技大学顺利保障在线教学的重要经验，没有最好，适合就好，教无定法，贵在得法。

·一线教师积极尝试网络教学·

针对疫情期间在线教学到底是应该直播还是录播的争论，同时兼有教学任务的于俊清有自己的看法。他认为，直播在某种程度上是线下教学的妥协和模仿，线上教学的最大优势是学生可以利用碎片化时间在"任何时间、任何地点"能够自主学习，而直播削弱了这一点。不是说直播不好，而是说在线上教学的过程中，直播有太多的不可控因素，而教师把大量的精力都分散在处理一些技术和突发问题上，分散了教师的精力，实际上影响了教学效果。

很多大学老师的教学生涯中存在大量的重复性劳动，比如一门课程给每个年级的学生重复讲，虽然每年会有一些更新的内容，但大部分基础内容是相同的。在线教学实际上可以让教师摆脱这种重复，选择授课效果好的教师把课堂教学内容录成慕课，教师集中精力给学生答疑解惑和交流讨论，启发学生的创新思维。

在于俊清看来，线上和线下资源相结合是实现翻转课堂和以学生为中心的教育教学的重要途径，在线教学也有利于共享优质教学资源、促进教育公平，优质在线课程的教学和学习要被认可，而这应该是下一步教学改革的重要突破口。这样更加能够提升教学质量，这也是将"水课"变成"金课"的重要手段，特别是从提升能力而非灌输知识的角度意义更大。

我们一定会战胜疫情，但高校信息化依然在路上，他反复强调我们应该认真总结经验和教训，建立高校信息化建设和应用的长效机制，而不仅仅是战疫期间的一时应急之举。

（中国教育网络 2020 年 3 月 27 日　作者：王世新）

华中科大：
从"一站式"服务到数字孪生，智慧校园服务 10 万师生

日前，在 2021 浪潮技术与应用峰会武汉站活动期间，华中科技大学网络与信息化办公室主任王士贤和浪潮信息首席架构师叶毓睿就智慧校园建设共同接受了媒体采访。

图 4.10　华中科技大学与浪潮存储联合访谈嘉宾：王士贤（左）、叶毓睿（右）

本次访谈聚焦高校信息化建设新应用、新挑战展开讨论,以下为采访现场实录。

记者: 科教大数据在中国面临什么样的挑战?

王士贤: 科教大数据可分为四个部分,分别是管理服务大数据、教学大数据、科研大数据和与高校有关的互联网大数据。

科教大数据推进目前有几个方面的困难,第一是数据采集、分析能力较弱。和政府、企业相比,高校内部仍然存在"信息孤岛"比较严重的情况,信息化建设主要是为了满足管理服务的数字化和线上化,在信息的规范化、标准化以及采集效率等方面还存在一些问题。"十三五"期间,也有一些高校在大数据方面做了一些尝试,但成功的很少,主要是由于基础数据质量不高,大数据分析出来的结果没有太大价值。第二是对大数据的分析和运用能力还有差距。大家虽然认识到了大数据的重要性,但对于如何利用大数据提高管理决策的科学化水平,提高教学科研效能方面还缺少较好的模型、方法以及推进的举措。因此,总体来说,科教大数据还不是十分成熟,需要继续提高基础数据的质量,扩展数据源,建立更加科学的模型,探索一些好的大数据应用。

记者: 华中科大对数据存储的需求主要体现在哪些方面呢?

王士贤: 存储是高校信息化非常重要的基础设施,这一块我们的需求一直比较旺盛。以档案数字化为例,我们在 2014 年开始启动档案数字化,把建校以来所有的档案全部影像化,部分内容做了数字化。在此之前,毕业生因工作需要,办理在校成绩单时,需要手工查找纸质档案、核对、翻译等,办理一套成绩至少需要三天,档案数字化后,基本可以做到"立等可取"。此外,图书馆电子资源、教学资源、科研数据、校园地图、各类信息系统等都需要大量的存储资源。目前我们已经建成"三中心一灾备"格局的数字化基础平台,预计"十四五"期间随着高校数字化建设迎来高质量发展,对计算和存储的需求将会爆发式增长。

叶毓睿: 浪潮存储跟华中科大在存储领域的合作,可以分为两个阶段。第一次握手应该是在 2020 年,华中科大有 1500 多个虚机、190 个校级业务系统，当时我们提供了 PB 级统一存储，通过异构虚拟化功能把浪潮的存储和原来的存储构建成一个大的存储资源池，这样前端业务就可以灵活调配空间。第二次握手是在 2021 年，华中科大购买了我们的中高端存储，用在一些核心业务上，包括 NAS 文件、虚拟仿真应用等，其中虚拟仿真应该是未来数字孪生校园建设的重要组成部分。

记者： 作为国内高校数字化建设的领跑者，华中科大有没有一些比较好的经验跟大家分享？

王士贤： 高校信息化是一项系统工程，涉及学校的很多方面，做好信息化首先要领导重视。各级领导要充分认识到信息技术对教育带来的革命和推动作用，主动拥抱信息化。华中科技大学党委书记和校长亲任网络安全和信息化领导小组组长。二是要有持续的投入。信息化不但需要大量资金的持续投入，还应有一支素质和技术过硬的管理队伍和技术队伍。华中科技大学信息化资金实行预算制，确保信息化可持续性。三是要理顺信息化体制机制。信息化不单单是信息化部门的事情，信息化管理部门、技术支撑部门和业务部门之间要形成"信息化建设共同体"，建好生态，抓好协同。四是要做好顶层设计。信息化不能做一步看一步，而应该有完整的规划，分步实施。《华中科技大学"十三五"信息化规划》提出了"十个一"工程，"十三五"期间主要围绕"十个一"工程进行建设，成效明显。

记者： "十四五"期间的智慧校园会是一个什么场景呢？

王士贤： "十四五"期间，大数据会在高校中有比较成熟的应用，如通过业务信息系统数据、校园各类系统日志信息、伴随式收集的数据以及互联网相关数据的汇集，利用大数据分析技术对人才培养、学生就业、教学科研等起到很好的指导作用。校园物联网获得快速发展，人工智能技术得到应用，校园管理和服务将更加精细化、人性化和智能化，可通过数字孪生技术，实现校园的全景式、沉浸式、交互式管理，将物理世界的人、财、物与数字世界的信息充分贯通融合，在数字地图中不但可以查看校园的房屋、资产、门禁、交通、路灯、水电等常态信息数据，还可以实时查看教学和科研活动过程以及参与活动中的人员、设备、状态以及预测等信息。

叶毓睿：对。这让我想起浪潮存储产品线总经理李辉提到的存储"五大价值"，包括加速数据共享、流动、处理、在线和安全。尤其是数据共享。原来可能是孤岛的、各自为政的数据，相当于华中科大就把这些数据"河流"打通形成统一的"数据池"，这就犹如获得了数字世界的"通行证"，数据打通之后更容易帮助高校去做决策。

王士贤：是的。我们认为"十四五"期间智慧校园应该是这样的：各类数据源将互联互通，数据充分共享，"信息孤岛"得到彻底解决，实现"万源互通"；校园物联网将进入快速发展期，迎来"万物互联"；管理、服务、教学、科研等全域大数据汇聚、交叉、融合，通过"万数共融"数据价值得到充分发挥；人工智能技术在各类业务信息系统中得到普遍应用，催生"万业智能"。

（腾讯网、知乎 2021 年 6 月 30 日）

像选车票一样选宿舍，华科大新生用企业微信"秒定"入学手续

10秒完成报到手续，选宿舍床位、报军训服装尺寸、购生活用品全部线上办理……现在，一身轻松的"开学季"正在华中科技大学校园内发生。

图4.11 刷脸、刷卡能便捷入校

华中科技大学在"十三五"信息化发展规划的"十个一"工程中提出了"信息一个站"的建设目标。2017年8月，华中科技大学创建"华中大微校园"，建起一个基于企业微信号，为广大教职工、学生提供个性化、

便捷化服务的"一站式"移动信息门户,是湖北省首个创新融合企业微信与自建应用的985头部院校。

·"华中大微校园"用户数8.4万余人·

2021年5月起,华中科技大学在3个月内将一系列功能一站式迁移到企业微信App上。如今,"华中大微校园"用户数达8.4万余人,日均活跃度超5万人,总应用+流程数达400余个,推送微信消息每年4000万条,涵盖教学、学习、办公、生活、医疗等多个场景。据了解,"华中大微校园"是该校唯一的移动应用入口,除此之外,没有别的App。

华中科技大学网络与信息化办公室主任王士贤说,因为企业微信和微信这两款产品是互通的,可以和学生家长、考生、校友做很好的沟通。且使用企业微信时有一个本校的名称标识,跟他人交流就更具有可信性。

王士贤介绍,企业微信除了是一个很好的沟通工具以外,还是一个开放的平台。高校不但可以使用企业微信的基于SaaS技术的公共应用,还可以自己开发一些应用,集成到企业微信平台中来。

·迎新用企业微信刷脸办理·

华中科技大学在企业微信中建立了"应用中心"栏目,将与师生学习、教学、科研、生活、医疗等相关的各类移动应用集中到"应用中心",如课表查询、选课、校园卡挂失、校医院预约等;建立"消息中心"栏目,为学校各类应用提供消息发送接口,实现微信消息的统一发送;建立了"网上办事大厅"栏目,将300多项网上办事流程移动化后集成进来;此外还建设了校园资讯、OA系统、电子邮箱、学术文献资源聚合访问、健康上报、智能问答、校园地图、讲座活动直播等栏目和应用。

而在这次迎新当中,华中科技大学还建设了智慧迎新系统,其入口就是企业微信。新生先加入学校的企业微信,再由此进入数字迎新平台,入校之前即可在线上完成包含疫情防控指南、健康状况填报、自选宿舍、保险购买、绿色通道、生活用品、财务缴费、个人信息、户口迁移、军训服装采集等 14 项事务。到校以后，新生可使用数字报到功能，通过刷脸完成身份证照片、录取照片以及现场照片的核对，整个报到过程不超过 10 秒。

（学习强国 2021 年 9 月 18 日）

华中科技大学打造"智能问答"，赋能校园咨询新生态

根据《中国教育现代化2035》文件精神，建设智能化校园，统筹建设一体化智能化教学、管理与服务平台，华中科技大学以"全天候、全方位、全覆盖、全过程"为目标，建设了服务全校的智能问答平台，赋能校园咨询新生态，不断提升学校师生的服务满意度。通过打造智能问答平台，建立了职能部门、直属附属单位以及院系的智能问答知识库，提高了学校师生的咨询服务效率，降低了工作人员的咨询服务压力，学校智能化服务水平又上新台阶。

· 有问必答，实现全天候高效率自助服务 ·

传统校园咨询主要通过电话、QQ和邮件等方式，为师生提供人工服务。人工服务具有针对性强、服务细致等优点，但同时缺点也很明显，一是服务时间有限，非工作时间师生的咨询得不到及时回复，二是服务效率低下，对于重复度高的咨询需要耗费大量人力资源。智能问答平台不受时间限制，可实现在学校各二级单位官网、微校园和公众号等入口的全天候7×24小时自助服务。同时，在智能问答平台中，通过有效利用自然语言处理技术，实现了自动命中师生咨询中重复率高的各类问题，显著提升了咨询效率。截至2021年10月21日，共计61790人次使用了智能问答系统，问答匹配率达88%。

图 4.12 智能问答平台入口

图 4.13 网络与信息化办公室官网智能问答入口

图 4.14 财务处官网智能问答入口

· 知识中枢，汇集最权威最全面问答知识 ·

一直以来，学校各二级单位的咨询工作均由各单位自行管理，且自行维护其知识库和咨询入口。师生有咨询需求，需先明确问题管辖归属单位

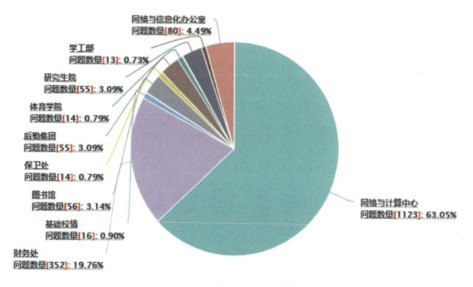

图 4.15 知识库分类统计

及其咨询入口，再按照咨询规则进行咨询，形成校内咨询的"高门槛"。在咨询时也可能由于咨询应答工作人员的不同，得到差异化的回复，从而造成师生的困扰。咨询问题和答案是智能问答平台的知识中枢，通过收集各二级单位日常咨询中的常见问题，形成统一的智能问答知识库和智能问答助手，为各二级单位分配分级管理权限，实现了学校智能问答知识库的集中管理。师生通过智能问答助手即可获取最权威、最全面的问题答案。截至2021年10月21日，智能问答平台汇集了来自11个部门共计2242个知识问答。

·智能分析，覆盖增量式个性化师生需求·

随着校内统一智能问答知识库的建立，以及智能问答助手在各单位官网、微校园和公众号上逐步上线，师生对智能问答的需求与日俱增，上线以来，最高单日访问量达1411人次。通过满意度问答、留言反馈、问答统计分析、热点问题推荐、智能问题联想、未知问题聚类等技术手段，不断提高平台的智能分析水平。跟踪师生咨询的全过程，分析师生的个性化咨询需求，根据分析结果，联合各单位进行知识库的优化、修正和补充，形成反馈闭环，促进智能问答知识库的良性循环与健康发展。

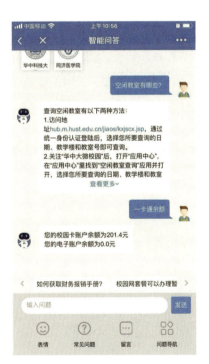

图 4.16 智能问答中的"一问一答"

图 4.17 智能问答中的"引导问答"

(中国教育网络 2021 年 10 月 28 日)

华中科技大学网络与信息化办公室主任王士贤：
构建数字孪生校园，促进教育升级

2021年11月3日，腾讯数字生态大会智能教育专场在武汉举办。中国高等教育学会教育信息化分会常务理事、华中科技大学网络与信息化办公室主任王士贤出席本次会议，并发表《关于数字孪生校园的思考》主题演讲。

"十四五"期间，随着大数据、物联网、人工智能等新技术快速发展，高校将进入数字孪生校园建设新阶段。

王士贤提出，数字孪生校园是指运用物联网、大数据、人工智能、虚拟现实等信息技术，完整实现实体校园在虚拟世界的数字化表达，并为实体校园运行提供全场景式、沉浸式、交互式展现，与实体校园形成紧密闭环的运行与智能化决策的信息化生态系统。数字孪生校园是数字校园的深化和升级，传统数字校园虽然实现了数字化，但存在片面、割裂等问题，数字孪生校园更全面、更系统、更深入、更生动，是一个有机的整体。它也是智慧校园和智能校园的一种形态。

数字孪生校园的核心是数据，华中科技大学在"十三五"期间通过建设"十个一"工程，在人、空间、活动三个维度积累了丰富的数据，这些数据为将来建立数字孪生校园奠定了基础。

"数字孪生校园是通过信息技术，让实体校园和虚拟校园进行充分融合和交互，让系统更加人性化，更加智能，教育教学和科学研究的效能大幅提升，每个人的潜力都得到充分发挥！让信息化更好地造福教育、赋能教育，促进教育升级！"王士贤表示。

图 4.18　中国高等教育学会教育信息化分会常务理事
华中科技大学网络与信息化办公室主任　王士贤

以下为王士贤演讲全文：

各位同仁，大家好！

今天很荣幸有机会和大家分享我对数字孪生校园的一些思考。

数字孪生的概念来自数字化制造行业，指的是贯穿于产品规划、设计、制造、优化全生命周期的数字化仿真。最早起源于 1969 年美国 NASA 的一个在轨装配技术。到了 2011 年，Grieves 教授等给出了一个比较完整的定义：数字孪生是一种三维模型，包括实体产品、虚拟产品以及二者间的连接，能对物理产品进行数字化描述，并有效地管控产品全生命周期的数据信息，进而优化物理产品的运行维护，是实现虚拟及物理系统（cyber physical system，CPS）的核心关键。数字孪生是在设计与执行之间形成紧密的闭环。

那么什么是数字孪生校园？参考数字孪生的概念，我试着给出一个定义：数字孪生校园是指运用物联网、大数据、人工智能、虚拟现实等信息技术，完整实现实体校园在虚拟世界的数字化表达，并为实体校园运行提供全场景式、沉浸式、交互式展现，与实体校园形成紧密闭环的运行与智能化决策的信息化生态系统。它是一个信息化的生态系统，而不是一个简单的仿真系统。

高校的信息化经历过很多阶段，从电子校园、网络校园、数字校园、智慧校园到智能校园，那么数字孪生校园应该属于什么阶段呢？我认为它是数字校园的深化与升级，它比传统的数字校园更系统、更全面、更深入、更生动。原来的数字校园是片面的、割裂的，数字孪生校园是一个有机的整体。

根据数字孪生的模型，我对数字孪生校园能力进行了分析，它的能力包括五个方面：定义、展现、交互、服务和进化。首先是定义，也就是基础，包括数据、系统、平台、云计算等；展现包括可视化、BIM、AR和VR等；交互包括AI、沉浸式、智能机器人；服务包括融合、微服务架构，服务于人，也服务于系统；进化是指迭代和升级的能力。

数字孪生校园和数字孪生之间有什么区别？我将数字孪生校园分为三个纬度：人、空间和活动。数字孪生主要是空间，而在校园则要复杂得多，涉及人、空间和活动。人，包括教师、学生、管理者、服务者、校友、家长、合作者等校园利益相关者；空间，包括校园的建筑物、构筑物、水、电、网络、交通、监控等；活动，包括教学、科研、学习、创新、创业、管理和服务等。

数字孪生校园的核心应该是数据，我们应该需要哪些数据呢？华中科技大学在"十三五"期间建设了"十个一"工程：全校一张网、基础一平台、网站一个群、数据一个库、集成一总线、上网一个号、信息一个站、消息一通道、校园一张卡、办事一张表。其中很多是和腾讯合作的，例如，信息一个站，包括了

PC 端和移动端的门户，300 多个移动应用和流程全部都是在企业微信中实现的。通过建设大量的应用，我们积累了很多的数据，这些数据为将来建立数字孪生校园奠定了基础。

下面我从人、空间和活动三个维度展示我们已经积累的数据。

人，其中最重要的群体是学生，我们可以分析和展示学生的生源大洲分布、国家分布、国内省市分布，学生的性别、民族、院系、专业等相关的信息以及成绩、消费、奖学金、助学金、就业等数据，除了总体分析外，还为每个学生做了画像。通过建立学业预警模型，预测他下个学期可能哪门课程会挂科；利用学生的消费数据以及其他经济数据，通过建立经济困难指数模型，找出全校经济最困难的学生。当然对学生的大数据分析不是目的，目的是帮扶，把学业困难、经济困难、心理困难的学生找出来，对他们进行帮扶，帮助他们成长。在教师的数据方面，我们可以分析教师的学历结构、学位结构、职称分布、专业分布等，为了给老师们提供好服务，我们重点建设了"一张表"平台，解决了老师"填表多、填表繁"的问题，每年把教师的基本信息、教学、科研、社会等数据自动汇总，共有 60 多个数据子集、1000 多个字段，通过"一张表"平台，老师们可以很方便分析自己的成绩是什么？短板是什么？学院也可以通过横向和纵向对比，分析学院的发展态势以及优势劣势。

在空间方面，我们绘制了校园的实景地图，把所有的建筑物进行数字化，细化到了每一栋楼的每一个房间，每一个房间的编号、面积、使用人、使用属性等，还对部分房间做了 3D 建模。对校园所有的 AP 进行定位，可以观察和分析 AP 的运行情况、覆盖情况；根据学校常住人口的数据做了人口的热力图；把学校的监控、消防设施在系统上也进行了标注，并且和监控系统联动；学校所有的乔木也进入了系统，可以查看每一棵树的树龄、属性等信息。

活动，首先是IT活动，包括校园网用户星光图、网络安全态势感知图等网络数据；数据中心的运行情况及其配置、健康度、异常情况、应用繁忙情况；数据交换的数量、质量、异常情况等；统一身份认证系统的访问终端、来源、登录异常等数据；全校400多个网站的访问、内容更新、安全等数据；网上办事大厅300多项流程办理类型、办理时间、办理地点以及服务评价等；全校所有自助服务终端的位置、打印数量、所属部门、使用情况等数据。教学活动的数据主要包括教学运行中的今日课程数、上课学生人次数、授课教师数、教师使用情况等，课程平台的电子资源统计数据，学生的学习、创新创业、出国留学、就业等数据；超算平台展示的是教师使用超算平台计算的课题、提交的作业、取得科研成果情况等。

"十三五"期间，我们积累了大量的数据，那么我们如何去构建数字孪生校园呢？我觉得它有两个层次：第一个基本的层次就是，现实世界在虚拟世界的映射，这个是比较简单的，就是可视化。第二个层次是高级阶段，应该做到：一是数据全贯通，不仅仅物联网数据，还要有业务数据和互联网数据，全量数据进行贯通；二是表现形式应该是交互式和沉浸式，包含人机对话、指挥控制功能，是学校的智慧大脑；三是智能化，包括告警、关联、预测、学习、进化、迭代等功能。

在数字孪生校园构建方面，我们和腾讯公司一起利用Ray-Data做了一些探索，在数字孪生校园平台中，从全球的视角，可以很方便地分析查看学校生源的国际分布情况、国际科研合作、国际交流等情况；在国内视角，可以很方便地分析国内生源地、学生构成等信息；当进入学校整体视角上，可以实时展示学校大门的车流量、人流量、异常车辆、异常人员信息等；校园内可看到监控内容、车辆交通信息、拥堵预警、超速车辆统计等；打开每个建筑时，可以看到建筑的分层信息，教学楼的某个教室的上课画面、授课教师的能力分析，主要包括基本信息、教学能力、科研能力、所授课程的难度指数、学生评价等，他的课程教学效果如何？是否需要进行教学方法辅导？他发表论文情况如何？科研上是否遇到了瓶颈？是否需要帮助等；可以看到在这个课堂上哪些学生有学业困难、经济困难、心理困难，是否得到了帮扶？教师和学生在课堂上进行交互时，根据学生回答问题内容，向学生推荐相应的学习课程、论文、创业资讯、就业资讯等信息。

总之，数字孪生校园是让校园的人、空间和活动通过信息技术进行了充分融合，更加人性化、智能化，教育教学和科学研究效能大幅提升，每个人的潜力都得到充分发挥！让信息技术更好地造福教育、赋能教育，促进教育升级！让我们共同期待这个美好的未来！

谢谢大家！

（中国教育网、中国青年网、网易新闻、中华网等 2021 年 11 月 4 日）

在汉高校赴京调研：
信息化建设攻坚深水区

前不久，武汉大学、华中科技大学、武汉理工大学、华中师范大学、中国地质大学（武汉）、中南财经政法大学、华中农业大学和中南民族大学等位于湖北省武汉市的七所高校信息化主管部门负责人组队来京，赴教育部科学技术与信息化司、北京大学、清华大学展开调研，期间还与北京邮电大学、北京航空航天大学等高校进行信息化专题交流。

这一次地域间的信息化碰撞与交流带给来自武汉的高校信息化负责人什么启示？信息化当前面临哪些重要问题？未来，信息化发展的关键词是什么？围绕这些问题，《中国教育网络》采访了武汉大学刘昕、华中科技大学王士贤、华中师范大学吴俊文、中南民族大学张淼等四位高校信息化负责人。

· 交流与启示：坚定目标才能清晰路径 ·

北京和武汉均为国内高校聚集地，同时也是我国教育信息化的前沿阵地。两地高校就信息化建设相互交流经验、分享观点无疑十分有意义。

华中科技大学网络与计算中心主任王士贤认为，国家对教育信息化越来越重视，目标和路径越来越清晰。同时，他对参访的在京高校在校园网建设、移动 App、一网通办、高性能计算以及为师生服务的理念印象深刻。他表示，通过调研，对学校制定"十四五"信息化目标更加坚定，路径更加清晰。希望未来五年教育信息化既能扎根实际，服务好大学"立德树人"根本任务，又能获得快速发展，引领高校各项创新。

图 4.19　在教育部科学技术与信息化司进行专题交流

湖北省是教育大省，尤其是武汉市聚集了强大的高等教育资源。据不完全统计，目前湖北共有高校120多所，其中本科高校近70所，且大多集中在武汉市。

王士贤提到，根据中国高等教育学会教育信息化分会2020年调查研究，湖北高校信息化建设水平在全国属于中游水平。他表示，湖北省高校众多，但高校之间信息化水平还存在较大差异，发展空间还很大。和发达地区高校相比，普遍的特点是：经费投入普遍不足；学校对信息化人员缺乏特殊通道的政策支持，对优秀信息化人才的吸引力较弱，信息化队伍人员偏少，队伍问题成为信息化发展的制约性因素。

· 挑战与发展：既要知足，又要知不足 ·

在几位信息化主管部门负责人的眼中，当前高校信息化发展状况如何？存在哪些问题与挑战？

针对当前信息化建设存在的问题与挑战这一话题，从具体内容上着眼，王士贤认为，网络安全、社会冲击、系统建设及新技术的应用是当前高校信息化面对的四大主要挑战。

一是网络安全形势异常严峻。校园网遭受的网络攻击量巨大，0day漏洞和APT威胁使安全防护难度增大；网络安全是信息化的基础和底板，基础不牢，地动山摇。

二是高校信息化面临着较强的社会冲击。社会上专业互联网公司员工待遇高，学校招聘引进高水平信息技术人才困难；社会上信息技术专业公司通过学校相关部门直接深入校园，统筹难度加大；合作公司水平参差不齐，影响学校信息化标准实施、建设质量、建设进度和服务水平。

三是信息系统建设挑战重重。少数部门对信息化内生动力不足，对本部门本战线信息系统建设缺乏规划，质量不高，体验不佳；大多数部门缺少信息系统建设运维的专业技术人员，运维能力不足，安全风险突出；信息系统开发公司多而乱，上线运行且项目验收后，配合度低，在系统升级和接口开发等方面严重受制于公司；信息系统数量越来越多，对接复杂度增高。

四是信息技术更新迭代过快。新技术层出不穷，技术人员应接不暇，技术选择成本和风险增高；新旧技术迭代快，代差周期缩小，设备或系统使用寿命变短，投入成本高，效益难评估；互联网整体升级，高质量视频成为应用主流，导致校园网出口压力增大。

对于当前信息化建设存在的种种挑战，大家普遍认为，体制机制改革必须先行，没有良好的信息化制度，很多工作难以有效开展。机制体制建设因而成为各高校信息化建设的探索热点之一。

据王士贤介绍，华中科技大学的信息化体制是管建分离模式。

网络与信息化办公室是独立正处级职能部门，负责通过信息化经费和信息化项目对全校信息化实行统筹管理，以及一套全生命周期的信息化项目管理机制，建立了一套基于闭环的网络安全管理体系。

网络与计算中心是技术支撑单位，负责校园网和信息化公共平台建设运维，为学校各部门各单位提供信息技术支持和网络安全服务。

学校各部门按照学校信息化规范要求负责本部门、本战线业务信息化建设。各负其责，职责分明，既做到了统筹管理，又调动了各部门信息化的积极性，共同协作完成了学校"十三五"信息化规划提出的"十个一"工程。

· 规划未来：笃行不怠和心怀远方 ·

随着大数据、人工智能等技术的应用，信息化需求可能迎来新的爆发点，高校信息化也将在"十四五"期间进入高质量发展阶段。那么，未来高校信息化具体该如何建设？"十四五"期间应重点关注哪些方面？

图 4.20 在北京大学进行专题交流

基本建成业务体系、管理体系、技术体系三位一体的智慧校园，决策科学化、管理精准化、服务个性化水平全面提升，让广大师生在信息化发展中有更多获得感、幸福感、安全感。

王士贤指出，华中科技大学在"十四五"信息化发展规划编制过程中，召开了多轮师生代表、院系、部门等座谈会，通过了专家论证，完成相关职能部门会签等程序，规划文本已经过数十次版本更迭，即将报学校审批发布。

"十四五"期间，华中科技大学将加快推进以信息网络、平台体系、数字资源、智慧校园、创新应用、可信安全等为核心的教育新基建，推动教育数字转型、智能升级、融合创新，支撑学校高质量发展。以建设"智慧校园 2.0"和数字孪生校园为中长期目标，建成全国领先的新一代智慧校园。

持续完善"一张表""一张图"等工程建设，不断提升师生信息化安全感、幸福感和获得感，实施基础能力跃升计划、治理能力现代化支撑计划和教学科研能力提升支持计划等"三大计划"，"三大计划"包含"九大工程"，具体为 25 项建设任务，核心内容是建设以"教学平台"为核心的"互联网＋教育"大平台、以"超算中心"为基础的科研信息化支撑平台和以"智能化决策系统"为重点的"校园大脑"。

·人才队伍建设：面对"硬骨头"的反思与自强·

随着"十三五"时期以打基础、补短板为主的信息化建设告一段落，大部分高校的信息化建设进入了啃"硬骨头"的"深水区"。面对越来越难的人才队伍建设，各高校有何应对之策？

对此王士贤表示，要做好信息化建设，人、财、物都很重要，但重中之重是要有一支技术过硬、作风顽强、能打硬仗的队伍，一支包括管理、开发、运维和服务的队伍。

信息化建设是一项对技术要求很高的工作，学校的一些重要系统和数据对学校十分重要且敏感，应掌握在自己人手里，因此，必须加强自有队伍建设。信息化工作水平的高低，归根结底取决于信息化部门人员的能力和水平。

王士贤指出，华中科技大学十分重视信息化人才队伍建设，在即将出台的学校"十四五"信息化发展规划中，明确提出了要加强队伍保障。

一是加强队伍建设和技术人员培训，建立网信技术人员参加专业技术资格认证考试的强制性制度。所有从事技术的人员，必须参加相应的技术认证考试，连续三年未获认证的人员影响年终考核结果，此举是为了加强人员的技术能力建设，防止技术能力退化。

二是加强文化建设，培育技术人员攻坚克难精神，提高落实执行能力。通过内部沙龙、技能竞赛等活动形成尊崇技术、尊崇能力的氛围。

三是在重点职能部门设置网络安全与信息化专职岗位，全校各单位建立专兼职结合的网信队伍，定期开展信息化联络员培训。信息化不仅仅是信息化部门的事情，要挖掘、提升全校各部门信息化人员的潜力，形成全校合力。

四是开展全校网信工作先进单位和先进个人评选工作，提升网信人员的荣誉感、认可感和归属感。

· "一网通办"与数据治理：在深水区中摸索前进 ·

"十四五"期间，信息化服务必然面临许多重要变革，服务窗口进一步减少，管理职能进一步减弱，并逐步从服务、管理、宣传等方面向事项"一网通办"过渡。而"一网通办"离不开数据支撑，与此同时它又能为确保数据的准确性和及时性提供支撑，因此，其与数据治理相辅相成。

经过几年的建设，"一网通办"和数据治理已经进入深水区，下一步该如何打破天花板，继续加强这两项有利于学校和师生的工作？

图 4.21　在清华大学进行专题交流

· 以"一网通办"提升师生体验 ·

王士贤表示,华中科技大学自 2016 年底网上办事大厅建成运行,目前已上线流程 305 个,共涉及校内 28 个部门和单位,大部分为跨部门流程,上线以来共办理流转 128 万余次,已成为师生网上办事的重要平台。

与网上办事大厅结合,建设了线下"一站式"服务的师生服务中心,设有 20 余台自助设备和 28 个人工窗口。师生服务中心和网上办事大厅协同工作,共同构建了线上线下一体化的智慧办事服务体系。

他分析认为,"一网通办"建设的难点在于如何让各部门的流程进驻平台,解决办法是首先要找到愿意示范带头的部门,示范带动;其次,每个流程均要找到牵头负责部门,负责对流程进行梳理,协调参与部门,明确各部门职责;再次,对每个流程均要进行优化,流程并不是简单的从线下搬到线上,而应利用信息技术对流程进行充分的优化,提升师生办事的体验。

· 以数据治理提振服务能级 ·

"一网通办"与数据治理紧密相关,对于数据治理,王士贤表示,高校信息化建设具有很明显的自身特点,如信息系统建设缺少规划和标准,有些系统"急用先上",先满足业务需求,暂不管是否符合标准;信息系统由各业务部门建设,呈现"割据状态",各部门数据"主权意识"强,认为这是自己的数据,共享意愿低,导致数据重复采集,出现数据不一致情况。有些高校数据交换共享平台已建立,但是数据共享与治理的推进很难,数据质量报告出来了,部门却不配合解决数据质量问题。

他表示,数据治理的首要任务是有数据标准,数据标准是数据治理的基础与核心,但标准的推行也要有策略,有过程,必须考虑到如何处理现有遗留系统中不符合标准的数据。

其次,要明确数据治理的流程,核心是明确各类主要数据的权威源和责任部门,务必确保"一数一源",供给侧的推动往往是最难的。

再次，数据治理要有抓手，把标准拿出来，让各部门的信息系统都按照标准来改，是不现实的，必须利用好一些重要时机，如职称评审、年度考核、重要信息采集、重要统计报表等。

最后，数据治理要分步来。

数据治理要有个过程，可以先从急用易做的数据开始，让各部门看到数据治理的成效，明确数据的"公有"属性，提高各部门参与的积极性。

（中国教育网络 2021 年 11 月 16 日，对原文有删减）

用"一张图"，打造校园地图服务体系

校园是一个复杂的生态体系，承载着学校广大师生的教学、科研、管理以及日常生活，这些活动所涉及的信息大部分都与校园空间数据相关。

近年来，华中科技大学通过制定满足智慧校园建设需求的基础空间数据库规范，建设"一张图"基础空间信息服务平台，实现了校园空间数据的信息化管理与展示，为学校教学、科研、管理等各类信息系统提供了精准的地理空间数据信息，保证了各业务系统中地理空间数据的一致性。

在此基础上，通过与"一张图"平台的深度集成，正逐步实现学校各类数据与应用基于校园空间地图的展示与操作以及基于空间数据的深度挖掘，为学校管理提供更加直观、精准和有力的支撑。

·精准测量，构建校园基础空间信息数据库·

华中科技大学利用无人机倾斜摄影技术采集了覆盖两大校区、共8平方公里的校园景观纹理，采集内容包括建筑物、道路、湖泊与植被等，应用专业处理软件及三维模型处理软件，生成了实景校园三维地图、虚拟校园三维地图、正射影像平面地图、二维平面地图等多种形式的地图。

对校园内291栋教学办公楼以及学生宿舍绘制了分层平面图，将其叠加在二维平面地图上，赋予其平面地图坐标，形成一整套重点突出、色彩协调、符号形象、图面美观的地图系统。

图 4.22 校园"一张图"系统平台

除地图展示外,该系统还提供了空间数据查询、量算、光照模拟、热力分布、路网导航等基础能力。

· 保持实时,建立地名地址更新联动机制 ·

地名地址是重要的空间基础数据,也是学校各类信息系统所需的常用信息。由于没有统一标准,各信息系统中对楼栋等同一地理实体的描述不尽相同,无法实现关联分析。因此,首先必须建立校园标准地名地址库。

其次，校园内每年都会有大量的建筑物、构筑物拆建。同时，由于校园文化的变迁，各类地理实体也存在更名、集成和补漏等情况，标准地名地址数据并不是一成不变的，必须随着校园面貌的变迁和校园文化的发展进行不断更新。

为解决上述问题，华中科技大学首先制订了一套标准地名地址数据的建库技术规范，使之成为对同一地理实体要素进行描述的实际标准。然后对校园各类地名地址进行逐一梳理，形成校园标准地名地址数据，同时发布供全校使用。

在此基础上，建设了标准地名地址管理系统，实现了地名地址的分级授权管理，形成地名地址的周期更新制度，保证了学校标准地名地址的长期有效性。

·激活数据，为业务系统提供地名标准服务·

为保证各个业务系统对同一地理实体描述的一致性，"一张图"基础空间信息服务平台提供了地名地址数据的标准化服务，通过校园地图查属性的功能，实现用户在地图上可视化选择建筑物、房间等信息，完成地名地址数据填报，达到数据规范统一、可靠录入的目的。

同时对业务系统运行中积累下的大量存量地名地址数据提供了数据修改服务，批量进行数据标准化清洗，规范统一成为标准的地名地址数据，使存量业务数据跟地理实体一一对应起来。

截至 2021 年 10 月 21 日，共建设标准地名地址数据 50161 个。

·融合推广，挖掘业务数据潜在关联·

校园地名地址标准化后，将标准推广到各类信息系统中，对各信息系统中地名地址信息进行规范统一，将地理实体上的业务数据进行一一对应、准确定位、完整展现，进而实现联合分析与应用，增强数据的凝聚性和流动性，挖掘数据蕴含的潜在价值，分析其相互影响与关联关系。

"一张图"平台在疫情防控中助力"健康校园",通过将校内居住人员信息与地理位置信息挂接匹配,完成了对校内 10850 套房屋进行实际居住人员登记共计 42042 人次。

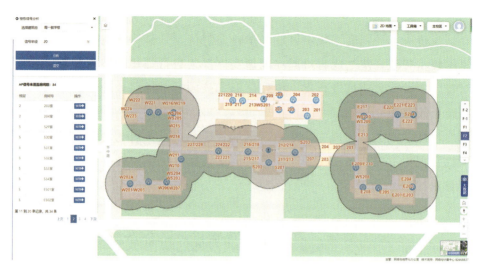

图 4.23　无线 AP 网络管理示意

在信息化设施管理方面,基于网络与计算中心网络资源管理的业务,对校内无线 AP 设备、网络节点组和光缆进行管理,实现在校园地图的基础上可视化无线 AP、网络节点组的位置信息、光缆管线的走向信息,进而对无线 AP 设备信号范围、连接热力等进行空间关联性分析,查找无线 AP 网络信号覆盖盲区、反映人员密集状况,进行网络节点组连通性分析等。

当前,网络设备资源管理服务已纳入全校 24771 个 AP 点位、551 个网络节点组和 682 条光缆,实现了网络资源直观、高效、精准的管理。

·服务师生,为师生提供地图导航·

为了让校园空间信息化建设成果更好地服务师生,基于"一张图"平台的华中科技大学校园电子地图系统于 2021 年 9 月 1 日上线运行,及时为 2021 级新生提供了校园地图查询、路线规划等服务。

图 4.24　校园电子地图系统

校园电子地图提供餐饮、购物、银行等 244 个详细的生活类位置服务，学院、机关部处、直属单位、附属单位等 92 个校内组织机构位置信息，绘制路网 116 公里。师生可使用电子地图查询学院、生活场所的位置，并可以通过设置起点和终点进行路径规划。

目前，校园地图已累计访问量 37829 次，访问人数 11254 人，2021 级新生共有 6403 人使用校园地图服务找到了相应的地址。

· 高度集成，探索数字孪生校园 ·

目前，华中科技大学正积极推进从人、空间和活动三个维度，将学生、人事、资产、教学、科研、实验室、交通、安防、消防、后勤园林等各类管理信息系统的数据与"一张图"平台进行对接,实现高度集成、融合和联动,利用大数据、人工智能、5G、可视化等技术手段探索可映射物理校园的数字孪生校园。在数字孪生校园中,可通过数字世界和物理世界的复制、回放、融合、交互,最终建成具有决策辅助和指挥功能的"校园大脑"。

(中国教育网络 2021 年 11 月 19 日 作者:吴驰、郑竞力、李俊峰)

王士贤：
科研信息化关键在人

目前，高校科研信息化主要包括科研管理服务信息化和科研计算与数据信息化两大类。

科研管理服务信息化主要是指科研项目、科研基地、科研合同、科研经费等的管理和服务，这是高校管理服务信息化的重要组成部分，也是为科研人员减负的重要手段。

随着计算技术的发展以及科研需求驱动，超级计算、高性能计算、人工智能计算、大数据分析等已经成为越来越重要的手段，对于促进材料、生命、能源、人工智能等学科发展发挥着越来越重要的作用。因此，研究型高校应加大超级计算平台和大数据平台的建设，为科研活动提供便捷高效的服务。

· 两大问题制约科研信息化发展 ·

近年来，高校科研信息化取得了很大的进展，但也存在一些问题。

第一，科研管理服务信息化进展缓慢，无法适应新的形势，很多高校的科研管理信息系统是以"科研管理部门"为中心，与采购系统、设备管理系统和财务系统等校内其他业务系统之间的互联互通程度不高，科研人员在使用科研经费采购及报销等环节还存在"多次跑"的问题，"以科研人员为中心"的理念不够彻底，为科研人员减负做得还不够深入。此外，对科研信息数据缺乏高水平分析，如科研人员的能力评价、趋势预测、研究信息共享、智能推荐、精准匹配、协同创新等方面都做得还比较少。

第二，在超算及大数据服务方面也存在诸多短板，主要包括超算资源分散，缺少集中大规模超算服务，无法发挥规模效益等。很多科研团队利用自己少量的科研经费建设了小型超算平台，但由于计算资源有限，计算效率低、出成果缓慢。一般未建立科研大数据平台的院校，科研数据由各科研团队掌握而缺少共享，科研数据的采集、存储、传输、利用、保密、审查等管理缺少规范。

·科研数据建设还需三步走·

当前，国家对科技自立自强提出了明确要求，"双一流"建设也给高校带来很大压力，这些都为高校科研信息化带来了新机遇：要求科研必须加速，科研能力必须提升，创新能力必须加强，"卡脖子"技术亟须攻克，科研手段需要更新，而科研信息化可为科研活动提供助力。

另一方面，这也为科研信息化带来很大挑战，如支持科研的超算平台自主可控水平不高，尤其是自主科学计算软件缺乏；科研管理服务信息化的理念提升、资金和人员投入、校内推进协同等还存在诸多障碍，这些都需要突破。

与管理数据相比，科研数据比较复杂，主要体现在：

（1）科研数据库的建立。不同学科，甚至同一学科但不同科研团队对数据的需求差异较大，如何统筹公共需求，照顾个性化需求，建立尽可能覆盖广泛的数据库是个难点。

（2）科学数据收集存在难点。对于公共开放性或商业性数据采购相对容易，但有些科学数据来自团队的实验，采集存在较大困难，科研团队对于数据进行集中存放管理的安全性也颇为担忧。

（3）科研数据的共享。科研数据共享，必须解决科研人员对数据共享意愿的问题，往往因缺少必要的补偿、激励等措施而难以实施。

推进科研数据建设，还需要从以下几个方面入手：

（1）必须建立专业的科研数据管理平台，制定数据标准、管理规则、安全保护等措施。

（2）要建立完善的科研数据管理制度，明确科研数据的采购、采集、使用、共享和激励等措施。

（3）要建立专业的服务团队。在政策、应用、开发、推广等方面给科研人员进行指导和支持。

·科研信息化，人才协作很关键·

科研信息化涉及多个部门和院系级科研团队，必须多方协同。

科研管理部门应牵头，负责总体推动科研管理服务信息系统、超算平台、科研数据管理平台等建设，建立平台运行、科研数据管理、办事服务等方面的规章制度，完善体制机制，加大对科研信息化的资金和人员投入。

信息化部门、图书馆等负责平台、数据的具体建设和实施，财务、采购、资产等部门协同配合。同时，各院系、科研团队负责对系统建设提出意见和建议，参加教育培训，积极使用信息平台，开展数据共享。

科研信息化关键在人，尤其是超算平台、科学数据平台等的建设，必须推动复合型人才建设。

超算平台的建设、运行除了需要熟悉超算平台硬件建设、作业调度、基础软件的人才外，还应该引进熟悉科研计算方法尤其是各类学科计算软件的人才，他们对于科研计算的需求和计算软件更为熟悉，对于做好算法优化、数据处理等更具优势，甚至可以参与到科研方法优化、数据处理、结果分析、论文撰写等科研活动中去。

在超算平台缺乏学科人才的情况下，要与科研团队紧密协作，利用好科研团队内对科学计算熟悉的人员，促进融合、协同工作，共同研究解决计算过程中的难点，同时还要加强自身对相关学科计算软件的学习。

· 不断提升教学科研能力 ·

科研管理信息化的天然优势就是推动促进学科交叉融合,在传统的管理手段下,科研项目信息、科研人员信息相对封闭。

通过建设科研管理信息平台,可实现信息的充分共享,最大化开放和共享科研人员及科研项目的研究方向、团队信息、需求信息、成果信息、合作信息等,通过人工智能算法,可为科研人员和项目合作提供精准的推荐和匹配,大幅提高效率。科研数据平台也可以通过不同学科之间的数据交叉融合,为科学研究方法带来创新,从而产生创新性成果。

华中科技大学在"十四五"信息化发展规划中明确了三大行动计划、九大工程的任务。第三个行动计划为"教学科研能力提升支持计划",包含三大工程:教学与信息技术深度融合工程、教学科研大数据工程和超算中心建设及应用工程。

其中,和科研有关的具体任务有三项:建设教学科研大数据平台、开展科研协作平台建设和建设新型超算中心。

超算中心拟采用"专有云+公有云"模式。专有云超算中心总配置100个机柜,800个节点,60个磁盘柜,总算力15pFlops,总容量40 PB。为学校生命、数学、物理、化学、材料、人工智能、自动化、智能制造、水电等学科提供科学计算、实验教学、数据存储、分析和应用服务。

探索新的超算中心建设和运营模式,整合校内计算资源,按照"共享设备、优先保障、云专结合、弹性扩展、精准服务、提高效率"原则,推动各业务口、各学院、各课题组计算资源的集中管理和运维,共享超算资源和人工智能算力资源,实现共建共享共用,大幅提高学校计算资源总体利用效率和计算能力。

(中国教育网络 2021 年 11 月 29 日 作者:王士贤)

【对标对表 先思先行】 华中科技大学 王士贤：
促进教育融合创新　支撑学校高质量发展

·【先思先行嘉宾】 王士贤·

华中科技大学是一所学科齐全、结构合理的教育部直属重点综合性大学，该校以创建世界一流大学为目标，秉持"明德厚学，求是创新"的校训，敢于竞争，善于转化，聚精会神，科学发展，全面提升办学水平。一直以来，该校积极推动信息技术与教育深度融合，不断开拓信息化建设新局面，为学校建设世界一流大学的目标提供全面的信息化支撑。

对标话题："十三五"期间，贵校信息化工作取得了哪些显著成绩？请您结合《高等学校数字校园建设规范（试行）》谈谈贵校有哪些先行经验，以及还有哪些需要亟待加强的工作？

"十三五"期间，经全校各单位和全体师生共同努力，华中科技大学信息化建设获得长足进展，信息化有力地支撑了学校教学、科研、管理和服务等工作，师生信息化获得感、幸福感和安全感明显增强，初步建成了具有华中大特色的全国一流智慧校园。主要取得以下建设成果：

出台并成功实施了"十三五"信息化发展规划，形成并有效运行了一套"三层式"信息化管理体制，形成一套以"全生命周期信息化项目管理方法"为核心的运行机制，落实了基本充足的信息化建设与运维经费，初

图 4.25 华中科技大学网络与信息化办公室主任兼网络与计算中心党总支书记、主任

步建立了一支具备较强专业能力的技术队伍和管理队伍,建立了一套完整的信息化规章制度体系(42 个校级文件),建设完成了以"十个一"工程为核心的信息化公共平台,按新标准建成了一大批支撑学校管理服务运行的信息系统,建立了一套基于闭环的网络安全管理体系和技术体系。

"十个一"工程建设工作内容具体如下。

·"校园一张网"夯实网络基础·

建成了有线和无线校园网以及校内外单位使用的一张集中建设、管理和运维的校园光缆网络。校园网完成大二层整体升级改造;部署无线 AP 设备 2.5 万余台,实现了室内基本全覆盖;出口带宽达 33 Gb/s;建立了参照 ITIL 的校园网运维管理平台和呼叫中心;升级了学校电子邮件系统,新建校友电子邮件系统。目前校园网建设规模和运维管理水平居全国高校前列。

·"基础一平台"提高设备效益·

建成了核心数据中心、二级数据中心、校园卡数据中心以及灾备中心,形成"三中心一灾备"格局的信息化基础平台。数据中心资源总配置达到CPU3800核,内存60 TB,存储3.7 PB,运行虚拟服务器1800多个,支撑200余个校级重要信息系统运行,基本统一了数据库管理系统和中间件等基础软件,从根本上解决了基础硬/软件散乱和重复建设的问题。

·"网站一个群"确保网站安全·

建设了涵盖学校主页、新闻网,各二级单位、实验室、科研团队、课程组主页以及教师个人主页的网站群平台。入驻网站556个,开通教师个人主页2308个,实现了分散站点集中管理、系统安全统一监控、用户权限一体化授权的"网站一个群",网站稳定性、可靠性和安全性大幅提升。

·"数据一个库"保障数据一致·

建成了以实现数据共享为主要目的的基础数据库。以34个信息系统的数据库为权威数据源,为95个信息系统提供基础数据,为54个系统之间提供两两数据交换服务,日均共享数据约3亿条,有效保证了学校基础数据的一致性。

·"集成一总线"消除信息孤岛·

建立了全生命周期的信息化项目管理方法,实施了11项集成和共享标准,确保了新建系统不再产生新的"信息孤岛"。数字迎新、财务报账、OA系统、本科教务、研究生综合管理、人事系统、科研管理、思政一键通、设备管理、房产家具管理、教代会提案、智慧医院、档案数字化、明厨亮灶等一大批业务信息系统建成或升级,助力学校管理服务水平明显提升。

·"上网一个号"解决账号烦恼·

建设了集成账号密码、第三方绑定、二维码、人脸识别等多种登录方式的统一身份认证系统。接入信息系统130余个,注册用户36万人,激活用户16万人,日均认证10.8万次,实现全校师生上网认证一个号。

·"信息一个站"完成信息汇聚·

建成了PC版信息门户和基于微信企业号的移动信息门户——华中大微校园。PC版门户提供了通知公告等公共信息和各类待办等个性化信息以及常用正版软件服务,华中大微校园应用数300余个,涵盖教学、学习、办公、生活、医疗等,为师生提供了"一站式"信息服务。

·"消息一通道"实现统一管理·

建设了实现短信、微信和邮件三个通道消息集中统一管理的统一通讯平台。为103个系统提供发送接口服务,为全校各单位提供人工发送服务,年均发送短信228万条,微信172万条,邮件32万封,有效保障了消息安全和师生体验。

·"校园一张卡"便捷校园生活·

建成了应用于食堂消费、超市购物、医院就医、校园门禁、乘坐校车、体测签到等30多个场景的校园卡系统。发卡56万余张,推出了电子账户和无卡支付,实现了"一卡在手,走遍校园",极大方便了师生在校园内的工作、学习和生活。

·"办事一张表"打造智慧办事·

建成了网上办事大厅和"一张表"平台。网上办事大厅上线流程305项,统一了校园卡、设备、家具、本科教务、研究生、荣誉证书等自助终端设备,与师生服务中心共同构建了线上线下结合的"一站式"智慧办事服务体系;"一张表"平台应用于17个学院,基本实现了教职工年度基本数据汇总自动化和学院基础数据的展示分析。

2021年3月出台的《高等学校数字校园建设规范(试行)》集中了很多高校信息化的成功经验,内容全面,技术路线和方法合理,适合大部分高校。该规范的出台,为高校数字校园规范建设提供了基本指引,高校信息化建设应尽量遵守该规范。华中科技大学在未来信息化建设中也要尽力按照规范建设,除了做好必选项外,还要努力做好可选项,力争为其他高校树立遵守规范的典范。

华中科技大学"十三五"信息化建设虽然取得了不错的成绩,但仍然存在一些不足。主要包括以下问题:基础设施能力有待进一步增强,管理服务信息化有待继续加强,对教学科研支持尚显不足,不平衡不充分的矛盾依然存在,网络安全能力有待提升,信息化队伍建设有待加强,保障措施有待进一步加强。

对标话题:目前,贵校信息化"十四五"规划制定的进展如何?在"十四五"期间贵校信息化将在哪些方向进行重点建设?今年是"十四五"的开局之年,贵校已经启动了哪些信息化建设项目?

《华中科技大学"十四五"信息化发展规划》文本已经形成,已经召开过多次院系、部门、师生代表等座谈会;完成了三轮征求部门意见和会签程序;已经两轮专家论证,正在报学校审批流程中。

"十四五"期间,学校将实施信息化基础能力跃升行动计划、治理能力现代化支撑行动计划和教学科研能力提升支持行动计划等"三大能力提升计划","三大能力提升计划"分解为"九大工程",具体为25项任务。

"信息化基础能力跃升行动计划"包括校园网升级改造工程、校园物联网与"一张图"工程和信息化基础平台创新工程；

"治理能力现代化支撑行动计划"包括管理服务信息系统升级工程、管理服务智能化工程和决策科学化辅助工程；

"教学科研能力提升支持行动计划"包括信息技术与教学科研深度融合工程、教学科研大数据工程和超算中心建设及应用工程。

今年是"十四五"开局之年，主要启动的项目包括：校园网光网络改造（一期）、智能路灯工程建设、数据中心扩容、校园交通智能化监测系统建设、内容智能推荐系统建设、机构知识库建设（三期）、密码基础设施平台建设（二期）、信息系统安全等保服务、本研一体化信息化建设、统一教学资源平台、面向新工科的工程训练实践教学课程体系与平台构建、高性能计算公共服务平台扩容等。

先行话题：在信息技术与教育教学深度融合，实现教育教学的全要素、过程链、价值链的全面链接，打通传统教育痛点、难点和堵点，为教育发展开辟新空间方面，您有哪些建议及思考？

《教育部等六部门关于推进教育新型基础设施建设构建高质量教育支撑体系的指导意见》的出台将推动教育信息化升级，将教育信息化提升到一个新高度，对于促进线上线下教育融合发展，推动学校数字转型、智能升级、融合创新，支撑学校高质量发展具有重要的指导意义，对高校信息化是极大的支持和鼓励。

当前，高校信息化已经进入了深水区，进入攻坚克难阶段，简单的、容易做的基本上都做完了，如校园基础网络、智慧教室、各类业务系统等，但是仍然存在以下几个问题：

· 互联互通仍然不够充分 ·

虽然各类系统建成上线了，但是系统之间互联互通仍然不够。数据层面，尽管各业务部门的数据"公有属性"的意识有所改善，但交换共享在标准推行、数据转换、数据权威源确定等方面仍存在一定困难；应用集成层面，系统改造升级困难，接口开发受制于公司。互联互通不够，管理服务流程再造、大数据分析、人工智能应用，教育教学的全要素、过程链、价值链的全面链接等都无法实现。

·部门协同及信息素养还有待继续加强·

疫情突然来袭，信息化部门在疫情期间支撑学校教学、管理、服务等过程中发挥了十分重要甚至不可替代的作用，部门和师生对信息化有了新的认识。目前，要想实现教育教学全要素、过程链、价值链的全面链接，还需要教学部门、学生部门与信息化部门协同，主动推动信息化对教学的支持升级，在课堂教学、教学管理、教学评价、学习评价、教育管理、就业指导等全方位、全面应用信息技术，推动深度融合。

·经费和队伍建设等保障措施不得力·

信息化经费和队伍是影响高校信息化的重要因素。如果经费不能获得常规预算支持，数量少，则仅能保证信息化基本运行，一些新技术、新思路、新项目很难落地。由于针对信息技术人才的政策缺乏灵活度或针对性，信息化部门人才引进或留住困难，信息化队伍人员老化、结构不合理、技术能力退化等问题突出，很多高校主要靠合作公司人员来维持，关键时刻校内工作人员顶不上，关键核心数据依然掌握在公司人员手里。

·网络安全应对策略还存在差距·

当前高校网络安全主要是偏硬件建设，做法多以完成等保要求等合规性建设为主，缺少主动防护、动态分析、人工渗透、漏洞挖掘等能力，对于很多系统的0day漏洞无法及时掌握，自建的信息系统源代码审计、漏洞扫描等也不够完整，使得系统经常处于风险中。

针对以上问题，建议对策如下：

· 做好顶层设计 ·

信息化是一项系统工程，不能"想起什么干什么，什么热干什么，别人干什么我就干什么"，应制定3~5年的规划，要考虑如何服务学校中心工作、"放管服"改革、为科研人员减负等，要考虑信息技术如何与教育教学和科学研究深度融合，要考虑如何助力提高人才培养质量和科学研究水平，要考虑如何实现大贯通、全链接等。

· 要推动学校层面重视 ·

人员、经费、体制机制等影响信息化发展的因素必须在学校层面解决，应推动学校成立实体化的信息化管理部门，该部门作为信息化技术支撑单位的"开拓者"和"守护者"，做好顶层设计、统筹经费、落实各项保障措施，打开局面。

· 加强数据与模型的研究 ·

数据是核心，是资产，要充分发挥其价值。要深入分析人才培养、教育教学的关键要素，以及如何将这些要素数字化和集中化，要研究影响人才培养质量的关键因素，建立相应的模型，通过大数据、人工智能等计算出可以服务于决策的科学数据，提升信息化总体价值和形象。

（高校信息化应用 2021 年 12 月 9 日）

【对标对表 先思先行】 华中科技大学 于俊清：教育信息化再思考

· 【收官嘉宾】 于俊清 ·

华中科技大学是教育部直属重点综合性大学，是国家"211工程"重点建设和"985工程"建设高校之一，是首批"双一流"建设高校。近年来，华中科技大学高度重视信息化建设，并以校园信息化的基础设施建设和服务模式创新支撑学校"双创"名片，助推学校教育教学及科学研究的高质量发展。

在《对标对表 先思先行》专题收官之际，我们特别邀请华中科技大学智能媒体计算与网络安全研究团队负责人、教授、博士生导师，学校财务处处长、总务后勤处处长，CERNET华中地区网络中心主任于俊清作为专题的收官嘉宾，请他结合华中科技大学高水平信息化建设支撑世界一流大学发展的实践与探索，对"十四五"时期的高校信息化进行再思考，并提出一些有益的对策建议。

问：2021年是"十四五"规划的开局之年，也是数字化转型的大力推进之年。全国各地各行业均在如火如荼地以技术迭代、软硬兼备、数据驱动、协同融合、平台聚力、价值赋能为特征，加快推进经济、生活和治理等领域的数字化变革。面对数字化转型的大潮，高校如何充分发挥信息化的作用促进教育高质量发展？

图 4.26 华中科技大学智能媒体计算与网络安全研究团队负责人、教授、博士生导师，学校财务处处长、总务后勤处处长，CERNET 华中地区网络中心主任

于俊清：教育信息化发展至今，最大的难点还是信息技术与教育教学的深度融合，这也是"十四五"期间高校教育信息化亟待解决的核心问题。这个问题之所以长期存在，主要源于高校内部没能真正实现信息技术与业务管理的协同，也就是说，信息化部门和业务部门之间有效沟通的壁垒没有被彻底打破。具体而言，高校信息化部门的技术人员，对教学、科研等业务的熟悉程度不深，管理思维稍有欠缺；高校业务部门的管理人员对信息技术的理解程度不深，对信息技术提升业务效能的认知存在不足，进而导致信息技术与教育教学的融合度有待提高。

2021 年是"十四五"的开局之年，高校信息化在信息技术快速发展、迭代、创新的"加持"下，也将会从原来的"快车道"转入"超快车道"。因此，高校的信息化部门和业务部门应意识到信息化本质上是管理问题，要在建设中做到管理先于技术，用管理思维解决管理问题后，再让技术"登场"，这也要求各部门能够从过去的"自说自话"学会"换位思考、相向而行"。

面对数字化转型的大潮，高校的信息化部门和业务部门之间如何做到"相向而行"呢？

一方面，技术人员要对业务部门的业务有所了解，比如，为教务部门开发教务系统时，只有对高校的教学管理熟悉，才能从技术角度提供更符合业务流程要求的解决方案，这就要求信息化的技术人员要努力学习熟悉业务管理，努力成为相关领域的管理型技术专家，这也是技术人员提升自身价值、做好信息化的必由之路。

另一方面，业务人员要提升个人的信息素养，即便对相关的信息技术不太熟悉，也必须对信息技术可以有效解决管理问题有一个认识，在工作中能够主动思考是否可以用信息化来提升管理水平，因此对于业务部门的人员来说，提高认识比掌握技术更重要。

在信息化引领高校管理现代化的过程中，高校又如何实现上述"相向而行"的两个方面呢？基于多年的信息化实践和业务管理经验，我认为需要做好以下两点：

一是高校要为业务部门的管理人员开设一定学时的信息素养培训课程，让业务人员掌握必要的信息技术，在遇到问题时能够想到或主动尝试用信息化手段解决；

二是要引导技术人员尊重管理，主动学习管理、真懂管理，能够意识到"管理更是生产力"，关键时刻挺身而出，为解决问题提供信息技术支撑。期待有一天，信息化部门解决业务部门的问题就像谈恋爱一样，开发一个系统如同"度一次蜜月"。

在"十四五"开局之年，高校信息化的重点是想方设法让校内信息化部门和业务部门"想往一块走"，又"能走到一起"，持续"相向而行"，进而在深度交流的过程中碰撞出火花，产生出实实在在的效益。

问：您从学校信息化部门的负责人到学校财务部门的负责人，再到总务后勤的负责人，不同的岗位有不同的视角和不同的体会，从学校CFO

视角回望高校信息化建设，您对高校信息化建设又有哪些新的观察与思考？

于俊清：从信息化到财务，再到后勤，虽然岗位不同、体会不同，但我对"信息技术提升业务效能"的坚持始终如一。起初，从信息化部门到财务部门担任学校财务负责人，由于对财务知识及高校的财务管理知之甚少，倍感工作压力很大，但随着后来积累的财务相关知识越来越多，逐渐发现有很多财务问题完全可以通过信息技术进行解决，并很快能够将想法付诸行动。这主要在于我是信息技术人员出身，具备一定的信息素养，在学习财务知识和熟悉高校财务管理时，能够有意识地探寻信息技术解决财务问题的路径。

其实，在信息化部门工作的多年时间内，我一直主张"信息化要做好，必须业务部门牵头，信息化部门永远做后台"，希望信息化部门的技术人员要做好"站在后边的人"。也就是说，高校信息化建设好的前提，一个是要让业务部门牵头，另一个是要让信息化部门甘心做"后台"。这是因为信息化部门本身就是做基础、做支撑，而且"后台"是对"前台"依靠，当"前台"有需要，"后台"便会提供支撑。

高校的业务信息化建设，除了有"意识"引导和"后台"支撑以外，建议业务部门还应主动把握好两个关键点。一是知道自己要什么。以我负责学校财务信息化的经历为例，我首先是牵头组织财务处的业务人员，对部门财务管理进行历时一年多的改革，集中消除财务管理中存在的一些弊端，为后期财务信息化建设扫清障碍，铺路搭桥。二是善于利用信息技术手段提高部门管理的效率。以华中科技大学开发"规则内嵌"的财务系统为例，财务处首先组织财务人员把制度规范转变为确定性的规则，然后不断与信息技术人员进行深层次沟通，将"规则"翻译成"程序"最终建成系统，以服务的形式提供给师生。

在新一轮"放管服"改革中，财务信用承诺应该是华中科技大学的一个特色，"规则内嵌"的智慧财务系统结合信用承诺制是彻底解决财务"报销繁"的必由之路。学校通过借鉴银行等金融机构在信用管理方面的成功经验，在全国高校中率先建立了财务信用体系，制定了《华中科技大学财务信用承诺制实施办法》。所有能节省的审批环节采取承诺制的信用体系取而代之，不能省的通过网上审批，从根本上解决"报销繁"顽疾。在具体的财务核算中，当出现经费支出等其他人无法审核、无法证明、仅当事人知晓的事项时，便会采用信用体系中的个人承诺方式，如果承诺人在承诺事项上出现失信行为，财务部门通过稽核来核减当事人的信用分数，对其可用的服务项目及范围进行限制。

虽然我一直强调业务部门的信息素养提升和主动谋划，但也要强调信息化部门的技术支撑和宣传推广的重要作用。华中科技大学一直高度重视基础数据库、数据共享与交换、网上办事大厅、电子签名系统、移动门户等基础平台的建设，最近几年一直走在国内高校的前列，这些过硬的"后台"技术为业务系统的建设提供了坚强的后盾，在开发财务系统一年多的时间里，无论是我本人还是财务处都得到信息化部门的大力支持，如果没有信息化部门的支持是无论如何做不好业务系统的。

华中科技大学信息化虽然起步晚，但是近年来发展的加速度还是很快。从过去"十三五"时期的"十个一"工程（即全校一张网、基础一平台、网站一个群、数据一个库、集成一总线、上网一个号、信息一个站、消息一通道、校园一张卡、办事一张表）到现在的提升计划，都凝聚着信息化部门和管理部门的智慧，大家一点一滴"磨"、一块一块"垒"。在离开信息化部门的一年多的时间里，我看到了更快的速度和更优的系统，这让我更加感谢曾经一起工作的团队，他们都非常优秀，虽然岗位变了，但在内心似乎从未走远。

问：作为深入了解过学校"信息流""资金流"和"物资流"的关键部门领导，您认为应该如何把握未来教育发展趋势，以更高的站位、更宽的视野加快教育变革，通过教育组织形式和管理模式的创新，推动华中科技大学向全球一流大学迈进？

于俊清：一流的大学，首先要有一流的管理。

培养优秀人才、做高水平的科学研究是大学的主要任务，作为支撑部门，无论是信息化部门、财务部门还是后勤部门都有一个共同特点，那就是为教学和科研服务。信息服务和财务服务、后勤保障服务一样，管理水平决定服务能力，各部门服务能力的高低决定其对学校人才培养和科学研究贡献的大小，信息技术可以引领高校管理的现代化。在财务部门工作，我提出要建成"规则内嵌"的智慧财务管理系统，以信息化引领财务治理的现代化。同样，在总务后勤部门，也要借助信息化来构建一个智慧、高效的现代化的后勤服务保障体系。回顾一年多的财务改革，我一直在努力理顺体制机制，让管理更有效率，让资金最大限度发挥效益，没有信息化就没有财务治理的现代化。

因此，一流大学，要有一流的管理，必须重视为一流管理提供支撑服务的信息化工作。高校要像重视教学科研一样，在资金、人才、体制机制等方面给予信息化部门持续支持，让它以高水平的信息服务全方位支撑大学的"双一流"建设。

（高校信息化应用 2022 年 1 月 29 日）

华中科技大学"三维发力"推进智能化"一网通办"平台建设

华中科技大学认真学习贯彻习近平总书记关于教育的重要论述和全国教育大会精神,深入落实《中国教育现代化2035》《教育信息化2.0行动计划》等部署要求,聚焦治理效能提升,积极推进智能化管理服务,全面升级"一网通办"智慧平台,深入研发"一键通达"智能应用,坚持"制""治""智"三维发力,不断提升学校治理体系和治理能力现代化水平。

坚持以"制"先行,突出高标准规划建设。坚持"架梁立柱"打根基。出台《华中科技大学"十四五"信息化发展规划》,实施信息化基础能力跃升行动计划、治理能力现代化支撑行动计划、教学科研能力提升支持行动计划等"三大能力提升计划",初步建立包括47个专项文件的信息化规章制度体系,为"一网通办"提供制度保障。强化"管好搞活"增效率。建立以"全生命周期信息化项目管理方法"为核心的运行机制,成立由信息化部门和业务部门共同组成的"信息化建设共同体",强化协同配合,为"一网通办"提供有效机制保障。建立"主动闭环"保安全。加强日常网络资产梳理和监测,做到"底数清、情况明",建立基于闭环的网络安全管理体系和严格的信息系统建设规范,有力保障学校网络和数据安全。

坚持以"治"增效,突出高水平管理服务。升级移动信息门户平台。"华中大微校园"企业微信App集成300余个应用,通过"待办中心"实现"一网通办"，为师生提供移动端"一站式"信息服务，用户数量达 8.4 万人，日均活跃用户逾 5 万人，年均推送消息累计 4000 万条。优化网上办事流程。按照"应上尽上"原则，在网上办事大厅上线 321 项流程，累计服务 39.7 万人次。拓展"一张表"平台服务范围。聚焦解决教师"反复填表"问题，实现教职工个人数据自动汇集、可视化展现和集中维护，同时支持院系考核方案个性化配置、绩效分配自动化计算等，目前应用院系已达 24 个，有效减轻教职工数据填报负担，提升院系信息化管理水平。

坚持以"智"创新，突出高精准排忧解难。建设集成式"一张图"校园地图服务体系，初步实现各类数据与应用基于校园空间地图的汇集，为学校管理提供更加精准的支持。目前，校园电子地图绘制路网 116 公里，累计为 8000 余名新生提供校园地图查询、路线规划等智慧服务。建设智能问答平台，汇集来自 12 个部门共计 2710 个知识问答，依托自然语言处理技术，实现自动命中师生咨询中重复率高的各类问题，为师生提供"7×24 小时"智能问答服务，显著提升了咨询效率。平台上线以来，已累计服务 8.5 万余人次，问答匹配率达 88%。建设智能推荐系统，为师生提供来自校内外优质网站和权威公众号的时事资讯、办事服务、网络课程等，努力满足师生个性化需求。

（教育部网站 2022 年 3 月 18 日）

为科研人员大减负!
华科大"一张表"可网上办理 300 多项流程

11月21日,华中科技大学"一张表"平台上,全校 6000 余名老师息息相关的办事流程快速运转着,3 亿条数据跑动着,375 项办事流程线上流转。11月,该平台面向全校 30 多个职能部门、41 个学院、6000 余名教职工开放,为科研人员减负,实现数据自动智能治理、推动管理服务数字化转型。

图 4.27 华科大老师使用"一张表"平台

"一张表"平台如何服务教师,具有哪些特色?近日,极目新闻记者在华科大网络与计算中心见到了这一平台,一张高 3 米、长 8 米的巨型屏幕上,数据实时流转,这正是运转中的"一张表"平台的后台。

该中心工作人员在计算机上用教师账号登录"智慧华中大",进入"一张表"平台。平台上老师的课堂教学、实践教学、指导学生、科研项目、科研经费、科研论文、科研成果等数据一目了然。不仅如此,对所有数据均可实现可视化分析,如老师可根据图表清晰看到自己某一项内容今年与往年情况的对比、与其他老师的数据对比。平台上,学院更能查阅到全面清晰的数据总览,对教学、科研、人事等重要内容进行了数据分析和可视化呈现。"各个教授的科研情况,全学院总的科研项目、授权专利、科研著作等信息都一目了然,十分清晰,这对我们开展相关工作帮助很大。"华科大机械科学与工程学院副院长张芬说道。

网络与信息化办公室主任兼网络与计算中心党总支书记王士贤向记者介绍,"一张表"平台既是一个综合性的数据平台,也是一个全面的业务管理系统。不仅集中了教师们的个人工作数据,更集纳了日常科研、行政、财务等所需的所有流程。

工作人员在线演示了线上办事申请,点击"办事大厅",财务报销、科研一站式平台、知识产权在线申报、合同审批等多个服务一应俱全。服务内容按照分类细分,在科学技术发展院板块下方,科技合同审批、知识产权在线申报、科技成果转化、科研一站式服务平台等十余个项目整齐排开。老师要办什么,点击链接即可办理。"以前老师要申请相关内容,都需要提交纸质书面材料,跑好几个部门盖章。现在不用再奔波于不同部门,老师们只需坐在办公室提交线上申请,流程就能自动'跑'起来。"王士贤介绍。

近年来,国家提倡为科研人员"解绑",该平台正是对国家改革方向的积极践行。"一张表"平台高效运转的背后是网络与计算中心全体工作人员 4 年的攻坚克难、开拓创新。

2018 年,华中科技大学启动全校表格清理工作,对 11 个职能部门的数据需求进行清理,369 张填报表格进行分析,并结合业务部门及学院管理需要,集成教学、科研、论文、人事、公益五个方面共 80 余个数据子

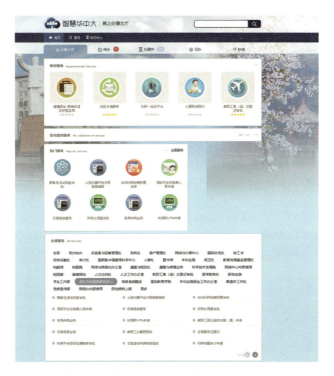

图 4.28 华科大"一张表"平台办事大厅

图 4.29 华科大"一张表"平台

集、近 3000 个字段,实现了基础数据的全覆盖。并于今年实现 41 个学院全覆盖,为 6000 余位教职工提供服务。同时,平台与网上办事大厅、数据看板系统、大数据可视化交互辅助决策平台全面融合,从数据有效治理,到支持师生全线上办事,再到辅助校、院、团队三级决策,实现教师业绩全量数字化、管理服务全程信息化、决策支持全面数据化,推动学校管理服务数字化转型。

"我们致力于把'信息孤岛'联起来,让数据动起来,让流程跑起来。可以自信地说,我们的'一张表'平台,在国内高校的数据应用中是领先的。"王士贤说。他表示下一步学校会继续做好"一张表"平台建设,更好服务全校老师。

✎ (湖北日报极目新闻、长江日报大武汉、人民日报客户端等媒体 2022 年 11 月 23 日)

为科研人员减负
华中科大近 400 项流程"一张表"办理

"过去需要两三天才能完成的科研审批流程,现在动动鼠标,不到一个小时就能完成,极大提高了办理效率。"近日,华中科技大学"一张表"平台正式上线,该校生命科学与技术学院教授栗茂腾告诉《中国科学报》记者,"一张表"平台实现"数据跑"代替"教师跑",给科研人员省去不少麻烦。

图 4.30　栗茂腾教授通过"一张表"平台一键进行科研申报

图 4.31　华中科技大学"一张表"平台上线

· 历时四年构建"一座庞大数据宫殿" ·

走进华中科技大学网络与计算中心，一张高 3 米、长 8 米的巨型屏幕上，3 亿条数据跑动着，375 项办事流程线上流转，而这正是运转中的"一张表"平台的后台。简单明晰的界面背后是一座庞大的"数据宫殿"。

打开"一张表"平台，教学分析、科研分析、科研经费等多个数据依次呈现；科技合同审批、知识产权在线申报、科技成果转化、科研一站式服务平台等十余个项目整齐排开，科研人员可以根据自身需要点击办理。不仅如此，所有数据均实现了可视化分析。"各个教授的科研情况，全学院总的科研项目、授权专利、科研著作等信息都一目了然，这对我们开展相关工作帮助很大。"该校机械科学与工程学院副院长张芬说道。

该校计算机学院教授谭志虎告诉《中国科学报》记者："'一张表'平台可自动生成教师年度教学、科研工作明细数据，老师们再也不用辛苦回忆一年工作、手工填表上报个人数据，平台沉淀的历史数据可以方便老师们快速填写各类申报材料，数字画像功能还可帮助大家及时弥补工作短板，快速成长。"

据介绍，"一张表"平台既是一个综合性的数据平台，也是一个全面的业务管理系统。平台不仅集中了教师们的个人工作数据，更集纳了日常科研、行政、财务等所需的所有流程。该校网络与信息化办公室主任王士贤坦言："数据不集中、不准确、不一致、反复填表，长期以来是高校信息化的难点、管理服务的堵点和困扰师生的痛点。我们的目标是让数据不再难找，让手续不再难办。"

·主动"减负解绑"体现务实作为·

近年来，国家提倡为科研人员"解绑"，该平台正是对这一改革精神的积极践行。"一张表"平台高效运转的背后是研发人员四年的攻坚克难、开拓创新。

2018年，该校启动全校表格清理工作，对11个职能部门的数据需求、369张填报表格进行清理和分析，并结合业务部门及学院管理需要，集成教学、科研、论文、人事、公益五个方面共80余个数据子集、近3000个字段，实现了基础数据的全覆盖。

11月23日，该平台面向全校30多个职能部门、41个学院、6000余名教职工正式开放，为科研人员减负，实现数据自动智能治理。

中央党校（国家行政学院）研究员胡敏在接受《中国科学报》采访时表示，四年时间、研发出"一张表"、简化流程数百项，体现的是为科研人员"减负松绑"的务实行动、担当作为。习近平总书记在党的二十大报告中强调，"必须坚持科技是第一生产力、人才是第一资源、创新是第一动力"。"减负松绑"与"三个第一"都密切相关。把自上而下的政策传导与因地制宜的方法创新结合起来，就有望共同作用于进一步为科研人员减负、放权、赋能，有效激发其科技创造力。

✎ （中国科学报 2022年11月27日 作者：李思辉 高翔）

王士贤：
迈向深度融合的高校信息化

"信息技术是教育信息化的支柱。信息技术和产业发展水平在某种程度上决定了教育信息化发展的高度。"华中科技大学网络与信息化办公室主任王士贤在接受采访时表示，经过过去十年的信息化建设，信息技术已经从简单的工具应用逐渐融合到了高校各项活动中。

王士贤
华中科技大学网络与信息化办公室主任

图 4.32 华中科技大学网络与信息化办公室主任 王士贤

他表示，当前大数据、云计算、人工智能、区块链、物联网、虚拟现实等对高校信息化形成了巨大的冲击和挑战，如何有效运用新型信息技术，实现与高等教育深度融合，从而实现新一代智慧校园，支撑引领教育现代化，对高校提出了新的要求。

· 快速发展的十年 ·

《中国教育网络》：

回顾高教信息化这十年（2012—2022 年），您会如何总结？这十年可以分为哪些不同阶段？

王士贤：

高教信息化这十年（2012—2022 年）是高教信息化快速发展的十年，尤其是近几年疫情防控工作对校园网络和信息化基础设施、在线教学、课程平台、人才培养改革信息化、校园管理与服务信息化等起到了极大的促进作用，整体水平大幅提高，实现了《国家中长期教育改革和发展规划纲要（2010—2020 年）》中信息化相关目标和《教育信息化十年发展规划（2011—2020 年）》的目标，形成了与国家教育现代化发展目标相适应的具有中国特色的高等教育信息化体系。

十年间，我国高校信息化建设取得了显著成绩，主要包括实现了中国教育和科研计算机网 CERNET 升级换代，IPv6 得到规模化部署，校园网基础设施得到增强，出口带宽不断扩大，师生上网体验越来越好。

数据中心、高性能计算平台建设规模不断扩大，支撑保障能力明显增强；各种应用全面开花，水平不断提高；数据得到有效治理，信息孤岛问题明显解决，数据利用水平不断提升；信息技术与教学融合取得了良好成效，智慧教室建设在高校中全面铺开，线上线下相结合的混合式教学模式成为常态，教师信息化素养得到有效提升；信息化对科研的支撑明显增强，通过电子资源、大型仪器设备共享、高性能计算等支撑科研创新；高校已普遍建立了相对规范的网络安全管理和技术防护体系，网络安全保障能力得到了很大的提升，教育信息化保障体系和机制基本形成。

这十年的高校信息化发展，可初步划分为基础建设、应用发展、智能融合等三个阶段，基础建设阶段（"十二五"）对应校园网建设，以硬件为主，信息系统为辅，信息系统以满足部门业务为主，缺少统筹和整合。

应用发展阶段（"十三五"）更加重视信息系统建设与应用，启动了数据治理，数据共享程度明显提高。

智能融合阶段（"十四五"）大数据和人工智能开始得到初步应用和探索。各高校信息化基础、进展情况不同，也不能一概而论。

《中国教育网络》：

十年前的高教信息化建设，与现在相比，最大的变化在于哪些方面？

王士贤：

尽管我国教育信息化建设起步晚，但发展却很快。经过这十年的发展，高教信息化基础设施建设已基本完成，包括计算机软硬件的更新换代和网络宽带的改造升级，数字化校园和智慧教室已基本建设完成，优质在线课程与教学资源的建设、共享与输出等方面取得了进展，高等教育信息化管理水平明显提升，各高校开展业务流程改造，大数据开始支持智能化决策，信息化建设对高等教育的发展起到了重要支撑作用。

以华中科技大学为例，十年前校园网无线 AP 设备仅 900 余台，仅能满足 1 万个无线终端用户同时上无线网的需求，出口带宽 10 Gb/s。

现在学校已部署无线 AP 设备 2.9 万余台，基本实现了室内外全覆盖，出口带宽达到 70 Gb/s；十年前校级数据中心规模很小，信息系统及其服务器建设分散且水平不高，十年来通过"十个一"工程等建设，信息门户华中大微校园、网站群平台、超算等 200 多个信息系统陆续上线，基本实现了校级业务全覆盖，智能问答系统、智能推荐系统、智能就业等多个应用了大数据和人工智能技术的系统上线运行，师生对信息化的获得感明显增强。

· 四大难题与突破 ·

《中国教育网络》：

这十年间，华中科技大学信息化建设经历了怎样的发展阶段？建设期间遇到了哪些难题，有哪些突破？

王士贤：

这十年，华中科技大学信息化建设经历了从分散到统筹、从薄弱到增强、从数字化到智能化这三个发展阶段。

从分散到统筹阶段：2012年起，学校信息化开始统筹工作，建立校级数据中心，将重要信息系统部署在校级数据中心运行，改变了原来硬件分散的局面；开始建立统一身份认证系统、统一信息门户和统一数据交换平台，开始应用集成和数据打通的工作，着手解决"信息孤岛"的问题。

从薄弱到增强阶段："十二五"后期，虽然实现了一定的统筹和集成，但基础仍然比较薄弱，数据打通不够全面，集成不够深入。

"十三五"期间，学校理顺了信息化体制机制，加强队伍建设，加大了资金投入，出台了《华中科技大学"十三五"信息化发展规划》，提出了通过"十个一"工程建成智慧校园的目标，信息化基础能力明显增强，应用系统得到全面建设和集成，数据全面打通，基本消除"信息孤岛"，建成了智慧教室、网上办事大厅、信息门户、网站群平台、数字迎新、数字化财务平台等一大批典型应用，有力地支撑了学校教学、科研、管理和服务等工作，师生信息化获得感、幸福感和安全感明显增强，初步建成了具有华中大特色的全国一流智慧校园。

从数字化到智能化阶段："十四五"初期，学校开始探索应用大数据和人工智能技术，陆续建设智能问答系统、智能推荐系统、智能就业、数据看板、大数据可视化交互平台等新应用。学校出台了《华中科技大学"十四五"信息化发展规划》，确定了以建设"智能化校园"和"数字孪生校园"为中长期目标，继续夯实和巩固"十个一"工程，重点加强新型基础设施建设，为教育高质量发展提供数字底座。

实施"三大能力提升计划"，建设以"教学平台"为核心的"互联网+教育"大平台、以"超算中心"为基础的科研信息化支撑平台和以"智能化决策系统"为重点的管理服务信息化综合平台（校园大脑），推动学校实现管理服务科学化、精细化、智能化，教学科研模式不断创新，"十四五"末建成全国一流的新一代"智慧校园"。

十年建设期间，华中科技大学在信息化方面也同样遇到了一些难题，并谋求一系列突破。

一是体制机制问题。

体制机制改革必须先行，没有良好的信息化制度，很多工作难以有效开展。学校建立了科学有效的信息化管理机制、畅通高效的工作网络、实时响应的信息化建设运行管理与维护体系，形成网信领导小组决策、专家委员会指导咨询、网络与信息化办公室统一管理、各部门共建共享、网络与计算中心技术支持、用户委员会参与评价、各单位及师生广泛应用的信息化工作机制。

开展对二级单位网络安全和信息化考核工作，成为网信工作新的抓手。制度是信息化工作的重要保障，系统建设运行之前，规章制度要先行，规章制度制定的过程是部门之间就职责分工界限达成共识的过程，只有规章制度出台了，系统建设运行才能够顺畅，"急用先上"可以解决一时的问题，但后期容易因责任不清引起推诿扯皮，影响系统正常运行和使用。

二是人才队伍建设。

要做好信息化建设，人、财、物都很重要，但重中之重是要有一支技术过硬、作风顽强、能打硬仗的队伍，包括管理队伍、开发队伍、运维队伍和服务队伍。注重加强队伍建设，强调服务意识，强化工作能力，加强文化建设，增强员工的凝聚力和荣誉感。

华中科技大学网络与信息化办公室和网络与计算中心出台关于实施教职工能力提升工程的政策，内部通过举办技术沙龙，员工之间相互学习，增进对各自工作内容、方法和成效的了解，提高内部协同能力；鼓励员工参加各类培训、认证等，提高技术能力，防止技术退化，近两年有34人次获得多种技术认证证书；开展科学研究，总结实践方法和成果，提高攻坚克难能力，近10年共承担科研项目104项，获得已授权的国家专利28项、国际专利1项、国家版权局登记的软件著作权44项，发表论文156篇。通过种种举措，大大提高了教职工专业技术能力、服务能力和解决复杂问题的能力。

三是一网通办。

近几年，大多高校都已开展"一网通办"建设，领导和部门的意识已经大为提高，推进工作已相对容易，但仍有几点需要注意：

首先要明确"一网通办"平台及其流程的部门分工，最好由校办牵头建设，网信部门负责平台技术建设及流程开发，各业务部门负责本部门流程的需求确认、设计、宣传、推广应用、优化改进等工作，形成既各司其职又合力共建的局面。

其次要明确"一网通办"平台和业务信息系统之间的关系,"一网通办"平台不是万能的,不是所有的应用都适合在"一网通办"平台中建设,对于业务逻辑复杂、与业务系统深度耦合、统计分析功能要求高、非跨系统或跨部门的应用不适合在"一网通办"平台上实现,而应在业务信息系统中实现;"一网通办"平台与业务信息系统不能是割裂的,需要进行必要的数据交换,保持数据的一致性,对"一网通办"平台的数据进行沉淀,充分发挥数据作用。

最后要对流程进行持续优化,流程建设不是一蹴而就,要根据部门需求、师生需求、数据中台建设进度、线下自助终端情况、业务信息系统建设进度、线下人工服务窗口情况等对流程进行不断优化、整合甚至取消,不断提升师生的使用体验。

华中科技大学网上办事大厅已上线流程363项,涵盖了几乎每一个部门,与统一身份认证系统、基础数据库、信息门户、待办中心、网站群平台、统一通讯平台、电子签名系统、教务系统、学生出国管理系统、研究生管理系统、国际交流管理系统、人事处因私证照管理系统、校友办教育基金管理平台等业务信息系统深度融合,全面联动,成为服务师生的重要平台。

四是数据治理。

数据治理是高校信息化的热点也是难点,热点是因为数据不一致情况依然十分突出,数据质量仍然不高,师生对信息化体验差,吐槽多,领导对信息化成效存疑;难点在于数据治理是一项巨大的工程,如果没有良好的机制、平台和抓手,信息系统开发得越多,数据治理的难度越大,推进越费力,越难见到成效。

高校数据治理有两条路径:一种是全量治理;另一种是场景化治理。

全量治理是指学校出台统一的数据标准,将学校所有数据进行同步并集中到一个数据池中,然后按照标准对数据进行质量检查,出具质量报告,要求各数据源按照质量报告对数据进行纠错、修正、梳理、清洗,这种方法的好处是一次性解决问题,一劳永逸,但缺点是工程量浩大,数据源部门为了维持原业务系统的正常运行,配合意愿低,因此,成功率很低。

场景化治理是指根据某个场景需要，对场景所涉及的数据进行治理，例如，为了应对疫情需要对校内常住人员或经常出入人员进行精细化管理，则重点对人员的基本数据进行治理。场景化治理的优点是需求和目标明确、涉及的数据量较少，部门接受程度高，容易成功，缺点是仅能完成部分数据的治理，缺少总体规划，实现全部数据的治理所需周期较长。

华中科技大学的数据治理路径是两者结合，以场景化治理为主。首先是出台了数据标准，但并没有立即要求所有系统按照新标准改造，而是在数据共享过程中按需改造，就是需要被别人共享的数据如果不符合标准则需要改造。其次是根据应用场景推进数据治理，学校建设了"一张表"平台，核心功能就是为院系提供教职工年度业绩考核，为满足这一场景，对教职工基本数据、各院系内设机构基本数据、教职工与机构的教学科研关联数据、教职工教学科研公益等数据进行治理，成效十分明显；针对疫情常态化管控门禁管理的场景，对常住人口数据进行治理，理清了校园内常住人员、工作人员及合作人员的基本信息；为建设好数据看板系统，对人事、科研、本科教学、研究生培养、学工、网信等12个模块的核心数据再次梳理和核对，数据质量进一步提高。

·疫情后的高校信息化·

《中国教育网络》：

后疫情时期，关于国内高校信息化建设，您感觉呈现出哪些新的发展态势？

王士贤：

疫情对高校信息化的影响很大，一方面让信息化部门面临更大的压力和挑战，另一方面也为信息化发展带来新的机遇。主要表现出以下态势：

一是学校对信息化的需求更加迫切。 突如其来的疫情对于信息化需求猛增，校园出入管理、校园内相关流调、迎新和返校、招生网上面试、线上答辩、视频会议、常态化的线上线下教学、远程教学实验、科研资源的访问与协作等都需要信息化的支持，并且有的任务要求时间很紧，给信息化基础支撑保障能力、信息系统快速开发能力、数据质量、系统联动等提出了更高的要求。

二是信息化建设和应用将迎来春天。原来，由于信息化工作不是学校的中心工作，被重视程度不够，各种投入也不足，信息化部门也一直处于边缘化的地位。疫情防控常态化所带来的对信息化的需求猛增，将信息化部门推向了前台，很多工作都需要信息化部门的支撑才能实现，一些在原来十分困难如数据治理、一网通办建设的工作也变得更加容易推动。

三是在线教学可能会迎来突破性发展。疫情常态下，线上线下混合式教学、翻转课堂、同步课堂等将成为常态，随着国家智慧教育平台的推出，原来一直不温不火的MOOC、SPOC、校内课程平台等可能会迎来大规模增长，发挥在线的全天候、全流程、全数据化的优势，倒逼教学方式、教学评价、人才培养模式等的改革，进一步促进信息技术与教育教学的深度融合。

四是科研信息化将会加速。"四个面向"对高校科研创新提出更高要求，疫情常态化环境下，传统科研模式面临挑战，基于信息化的科研协作必将加速，大型仪器设备共享、基于云的科研协同、科研社区、科研交叉创新、科研数据等资源共享、超算平台建设等必将有新的发展。

《中国教育网络》：

您如何理解高校数字化转型？推进这项工作，需要重点注意哪些方面的工作？

王士贤：

当前，对高校来说，推进高校数字化转型也迫在眉睫，但高校数字化转型也面临很多挑战需要破解，主要包括以下几点。

一是要深刻认识为什么要数字化转型。面对百年未有之大变局和数字技术的飞速发展，全球教育面临重大改革以适应形势变化的要求。传统的教育教学模式和方法难以适应和支撑高质量教育，尤其是高等学校拔尖创新人才的培养，必须通过信息技术来促进改革，用信息技术来赋能。只有提高认识，才能充分重视，才能推出更有力的举措，才能取得更好的成效。

二是要正确理解数字化转型要转什么。 数字化转型并不是信息化应用和平台的简单升级提档，也不是简单满足高校当前业务需求，而是如何利用大数据、人工智能、物联网等现代信息技术推动教育教学理念变革、人才培养改革、科研范式和手段创新、管理服务流程重塑等，这种转型和变革一定是来自内部力量的驱动，认识到数字化对推动学校大发展是一个极大的机遇，而不仅仅是因为外部环境或数字化形势所迫或人云亦云，只有围绕高校根本任务和愿景的体制机制、管理模式等转变了，数字化转型才有意义，才能达到真正的目的，否则数字化转型只能是空中楼阁，局部的信息化、数字化对高校的改革和创新影响有限。

三是要准确把握数字化转型要如何转。 首先要夯实数字化基座，提高快速开发能力，做好数据治理，数字化转型归根结底要靠技术来支撑和呈现，数字化基座必须扎实；

其次要推动业务改革，对学校发展愿景、规章制度、管理措施等核心业务进行深度梳理，提出适合数字化、智能化时代的新流程、新方案、新举措；

最后推动数字化和业务深度融合，实行业务和数据双驱动，业务推动数据提质，数据倒逼业务改进，业务和数据深度融合，共融共生，相互促进，从而实现学校数字化转型。数字化改变未来，数字化成就更好的教育！教育数字化转型，势在必行，大有可为！

（中国教育网络 2022 年 11 月 30 日 撰文：陈荣）

【光明时评】
为科研人员减负　实招越多越好

据媒体报道，历时4年研发，华中科技大学研发团队搭建的"一张表"平台正式在该校上线。"一张表"实现科研人员400多项流程网上办，惠及全校6000多名教职工。"线上办"代替"排队办"，"数据跑"代替"教师跑"，有效减少了科研项目申报工作量，让很多教授免去了跑多个部门盖章之累，受到普遍欢迎。

过去很长一段时间，表格多、材料多，报销繁、检查多，数据难找、手续难办、流程过长等问题困扰着广大科研人员。尤其是大学内部的科研申报、立项、评审等，往往要求研究人员提交诸多纸质书面材料，一些评审表格需要跑好几个部门盖章，找一圈领导签字，如此烦琐的手续耽误了老师们的时间，也影响了科研活动的效率，令很多科研人员苦不堪言。党的十八大以来，我国持续推进科研领域的"放管服"改革。在科研项目管理方面，有关部门不断简化项目申报和过程管理，开展多轮减负行动，产生积极效果，但离广大科研人员的减负预期还有一定距离，改革还有很大空间。

为科研人员减负松绑，既是党中央的明确要求，是各地、各有关部门的改革任务，也是我国众多研究型大学创新发展的内在需要，说到底是大学"自己的事"。结合自身实际创新思路举措，发挥主观能动性，探索更多切实可行、务实管用的办法，把改革的红利与基层的创新动力有机结合起来，形成推动改革、创新驱动的合力。

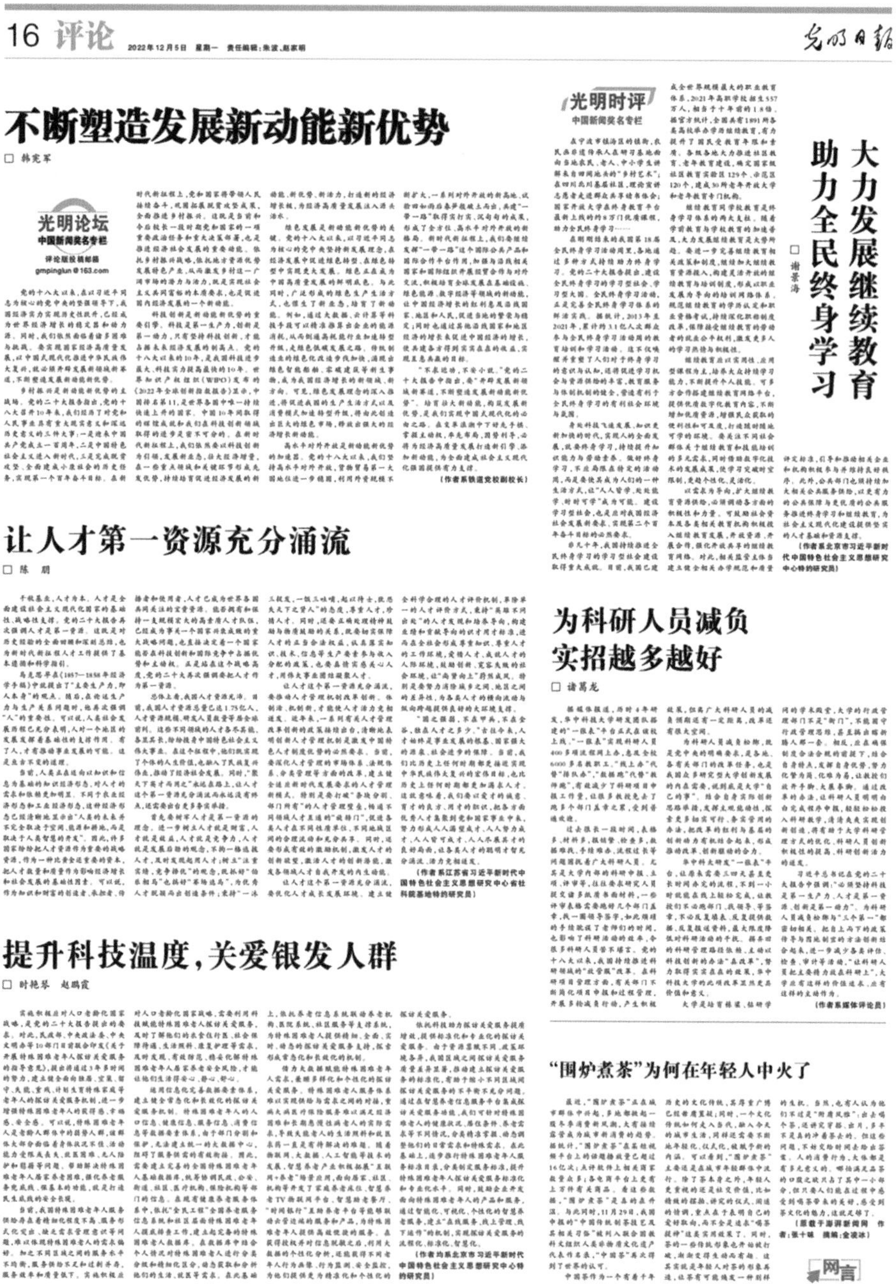
16 评论 2022年12月5日 星期一 光明日报

不断塑造发展新动能新优势

□ 韩宪军

光明论坛

让人才第一资源充分涌流

□ 陈 朋

提升科技温度，关爱银发人群

□ 时艳琴 赵鹏霞

光明时评

大力发展继续教育 助力全民终身学习

□ 谢景海

为科研人员减负 实招越多越好

□ 诸葛龙

“围炉煮茶”为何在年轻人中火了

图 4.33 光明日报报道版面

华中科技大学研发"一张表"平台，让原来需要三四天甚至更长时间办完的流程，不到一小时就能在线上轻松完成，让教授们不必跑部门、找领导、等签章，不必反复填表、反复提供数据、反复报送资料，最大限度降低对科研活动的干扰。摒弃旧的科研管理路径依赖、主动以科技创新的办法"真改革"，努力取得实实在在的效果，华中科技大学的此项改革显然更具价值和意义。

大学是培育栋梁、钻研学问的学术殿堂，大学的行政管理部门不是"衙门"，不能固守行政管理思维，甚至搞出瞎折腾人那一套。相反，应在确保制度合法合规的前提下，结合自身特点，发挥自身优势，努力化繁为简、化难为易，让教授们放开手脚、大展拳脚。通过改革的办法，让科研人员明明白白完成程序申报，轻轻松松投入科研教学，清清爽爽实现创新创造，将有助于大学科研管理方式的优化、科研人员创新积极性的提高、科研创新活力的迸发。

习近平总书记在党的二十大报告中强调："必须坚持科技是第一生产力、人才是第一资源、创新是第一动力"。为科研人员减负松绑与"三个第一"都密切相关。把自上而下的政策传导与因地制宜的方法创新结合起来，进一步减少各类评估、检查、审计等活动，"让科研人员把主要精力放在科研上"，大学应有这样的价值追求、应有这样的主动作为。

✎ （2022年12月5日 光明日报 作者：诸葛龙 此报道被人民日报、中国青年报、工人日报、今日头条、光明号等多家媒体转载）

智慧华中大
——华中科技大学网络与计算中心40周年发展纪实

第五章

大事记

· 1982 年 ·

6月30日，原华中工学院决定成立计算中心，划归自动控制和计算机工程系领导，中心的主要任务是为教学、科研工作服务。

1982年，原华中工学院利用世界银行贷款从美国进口了价值160万美元的 Honeywell 公司 DPS8/52 中型计算机系统，该系统拥有64个终端。

1982年，原同济医科大学计算机室成立。

· 1983 年 ·

3月，在原华中工学院朱九思院长的亲自关心和督办下，计算中心大楼（南六楼）竣工。大楼为三层建筑，建筑面积达3000多平方米，安装有集中式空调。

1983年，原华中工学院利用世界银行贷款引进了 GOULD 公司的 concept 32/2750 CAD 系统和 NCR 商业机，总计二百多万美元，占当时全校世界银行贷款总金额的40%以上。

· 1984 年 ·

1984年初，从日本引进的 NCR 计算机系统和 Honeywell DPS8/52 中型计算机设备先后到校，经过一个月的安装调试，7月正式对全校师生开放。DPS8/52 中型计算机为我校引进的第一台中型计算机。该套计算机为世界银行贷款项目，我校是全国第一批获资助引进该型号计算机的6所高校之一。以后的几年里，每年约有200多项科研课题在 DPS8/52 和 CAD 系统上进行，多项课题计算完成后达到国内先进水平，如我校机械系在 DPS8/52 上安装和扩充了的机械零件优化程序软件包获国家科研成果奖，计算中心与化学系合作的在 DPS8/52 上完成的国家自然科学基金"微量元素数据库"达到国内首创水平，中心与船舶系合作移植的 SAP5 线性结构学软件包为许多科研解决了重大的设计问题。

从美国 GOULD 公司进口了价值 43 万美元的 CAD 计算机系统到校，有 16 个终端。全校各院系的大型计算都在 Honeywell 上完成，其中，以余俊、周济等时任主任的校 CAD 中心，在 GOULD CAD 系统上进行了大量的计算与设计。

原华中工学院计算机系的小型机实验室划归到计算中心，成立了微机实验室。

原华中工学院投资购买 IBM PC 和 Apple-Ⅱ各 45 台，计算中心固定资产总值达一千多万元。可提供教学、科研的计算机终端数有 170 台，有力地支持了学校各专业的科研和教学。在此期间，不断从各院系抽调教师和实验人员，计算中心人数达 90 人，下设有 Honeywell 室、NEC 室、CAD 室、微机室、计算机基础教研室和动力室，为全校科研和教学服务。

1984 年，原武汉城市建设学院计算机室成立。

· 1985 年 ·

原华中工学院计算中心的算法语言教学小组获学校 1985 年教学质量优秀奖。为了满足学校科研和教学的需要，大机系统为全校师生 24 小时开放，每年提供 35 万机时。承担全校的算法语言教学工作，实行讲课、答疑、批改作业、辅导上机一条龙。

原华中工学院成立了计算机基础教研室。共有教师 5 人，主要任务是面向工科专业的学生开设"FORTRAN 语言程序设计"课程，编程环境是使用 Honeywell 机的 FORTORAN77。

· 1986 年 ·

6 月，原武汉城市建设学院计算机室的实验设备更换为 20 台 IBM PC，讲授和并增设实验课程：dBase III 数据库（针对工程管理专业）。10 月，计算机室针对规划和建筑专业学生新增开设了 AutoCAD 课程。

·1987 年·

卫生部通过世界银行贷款引进价值约 25 万美元的美国小型计算机 VAX-Ⅱ一套（含 25 台终端机），安装在原同济医科大学计算机室。1987 年后，计算机室陆续购进美国 APPLE 公司各型号微型计算机 40 台，组建了由主机房、终端机房、两个微机实验室构成的计算中心，工作人员达到 11 人。

·1993 年·

4 月，原武汉城市建设学院计算机室引入冶金学会的联合项目：将建筑及结构计算程序从 PC1500 移植到 PC 上，可以完成从建筑设计到结构设计的全部计算功能，用于建筑专业设计和培训。

1993 年至 1995 年，原华中理工大学计算机基础教研室开始面向全校非计算机专业本科生开设"计算机概论"课程，同时针对不同专业开设不同的程序设计语言课程，主要有"FORTRAN 程序设计"和"BASIC 程序设计"，每年学生有 1000 人左右。

·1994 年·

4 月，国家考试中心在原华中理工大学设置全国计算机等级考试考点，我校成为第一批组织该考试的高校之一。原同济医科大学自 1999 年 9 月从第 10 次开始举办全国计算机等级考试。

8 月 11 至 12 日，根据教技司〔1994〕111 号文件精神，在清华大学召开的"中国教育和科研计算机网"第三次工作会议上，进行了 CERNET 华中、西南和东北地区网络中心的选点评审工作。9 月 26 日，中国教育和科研计算机网 CERNET 华中地区网络中心在我校设立。CERNET 华中地区网络中心主要负责 CERNET 华中地区主干网的建设、运管；负责 CERNET 华中地区校园网建设的技术支持、网络接入服务，开展网络技术的研究工作。

11月3日，国家计划委员会批复（计科技〔1994〕1593号）建设"中国教育和科研计算机网示范工程"，由原国家教委主持，清华大学、北京大学、上海交通大学、西安交通大学、东南大学、华南理工大学、东北大学、北京邮电大学、华中理工大学和电子科技大学共十所高等院校承担建设。

11月，中心承担"中国教育和科研计算机网示范工程"——CERNET华中地区网络中心建设项目，总经费240万元，项目起止时间为1994年11月—1995年12月。1996年1月13日完成原国家教委组织的验收。

12月，原华中理工大学投资500万启动校园网一期建设工程，网络中心向CERNET申请注册了32个C类地址，校园网采用高速的ATM组网技术，主干传输速率达155 Mb/s，校园网总出口的网速为10 Mb/s，为学校部分重点单位提供共享10 Mb/s的网络接入服务，并为教工家属区的200名教授提供拨号上网服务，其速率为96 Kb/s。

原同济医科大学1994年参加了中国教育和科研计算机网（CERNET）建设，成为首批百所建有校园网的高校之一。

· 1995年 ·

8月，网络中心开始建设BBS站点（bbs.whnet.edu.cn），1996年5月，在全校师生中和全站用户中征集站名，最后确定站名为：白云黄鹤BBS，该站点是中国最早的高校BBS站点之一。白云黄鹤BBS站成立之初，依靠原华中理工大学雄厚的理科和工科实力，以技术交流著称，位列全国高校三大BBS之一。

· 1996年 ·

1月13日，我校承担的CERNET华中地区网络中心建设项目通过了国家教委主持的鉴定验收。

5月13日，根据国家教委与美国国际商业机器公司（IBM公司）就加强信息技术教育进行广泛合作的精神，原华中理工大学与 IBM 公司建立合作关系，并共建"IBM 公司与华中理工大学计算机技术中心"，中心设在南一楼八楼，面向全校服务。该中心是国家教委与 IBM 公司在全国 23 所知名大学创建的技术中心之一。同年，IBM 公司向该中心捐赠 IBM 微机 30 台、RS/6000 59H 服务器一套及相应网管设备，总价值 108 万美元。

5 月 29 日，根据国家教委有关文件精神，我校承担的 CERNET 华中地区网络中心建设项目一于 1996 年 1 月 13 日通过了国家教委的监督验收；同时我校校园网络中心建设亦基本完成。学校决定成立"中国教育和科研计算机网络华中地区网络中心""华中理工大学校园网网络中心""华中理工大学信息网络工程中心"。同时，为进一步规划好、建好、用好校园网，学校成立校园网（HUNET）建设工作组。

· 1997 年 ·

6 月，IBM 公司与学校签署了 IBM S/390 大型主机系统捐赠协议，该套设备及相关系统软件和应用软件总价值约 800 万美元。1998 年 3 月 IBM 大型主机 S/390 到校。2000 年 5 月，大型主机 S/390 举行了正式启用仪式，由常务副校长邹寿彬主持，校长周济致欢迎词，武汉市政协副主席粟道云女士、教育部许明参赞和周济共同剪彩。学校正式设置了大型主机专业方向，确定了大型主机人才培养目标和培养模式。1997 年 10 月，IBM 中心首次面向计算机学院硕士研究生试开 IBM 大型主机系列课程；1998 年 9 月，正式在计算机学院本科生中开设大型主机班；2000 年正式设置了大型主机专业方向，确定了大型主机人才培养目标和培养模式，编写了大型主机专业方向教学大纲，出版了 5 本教材，获得教育部-IBM 精品课程 9 门，获得省级教改成果二等奖一项，培养了一批全面发展、具有创新精神的高质量的大型主机复合型人才，并得到社会和企业的赞同和认可，在人才培养方面获得了较好的效益。大型主机专业方向的学生平均每年毕业 70 余人，共计培养了 1000 多名大型主机专业方向的学生。

11 月 3 日，计算机科学与工程系从信息科学与工程学院划出，与计算中心联合成立计算机科学与工程学院。

12月,"同济医科大学校园网与基础信息系统"通过了卫生部科技成果鉴定。

本年:

IBM公司向原华中理工大学捐赠RS/6000 43P工作站一台、IBM PC 20台及相应网管设备,总价值26万美元。

原华中理工大学计算机基础教研室课程组成员制作了计算机基础课件,改革教学方法与手段,结束了"黑板+粉笔"的单一的教学模式。

· 1998年 ·

5月,在国家"211工程"推动下,中心启动了校园网二期建设工程,校园网二期建设工程总投资为300万元。中心引入美国Bay网络公司的24口拨号服务器一台、支持ATM-155M和100M以太接口的路由器一台,购置checkpoint firewall系统二套,进一步提高校园网主干运行的可靠性和稳定性,用firewall技术对访问国际流量进行计费管理。

9月,为配合学生二课活动,学生社团IBM俱乐部正式成立。IBM俱乐部主要成员于1998年8月获全国大学生第二届电脑大赛技能竞赛第一名,11月获IBM公司举办的全国23所高校网页大赛第一名;1999年10月获SUN公司和CERNET(中国教育和科研计算机网)举办的中国高校Java远程教学课件制作大赛第三名,12月,俱乐部成员参加"中国银行杯"第二届互联网络知识大赛,获全国二等奖;2000年10月,IBM俱乐部荣获全国十佳社团榜首;2001年11月,IBM俱乐部在全国首届计算机应用大赛中荣获二等奖;2006年,获全国校园主机大赛全国二等奖;2009年,获第四届全国大型主机应用技术竞赛最佳团队奖、优胜奖、个人最佳表现奖和优秀指导教师奖。此外,IBM俱乐部还成为学生创业、创新的孵化基地,国内著名的PPLive(现PPTV)、5Q(后并入校内网,校内网即人人网前身)等IT公司的产品原型均孵化自IBM俱乐部。

11月,中心承担"211工程"高等教育公共服务体系——"中国教育和科研计算机网CERNET八大地区主干网和重点学科信息服务体系建设"

项目的两个子项目，分别是："CERNET 华中地区网络中心建设"子项目，项目总经费 260 万元；"CERNET 华中地区主干网湖北主节点建设"子项目，项目总经费 180 万元。

11 月，中心承担"中国教育和科研计算机网主干网升级工程"项目——"华中地区卫星通信系统的建设"子项目，项目总经费 200 万元。

· 1999 年 ·

5 月，在国家"211 工程"持续推动下，网络中心启动了校园网三期建设工程，校园网三期建设工程总投资为 720 万元。校园网主干由 155 Mb/s 升级为 1000 Mb/s，购买了二台美国 3COM 公司的 8600 系列路由核心交换机，扩大校园网的覆盖范围，完成了 3 栋学生宿舍楼的网络布线和学生在宿舍上网的试点建设工程。校园网出口网速由 10 Mb/s 提升到 100 Mb/s。

1999 年起，CERNET 华中地区网络中心开始承担全国高等学校网上招生的保障工作。

· 2000 年 ·

5 月，四校合并成立华中科技大学，原四校计算机基础教研室合并，成立了华中科技大学计算机基础教研室。原城建学院计算机实验室和原科技部管理学院计算机实验室归并到计算中心。

5 月，IBM 大学合作第八届教育部-IBM 合作项目年会在我校召开，教育部科技司副司长谢焕忠、教育部理工处处长葛道凯和教育部国际司参赞许明出席会议；校长周济聘请 IBM FELLOW 萧慕岳博士和 IBM 深蓝之父谭崇仁博士为我校兼职教授。在 IBM 中心建立了 IBM 考试中心，接受了 IBM 公司捐赠的价值 7 万美元的 RS/6000 升级软件。

10 月，为满足扩招后的教学需求，学校投资 400 多万元在南六楼上加盖了一层轻钢结构的房屋，作为大型计算机开放实验室，投资 400 万元购置了微型计算机 547 台，专用服务器 3 台，安装各种教学软件 30 多种，搭建了局域网，研制了计费管理系统，从而组建起面向全校开放的计算机开放实验室。实验室采用计算机管理系统进行管理，学生使用账号可随时在实验室上机。实验室的建成彻底改变了计算机课程实验条件严重不足的问题，提升了学校在办学方面的综合实力。该实验室是当时全国高校中规模最大、实验条件最好、管理最先进、使用效率最高的实验室之一。

11月，学校实施了国家"行动计划Ⅰ"，网络中心开展了华中科技大学主校区网络建设工程，总投资500万元。完成17栋学生宿舍网络布线与光缆建设工程，购置一台美国Cisco 6500路由核心交换机和接入交换机，将办公区内的全部教学、行政、科研大楼均高速接入校园网。南三楼、逸夫科技楼、南一楼等以1000 Mb/s速率接入校园网，其余大楼以100 Mb/s接入校园网，院士楼以100 Mb/s接入校园网，进一步扩大校园网的覆盖范围，使校园网出口带宽由100 Mb/s提升到200 Mb/s，基本消除了网络出口的瓶颈；学校实施的国家"211工程"项目主校区"校园网第三期工程建设"主干基本完成，3COMCB9000调试完毕，联网机数已增至近万台。

本年：

学校投资，新建东校区计算机开放机房1个，安装计算机105套。

获校教学质量优秀奖二等奖1项；获第五届实验技术成果二等奖2项、三等奖3项；全年完成的教学机时由原来的30多万增加到100万；制定实验室管理文件8份。

新开夜大专科"计算机信息管理"专业，当年招生47人；新开2000级高职"办公自动化技术"专业，当年招生57人；承担了自修专升本"计算机及应用"专业办学任务，当年招生28人。

在研科研项目10项，其中国家自然科学基金2项、国家863项目2项，S/390研究基金2项；发表论文28篇；主办学术及交流年会6次。

· 2001年 ·

2月，中心承担的"计算机信息网络关键技术：九五国家重点科技攻关计划"项目获国家科学技术部、财政部、发展计划委员会、经济贸易委员会等四部委颁发的重大科技成果奖。

3月，IBM公司与我校签署共建电子商务学科的框架协议；IBM与我校开始合作SUR项目，IBM技术中心获得IBM SUR项目"移动电子票务系统研究"。

5月25日，中心等单位承担的"计算机信息网络及其应用关键技术研究"项目，获中国高校科学技术奖励委员会颁发的一等奖。

6月，中心第一次参加高考阅卷工作，主要任务是对评分数据在计算机上进行统计比较。开发了高考阅卷评分监控系统，承担了网络系统的安装及数据录入工作。这是华中科技大学评卷点首次采用计算机进行数据统计，有效地提高了阅卷质量和速度。完成了2001年高考华中科技大学网上录取点网络环境准备、录取点管理等项工作，并采取有效措施抑制了多种网络病毒的传播与漫延，保障了全国网上高考招生工作顺利进行。

10月，学校实施了国家"行动计划Ⅱ"，中心开展了华中科技大学四校区主干网建设工程，总投资260万元。建立了主校区到东校区、主校区到同济校区、主校区到东湖校区的51 km光纤网络。购买Cisco 6506路由器一台、Cisco 2948路由器四台，使主校区到三个校区的通信速率由64 Kb/s提升到1000 Mb/s，整整提高了16000倍，进一步改善学校教学、科研、办公效率。

本年：

增加了32对拨号入网电话线，扩大了拨号入网规模，调整了拨号网络的结构；对校园网及八栋学生宿舍防火墙系统进行了升级，提高了网络的稳定性；对开放实验室的所有计算机网段和部分学生宿舍的计算机网段进行了调整；逸夫科技楼和院士楼接入校园网。

成功地将FW3000运用于校园网，并完成了校园网用户分流与计费处理工作；优化了校园网计费系统；研发了网络运行状态监控系统及网络邮件故障自动报警系统；建立华中地区网络自服系统。

学校将"计算机概论"课程升级为"计算机文化基础"，从单一的计算机使用培训，提升到培养计算机文化素养。首次将"因特网与应用"课程纳入2001级本科培养计划。

本年承担本科及其他类别教学工作量5000余学时,对"计算机概论"和"C语言程序设计"二门本科计算机基础课程实行了统一机考,提高了工作质量和工作效率。

由计算中心新开网络学院专升本"计算机网络"专业,2001年招生63人。与网络学院在中心共建了两个网络演播室。

实到科研经费70万元;完成科研项目6项,其中211工程项目4项,863项目2项,在研项目10项,其中新增项目2项;发表论文16篇,编写著作3本;中心组织学术交流会1次,有8位同志在会上报告。

分别召开了CERNTE华中地区网络和湖北联网高校网络建设及应用交流研讨会。

学校对中心二楼东头实验室和东校区实验室进行改造,增加了两个教学开放机房,新增计算机及相关设备162台(套),整改了计算中心的周边环境。

2001年对计算中心楼内易燃吊顶材料全部更换成阻燃材料,增加或更新了消防设施设备,将机房的全部电线进行更新,对东校区实验室窗户防盗栏进行了加固,共投入19万元。

完成全校两期教师网络培训班的教学任务。向贵州省捐赠了25台微机。

· 2002年 ·

1月,"教育部—李嘉诚基金会湖北省中小学现代远程教育培训中心"成立。7—8月,完成第1期"教育部现代远程教育扶贫示范工程项目——李嘉诚基金会西部中小学现代远程教育项目"培训任务,共培训学员80人;2003年2—3月,完成第2期培训任务,共培训学员82人;2002年12月,完成第1期"西部大学校园计算机网络建设工程"培训任务,学员79人;2003年1月,完成第2期"西部大学校园计算机网络建设工程"培训任务,学员63人。

8月,学校持续实施了国家"行动计划Ⅲ",中心开展了主校区学生宿舍网建设工程,总投资500万元,完成紫菘13栋学生公寓、西十二舍、西十三舍网络布线与架空光缆建设工程，为 24 栋学生宿舍的 12968 个网络端口配置接入交换机，建成高性能、千兆带宽的万人学生公寓网，为教学、远程学习等方面的工作提供便利的网络环境。此外，购买福佑网络公司的邮件服务系统，给学校的教工和学生提供安全可靠的邮件服务。实现了校园网覆盖主校区所有学生宿舍管理目标，在全国高校网络建设中率先启用 802.1X 技术，为学校实名上网管理与收费管理奠定基础。

本年：

2002—2003 年，学校投资约 100 万元对中心二楼的 3 个小机房进行了更新改造，安装计算机 180 台；同时建成了 1 个小型组网实验室，可供 20 余人同时进行实验，填补了当时计算机网络课程没有实验环境的空白。

IBM 公司与学校共建 iSeries 服务项目，向我校捐赠 IBM AS/400 服务器一台、RS/6000 63E 服务器一台、PC 服务器及相关系统软件和应用软件若干，总价值 50 万美元。IBM 技术中心与武汉钢铁集团公司合作研制基于大型主机产购销系统，项目单项经费一百多万元，共有 60 多名学生参加了该大型项目开发。

承担全校非计算机专业本科及其他类别教学工作量 7200 余学时，圆满完成了教学任务。2002 年上半年正式面向全校本科生开设"因特网与应用"课程，该课程为本科生必修课，自编教材，2004 年根据专业培养需要，该课程改名为"互联网技术基础"，2005 年后又改名为"计算机网络技术"。

获得学校"新世纪教学改革工程"项目 1 项、"现代远程教育资源建设项目" 1 项。

完成 2002 年高考华中科技大学录取点软硬件及网络环境准备、录取点管理等项工作，保障了 2002 年学校网上高考录取工作顺利进行。配合教务处顺利完成 2002 年高考全省英语试卷评卷工作，从本年起，改为计算机评卷，此后，高考阅卷工作每年在中心四楼机房进行。

完成了华中地区 CCNP 网络学院申请工作；多次开办 CISCO 华中地区网络学院 CCNA 培训；组织完成教务处安排的全校教师网络培训班 1 期；组织黄冈市计算机应用培训班 1 期；圆满完成上、下半年的全国计算机等级考试工作。

实行了创安管理和消防安全责任人制度,实行层层把关,责任到人,中心各单位共确定四级责任人8人,五级责任人21人,均签订了目标管理责任书。

· 2003 年 ·

7月,学校实施了"十五211工程",中心开展了东校区学生宿舍网一期建设工程,总投资496万元。完成韵苑学生公寓15栋楼的网络布线与埋地光缆建设工程,敷设主校区到东校区32芯4km的单模光缆,购置15栋楼的网络接入交换机和核心交换机约600台,15栋学生宿舍均以千兆带宽接入校园网,支持1万名学生在学生宿舍上网。为学生宿舍网申请了3.2万个IP地址;建立、组织、管理了一支良好的学生网络管理员队伍;开发与调试了学生自助服务系统网站及学生宿舍网计费系统。

本年:

"华中科技大学第三期校园网主干建设"项目(500万元)通过验收。组织召开了"2003年CERNET华中地区网络建设与应用交流会议";协助中国教育和科研计算机网于2003年10月圆满举办了第十届学术年会,出版论文集1册。

完成各类教学工作量9435学时,开出各类课程20余门。东校区计算机实验室新建教学开放机房一个,安装计算机115台。完成了"新世纪教学改革工程"项目"本科学生实践创新能力培养的研究——开放式计算机基础课程实验教学体系研究"的开发研制工作。

IBM公司向我校捐赠RS/6000服务器及相应软件,价值14万美元;IBM公司与我校共建大型主机zSeries人才培养计划;IBM公司与我校共建无线网络项目;我校与IBM公司市场部举办全国大型主机网上知识竞赛;IBM技术中心获最佳团队合作奖和年度最佳技术认证中心。

计算中心党支部被学校评为2003年度先进党支部;计算机等级考试华中科技大学考点被湖北省教育考试院评为先进考点,赵维武、陈骏同志被评为先进个人;组织完成教务处安排的全校教师网络培训班2期。

·2004年·

7月，学校继续实施了"十五 211 工程"，中心开展了东校区学生宿舍网二期建设工程，总投资 450 万元。完成韵苑学生公寓 13 栋楼的网络布线与埋地光缆建设工程，网络布线端口数 10372 个，购置 13 栋楼的网络接入交换机和核心交换机 571 台，13 栋学生宿舍均以千兆带宽接入校园网，至此校园网已覆盖东校区全部学生宿舍，校园网出口网速达到 1000 Mb/s。

本年：

中心承担国家发改委批复、教育部主持的"中国下一代互联网示范工程 CNGI 示范网络核心网 CNGI-CERNET2/6IX"项目——CNGI-CERNET2 主干网华中科技大学核心节点建设子项目，总经费 1500 多万元，其中学校配套经费 500 万元。2006 年 9 月 21 日，通过项目组的验收。

建设 CNGI-CERNET2 武汉核心节点。武汉市光纤网东南片三期及四期的建设、长沙市光纤城域网初具规模、进一步完善了河南省省域网的建设，当年共为 32 所大专以上院校提供了光纤接入手段。

CERNET 华中地区网络中心在 2004 年度 CERNET 主干网运行工作综合评比中获一等奖。

2004 年华中地区网新增学校 15 所，其中湖北省 6 所（含 4 所绿色通道学校），湖南省 1 所，河南省 8 所。新增 CERNET 城市节点 10 个，其中湖北省 2 个，河南省 8 个。新增 632 个 C 类地址，新增域名 24 个。初步完成了 CERNET2 主干建设，完成华中地区网主干扩容由 2.5G（155M）升级到 5G；联网单位已有 160 个；湖北省主节点到 CERNET 主干的带宽由 1000M 升级到 2000M。武汉市 7 所高校的网络出口带宽由 100M 升级到 1000M。

全年完成全校非计算机专业本科及其他类别教学工作量 7000 学时；组织了非计算机专业 2004 级本科新生的"大学计算机基础"课程的免修考试。组织出版了《大学计算机基础》《程序设计基础》等教材和配套实验教材。同时,将"计算机文化基础"课程更名为"大学计算机基础",《大学计算机基础》教材使用了三年,效果很好,受益学生每年近6000名。

新世纪教学改革工程项目"本科学生实践创新能力培养的研究——开放式计算机基础课程实验教学体系研究"通过校级鉴定,并获得校教学成果奖二等奖。校教改项目"大型IBM S/390网上教学服务器的开发"获得校教学成果奖三等奖。教改项目"新形势下非计算机专业计算机课程体系建设"获得省、校两级立项。

IBM技术中心在研究生数据库课程和本科生操作系统课程上重点做了一些探索,把IBM技术的认证证书与教学紧密结合,为IBM的推广和学生的培养探索了一种比较有效的方法,并取得了较好成绩。2004年IBM技术中心向全校学生开设的选修课程有AIX基础、AIX系统管理、UDB系统管理、电子商务解决方案等,培训人数3000余人,参加考试的人数约1500人,获得证书人数达1000人。学校获得IBM大学合作一级学校称号。IBM公司捐赠PC服务器及相关系统软件和应用软件,价值2万美元;IBM技术中心获2门IBM精品课程。

中心主任李芝棠教授培养的硕士生姚欣,在导师的鼓励下,休学开发了全球首款网络电视直播软件PPLive(后更名为PPTV),是PPLive创始人、PPTV总裁,现成为互联网行业青年一代中优秀的创业企业家。

暑假期间对403机房170台计算机的主机进行了升级,CPU主频升为2.66 GHz,内存升为512 MB,硬盘升为80 GB;完成了东校区四楼机房电源、网线的改造工作,并更换了交换机、空调机及电脑桌,耗资6.3万元。

加强服务意识,提高服务质量。全年四个教学开放实验室共完成教学实验1757000机时,其中开放室完成1150000机时,IBM中心完成112000机时,东区实验室完成495000机时。

完成2004年高考华中科技大学录取点软硬件及网络环境准备、录取点管理等项工作;配合教务处顺利完成2004年高考全省英语试卷评卷工作。圆满完成全国计算机等级考试工作,全年接收考生11595人次;进行了三期CCNA培训;组织完成教务处安排的全校教师网络培训班1期。

· 2005 年 ·

3月，教务处发布"关于公布我校主校区通识教育基础课程、计算机基础课程、学科大类基础课程归口负责院（系）的通知"，首次明确了计算机基础课程归口计算中心负责。

5月，IBM zSeries 主机教育中心（武汉）在我校落成，湖北省信息产业厅副厅长夏平、IBM 公司全球系统培训与技能发展部总监 Susan Levy 女士等出席了落成典礼。典礼由中心主任李芝棠主持，常务副校长王乘致欢迎词。共建的主要内容：IBM z900 大型服务器一套及相关系统软件和应用软件，总价值 1000 万美元。

7月8日，计算中心从计算机科学与技术学院划出，成立华中科技大学网络与计算中心，并成立华中科技大学网络与计算中心直属党支部。

本年：

全年完成全校非计算机专业本科教学工作量 6570 学时。全年三个教学开放实验室共完成教学实验 1734075 机时，其中开放室完成 1019528 机时，IBM 中心完成 71230 机时，东区实验室完成 643317 机时。

CERNET 华中地区网络中心在 2005 年度 CERNET 主干网运行工作综合评比中获三等奖。在教育部-IBM 高校合作项目十周年之际，华中科技大学获"最佳合作学校"称号；IBM 技术中心获"最佳合作成就奖"。

· 2006 年 ·

9月，根据学校关于深化医科管理体制改革的决定，同济医学院计算机网络中心并入学校网络与计算中心，网络与计算中心内部决定成立同济校区网络分中心。

10月，学校投资对主校区和东校区校园网进行 IPv6 升级改造，投资经费 217.5 万元。购买了 Cisco 7609 核心路由器，支持 IPv4 和 IPv6 协议，为学校重点科研单位提供纯 IPv6 协议的科学实验网络平台，办公区实行实名认证上网管理模式，对办公区楼栋接入交换机进行升级改造使交换机支持 802.1X 技术，对办公区上网实现了可控和可管。校园网出口带宽由 1 Gb/s 提升到 2 Gb/s。

10 月，华中科技大学与 IBM 公司合作项目被评为教育部校企合作的优秀合作案例。

本年：

由我校发起并组建了全国大型主机教育工作组，黄晓涛副教授任首任工作组组长，并组织北京大学、同济大学、电子科技大学、四川大学、华南理工大学、大连理工大学和大连交通大学等 8 所高校联合申请了"大型主机应用性创新人才培养模式的研究与实践"国家级教改项目。"大型主机应用性创新人才培养模式的研究与实践"获省级教改项目及华中科技大学校级教改项目立项。

网络与计算中心获评华中科技大学"2006 年度治安综合治理先进单位"；李战春老师获校优秀党员称号；兰顺碧获校"三育人奖"。

2006 年，计算机基础教研室对全校学生开设了"C 语言程序设计"等 14 门课程，IBM 技术中心教师承担计算机学院的大机课程"电子商务概论"等 5 门课程，共完成教学课时 11500 多学时。指导 200 多名本科生完成本科毕业设计。

四项实验技术项目通过了设备处验收，分别为"机房网络安全的研究""教学实验作业提交系统""办公自动化实验教学的实现""组网技术在教学实验中的应用"。2006 年承担了教改项目："'计算机网络'实验课程改革与实践"和"大型主机创新人才培养与课程综合改革的研究与实践"，全年完成教学实验机时 182 万，其中，主校区实验室完成机时 129 万，东校区实验室完成机时 41 万，同济校区实验室完成机时 9 万，IBM 技术中心完成机时 3 万。

网络与计算中心新建 3 个实验室：东校区计算机开放实验室、网络实验室和数码艺术设计实验室，总投资 600 多万元。

2006 年科研经费实现历史性突破，实到科研经费 267.7437 万元。其中纵向经费234.3万元，横向经费33.4437万元，发表论文33篇，出版教材1本。

· 2007年 ·

1月，网络与计算中心等单位承担的"中国下一代互联网示范工程CNGI示范网络核心网CNGI-CERNET2/6IX"项目，获教育部科学技术进步一等奖（第8完成单位）；李芝棠获教育部科学技术进步一等奖（第7完成人）、获国家科学技术进步个人二等奖。

3月，学校投资101万元对同济校区计算机开放实验室更新200台计算机。该实验室坐落于同济校区形态教学楼4、5楼，机房面积500平方米，拥有计算机290台/套，固定资产280万元，是学校设在同济校区的本科计算机教学实验的大型综合平台。

4月，网络与计算中心承担了"中国下一代互联网示范工程CNGI示范网络高效驻地网建设项目华中科技大学驻地网建设子项目"。子项目总经费99.95万元，其中国拨经费40万元，国拨经费购置一台Cisco 12000边界路由器和CWDM设备。将同济校区到主校区的网络出口带宽由1 Gb/s提升到2 Gb/s，同时校园网用独立光纤以1 Gb/s接入CNGI-CERNET2，校园网总出口带宽由2 Gb/s提升到3 Gb/s。

6月，"网络环境下基于问题的学习PBL在大学计算机学习中的应用研究"的教学研究项目获得湖北省立项。"基于P2P的计算机学科实验辅导答疑系统"的教学研究项目获得学校立项。

本年：

2007年起，计算机基础教研室在各门课程上推行"集体备课制度"，每周四下午定为"教学研讨时间"。

东校区计算机开放实验室建成并投入使用。该实验室坐落于东校区工程实训中心A座2、3楼，建筑总面积2000平方米，拥有计算机610台套，固定资产近400万元，是学校设在东校区的本科计算机教学实验的大型综合平台。

在 2007 年度 CERNET 主干网运行工作评比中，荣获一等奖。

IBM 技术中心获 IBM 公司颁发的"最佳校方支持与合作奖"。

· 2008 年 ·

6月，"非计算机专业本科计算机网络课程教学改革研究与实践"的教学研究项目获得学校立项。

本年：

实施中国下一代互联网示范工程（CNGI）驻地网建设。9 月 20 日，完成 CNGI 华中地区 11 所高校驻地网建设的验收。

2008 年，教育部启动了"教育科研基础设施 IPv6 技术升级和应用示范"项目"华中科技大学校园网 IPv6 技术升级"子项目。国家投入经费 300 万元，学校自筹 300 万元。2009 年 12 月，校园网主干网速由 1 Gb/s 提升到 10 Gb/s，网络核心交换机和汇聚层交换机全部支持 IPv4 和 IPv6 协议，同济校区网络也全面支持 IPv4/IPv6 网的应用，在多条光纤回路的支持下，网络与计算中心对校园网主干进行了优化并启用了 OSPF 动态路由协议，使核心层网络设备可用率达到 99.99%。在学校热点公用区域部署 87 个 AP 设备，无线网络覆盖图书馆、东九教学楼、南三楼、光谷体育馆等大楼，建立虚拟主机服务平台，为学校二级单位的 Web 网站提供集中式的主机托管和应用安全服务，校园网出口带宽由 3 Gb/s 提升到 4.4 Gb/s。

"大学计算机基础"课程被评为校精品课程。

IBM 技术中心 2008 年获 IBM 公司颁发的"团队成就奖"和"最佳团队合作奖"；"电子商务"课程获得 2008 年校级精品课程，《电子商务导论》获 2008 年校级教材二等奖。"大型主机应用性创新人才培养模式的研究与实践"获得 2008 年校教学成果奖二等奖。

计算机开放实验室对计费系统进行了更新，将计费登录从 Windows 的启动项中移出，单独在硬盘上开辟一个隐藏区进行计费的登录操作，使 Linux、Windows XP、Windows 2003 Server 等操作系统可以无保留的对上机的学生开放。

网络与计算中心荣获华中科技大学"2008年度治安综合治理先进单位"称号。

· 2009 年 ·

6月,"'C++程序设计'教学内容与方法改革"和"VB程序设计课程教学资源平台的研究与建设"的教学研究项目获得学校立项。

8月,学校投资64万元在主校区计算机开放实验室403机房更新了170台计算机。计算机的配置为:CPU 酷睿双核 E7400 2.8 GHz;4 Gb 内存;320 Gb 硬盘。升级了计费查询网页,教学上机的学生可以通过学号查到上机的账号与密码。

2009年起,在"大学计算基础"和"程序设计"课程中采用"实验分组"方式组织实验教学,"程序设计"课程实验推行"实验预习报告"制,教学效果明显提高,受益学生每年近1.2万人次。

本年:

"电子商务实验教学体系及技术研究"获校实验技术成果二等奖。"大型主机应用创新人才培养模式研究与实践"项目与大连理工大学、北京大学合作获得2009年辽宁省高等教育教学成果奖二等奖。

全年完成本科教学任务8342学时,总计184个课堂,教师人均教学学时380多学时。制订启明学院"C++程序设计"课程方案,并组织实施。

全年到校科研经费134.762301万元,其中纵向经费44万元,横向经费90.762301万元;在研科研项目51项,其中2009年新增项目12项,获得"校自主创新基金"项目立项2项;本年度结题科研项目17项;发表论文52篇,其中EI收录5篇;组织学术交流报告会3次。

获得教学改革项目立项7项,其中"教育部-IBM精品课程"建设项目立项2项、"IBM奖研金"项目立项1项、"华中科技大学教学质量工程第三批教学研究项目"立项2项、"华中科技大学教学质量工程第三批精品教材"立项1项、华中科技大学"国家大学生创新性实验计划"项目立项1项；出版教材1本；有4项"华中科技大学教学质量工程教学研究项目"通过学校验收。

获得校实验技术研究项目立项2项，通过学校验收2项。

负责国家投资300万元，学校配套300万元的2008年下一代互联网业务试商用及设备产业化专项——教育科研基础设施IPv6技术升级和应用示范项目华中科技大学子项目的方案设计和实施工作。该工程共部署了11台核心设备，新增4条线路，重新调整了拓扑结构，全网支持IPv6和IPv4双栈接入，核心带宽升级为万兆。

进一步加强上网实名制管理，修改学生宿舍网管理系统中用户注册信息内容，完善学号、姓名、单位、联系方式等信息。

为解决校园网访问电信网速度慢的问题，新增了一条100 Mb/s电信出口链路，校园网出口带宽达到2.2 Gb/s。

同济校区网络中心以锻炼学生、服务同学为宗旨，开发及调试同济校区电影服务器点播平台。同时完成"人体解剖""病理生理学""内科学""耳鼻咽喉科学"等精品课程内容及图片的更新，新增视频文件20个。

全年三个开放实验室共计完成总机时数为356万余机时，其中教学机时199万多，插空机时157万多。完成6月的湖北省高考英语阅卷工作；完成全国计算机等级考试两次，全校有19000人次参加机考。

根据学校党委关于深入学习实践科学发展观活动的部署，学习实践活动分为三个阶段：动员学习调研阶段、分析检查阶段、整改落实阶段，党支部认真按照学习实践活动要求开展工作，取得良好的效果。

· 2010 年 ·

6月，"'Visual Basic 程序设计'课程建设与创新实践"的教学研究项目获得学校立项。

7月，网络与计算中心对11栋学生宿舍网进行了网络升级改造，投入经费177万元。对南一舍、南二舍、东二舍、东三舍、东四舍、东八舍、西十舍、西十四舍、老附中主楼、老附中教学楼、老附中实验楼进行网络布线和光缆建设工程，网络接入端口约 1 万个。购置 200 台交换机，进一步巩固和加强校园网服务学生、服务教学的地位。

11 月，对教职工电子邮件系统硬件进行了升级，每个邮箱的容量达到了 1 GB。1995 年，校园网建设之始，就同时建设电子邮件应用系统，使用开源电子邮件系统软件 sendmail 为学校教职工提供电子邮件服务，电子邮件用户约 200 人。1999 年 3 月，完成电子邮件系统升级工作，升级后的电子邮件系统硬件配置为 SUN e3500、27.3 GB 硬盘、512 MB 内存，升级后的电子邮件系统软件配置为：Solaris 5.6、SIMS 3.5；当时有教工邮箱 1910 个，每个邮箱 5 MB，可发送的最大邮件大小为 5 MB；使用 Netscape Messaging Server 为学生提供电子邮件服务，用户数较少，大概 200 左右用户。2003 年，购置福佑电子邮件系统，用户数为 5 万用户，为全校教职工和在校学生提供电子邮件服务。2007 年 5 月，开通华中科技大学免费学生电子邮件系统 smail.hust.edu.cn，电子邮箱名以 @smail.hust.edu.cn 为后缀，邮箱容量是 10 MB。2008 年，完成教职工电子邮件注册认领系统，通过该系统，每位教职工可以自己注册一个免费的 30 MB 邮箱。到 2008 年底，共有 3566 个教职工邮箱账户，及 36219 个学生邮箱账户。在现有学生电子邮件服务器硬件基础上，对邮箱容量进行扩容，邮箱容量由原来的 10 MB 扩容为 20 MB。2009 年学生邮箱新开用户 30186 个，到 2009 年底共有 66818 个学生邮箱账户。2009 年，对教职工邮箱进行扩容，统一扩容为 100 MB 免费邮箱，允许的单封电子邮件大小调整为 50 MB。到 2009 年底共有 4765 个教职工邮箱。2010 年 11 月，对教职工电子邮件系统硬件进行了升级，目前邮箱空间为 1 GB 容量。完成学生电子邮件系统硬件升级工作，升级后邮箱空间由原来的 20 MB 升级为 1 GB。

本年：

IBM 主机大学合作项目获 IBM 公司颁发的"学科建设奖"；教育部-IBM 高校合作项目 15 周年获"合作成就奖"。

校园网出口带宽达到 6.9 Gb/s。1995 年初建网络时，校园网出口带宽为 10 Mb/s；1999 年底，校园网出口带宽提升至 100 Mb/s；2001 年，校园网出口带宽提升至 200 Mb/s；2005 年，校园网出口带宽提升至

1 Gb/s；2007—2008 年，增加了 1 Gb/s 主校区到同济校区出口带宽，以及 300 Mb/s 电信出口带宽，同时，校园网用独立光纤以 1 Gb/s 带宽接入 CNIG-CERNET2，即校园网的总出口带宽提升至 3.3 Gb/s；2009 年，又增加 300 Mb/s 电信带宽及 1 Gb/s 教育网带宽，校园网的总出口带宽提升至 4.6 Gb/s；2010 年，再增加 300 Mb/s 电信带宽及 1 Gb/s 教育网带宽，校园网的总出口带宽提升至 5.9 Gb/s；2011 年，增加 1 Gb/s 省网出口带宽，校园网的总出口带宽提升至 6.9 Gb/s。

2010 年起启动计算机基础教学优质课堂评选，激励教师讲好每一堂课，引入了竞争机制，调动了教师的教学积极性，收到良好的效果。同时网络与计算中心制定了一系列的文件，如"课程组长职责""优质课堂评选办法""主讲教师聘任细则"等，进一步规范和完善各类教学活动。开设的主要课程有"大学计算基础""Visual BASIC 程序设计""C++语言程序设计""数据库技术及应用"和"网络技术及应用"等。教师的年平均课时达到 400 学时以上。

吴驰获华中科技大学青年教师教学竞赛一等奖。网络与计算中心荣获华中科技大学"2010 年度治安综合治理先进单位"称号。

·2011 年·

5 月 18 日，学校实施了 2011 年"985 三期工程"校园网升级改造子项目，投入经费 660 万元，主要建设内容包括：① 网络中心机房环境改造；② 校园网安全域的防护；③ 校园办公区无线网二期建设；④ 13 栋学生宿舍无线网建设，南三舍 EPON 技术试点建设；⑤ 开放试验室 400 台计算机更新。主要目标是改善和提高网络机房的运行环境，提升校园无线网的覆盖范围。校园网出口网速由 5.9 Gb/s 提升到 6.9 Gb/s。

6 月，"'大学计算机基础'课程学生学业评价体系改革与实践"和"贯穿计算思维的大学计算机课程教学研究"的教学研究项目获得学校立项。

8 月，学校投资了 152 万元，更新了主校区计算机开放实验室 401 机房的 380 台计算机，计算机的配置为：CPU 酷睿 i3 2100 3.1 GHz，4 GB

内存，500 GB 硬盘。学校投资 50 万元对同济校区计算机开放实验室进行机房改造，更新计算机 100 台。

10 月，临床医学八年制学生在同济校区计算机开放实验室进行了第一次计算机网络无纸化考试，这是率先在医学院校里进行的考试改革。

11 月 2 日，网络与计算中心获得华中科技大学 2012 年第一批大学生创新实验计划项目 14 项。

11 月 10 日，受网络与计算中心邀请，首届全国教学名师、全国师德先进个人、教育部计算机科学与技术教学指导委员会副主任、非计算机专业计算机基础课程教学指导分委会主任、西安交通大学博士生导师冯博琴教授来校，做了一场关于"计算思维与大学计算机基础教学"的讲座。

12 月 8 日，IBM 技术中心组织学生参加大型主机比赛，我校沈仲骐和叶炜同学获 IBM 大型主机应用个人赛中国赛区前五名、一等奖，有 4 名学生获二等奖，8 名学生获三等奖。

12 月，在教育部科技发展中心组织的 2011 年"高等教育信息化先进评选"中，网络与计算中心获"高等教育信息化先进单位"称号。

12 月，李芝棠教授主持申报的"适应复杂公网环境的安全传输系统（asVPN）研制与应用"项目获得湖北省科技进步一等奖。

本年：

网络与计算中心获得华中科技大学"2011 年度消防安全工作先进单位"称号。

·2012 年·

3 月 24 日至 25 日，顺利完成第 35 次全国计算机等级考试。本次报名人数 7137 人，总合格率为 38.62%。9 月 22 日至 23 日，顺利完成第 36 次全国计算机等级考试。本次报名人数 5924 人，总合格率为 28.19%。

5 月 12 日，网络与计算中心与电子工业出版社联合举办了"高等学校'计算思维和大学计算机基础'教学研讨会"。会议特邀教育部高等学校计算机基础课程教学指导委员会主任、中国科学院院士、中国科技大学教授陈国良和我校网络与计算中心教授李芝棠做主题报告。来自武汉大学、西北工业大学等省内外28所高校的专家、教学负责人和教师90余人参加了会议。

5月22日，于俊清教授指导的"基于Asp.net MVC架构的教学课程信息管理平台"和刘群高工指导的"Android平台上'人找人'导航软件设计与开发"2个项目获批2012年国家级大学生创新项目计划。

8月底，东校区计算机开放实验室完成了"计算机基础实验室改造"项目。该项目由设备处立项，总经费250万元，其中校拨经费100万元、985专项经费94.627万元，网络与计算中心自筹经费55.373万元。项目购置了高性能教学计算机610台，更换电脑桌205张，改造了供电系统。该项目的验收工作由设备处组织于2013年10月底前完成。

8月下旬，同济校区分中心完成了由学校立项的"同济校区计算机开放实验室计算机更新"项目。项目内容包括：改造两个机房，更换计算机100台，显示器190台，机房线路改造200个信息点。项目总经费68万元，其中"计算机机房改造"项目经费50万元，同济校区修购专项经费10万元，同济网络中心投入经费8万元。

8月17日，李芝棠教授主持申报的国家自然科学基金项目"3D H.264视频的无帧内失真漂移隐写方法研究"获批立项。

9月13日，李战春副教授主持申报的"注重学习主体个性化的C++实验体系构建与实践"和胡兵副教授主持申报的"计算机基础课程差异化教学新体系的构建研究"两个项目获得校教学质量工程第六批教学研究项目立项。

9月底，完成了主校区205机房的升级改造，更换了105台计算机和电脑桌椅，在活动地板上粘贴PVC塑胶。投入经费55.7882万元，全部由网络与计算中心自筹。

10月15日，黄晓涛副教授主持的教学研究项目"基于共享资源平台的计算机应用专业大型主机特色方向建设与实践"获得华中科技大学2012年校级教学成果奖一等奖；郑竞力主持的教学研究项目"华中科技大学临床技能网络评价系统的研究与实践"获得华中科技大学2012年校级教学成果奖二等奖。

11月5日，由唐颖负责的项目"大型机房数字化管理的研究"、刘群负责的项目"基于创新能力培养的'C++程序设计'实验教学的研究与应用"、郑競力负责的项目"临床技能数字化平台"分别获得校第九届实验技术成果三等奖。

11月下旬，"网络与计算中心综合改革实施方案"通过学校常委会审议。

12月17日，数据中心建设项目通过验收并投入使用。该项目于2012年9月正式启动，10月完成设备招标采购工作，11月完成设备安装调试工作。

12月21日，电子校务平台综合信息管理平台（一期）项目硬件部分通过验收。该项目于2012年3月正式启动，同年6月完成了软硬件平台招标及合同签订，10月硬件设备到货，统一门户、统一身份认证及统一数据共享与交换平台启动项目调研工作，12月平台基于云计算技术实现了硬件资源的可伸缩及灵活调配，是我校当时最为先进的校园信息化云计算平台。

12月23日，对2012级新生共26个院系5962名学生的"大学计算机基础"课程期末考试全部实行机考，是学校第一门全面实行机考的课程。

本年：

投入176余万元对主校区和同济校区的33栋楼共40个网络机房的设备电源进行防雷设施的建设。共安装1级浪涌保护器33台，2级浪涌保护器46台，3级浪涌保护器77台，避雷针16只，UPS电源6套。

截至12月底，完成了校园无线网二期工程，共计新增加了975台AP，覆盖了主校区和同济校区的教学、办公、图书馆、报告厅等主要公共区域，覆盖面比2011年扩大了约90%，可满足2万余个无线终端用户同时上无线网的需求。完成了学校电子邮件系统的升级，教职工邮箱容量由1 GB升级为2 GB，学生邮箱由100 MB升级为1 GB，同济校区每个用户邮箱扩容到1 GB，新增1 GB网络存储。新增了800M电信带宽。制定了5项校园网安全管理规范及制度。

顺利实施 CERNET 211 三期建设工程的建设任务。主要完成了机房 120 kV·A UPS、200 kW 柴油发电机设备购置论证和部分实施工作；CERNET 211 三期湖北省节点网络设备升级改造，新安装 2 台华为 NE40 设备，为湖北高等学校校园网带宽的接入服务能力提升到 10G 带宽；顺利开通武汉到北京 100G 的网络通信线路，该线路属于 CERNET 第一条 100G 的线路，是国内率先开通的第一条网络传输速率最快的线路。

中心开设本科课程 20 门，136 个课堂，490 个自然班，开课总学时 7466 学时，学生人数 14274 人。完成各类上机任务 2171447 机时。

试行同济医学院学生临床技能知识点掌握情况的数字化评价方法，医学院五年制、六年制、八年制共 5 个年级 774 名学生参与了数字化评价，测试 20 余场。

6 月至 12 月，IBM 组织的全球主机大赛个人赛在网上举行，IBM 技术中心组织了 50 多名学生参加主机个人大赛，有 11 人获得中国赛区二等奖，23 人获得三等奖；6 月至 11 月，IBM 组织的全国 POWER 技术大赛中，我校有一支队伍进入决赛，并获得 POWER 大赛三等奖。

网络与计算中心提出转变思路，从"以建设为重心"向"建设与运维并重"转变，从"以运行为中心"向"以用户服务为中心"转变，提出了"以优质服务求生存，以服务创新求发展"的服务理念。对内部机构进行了改革，实施扁平化管理，将原网络中心下设的三个部门上移由网络与计算中心直接管理，设立用户服务部，负责网络、信息与实验室用户的服务；成立网络运行部，负责校园网主干与核心设备和关键基础应用的运行；成立基础设施与网络维修部，负责机房电源、空调等基础设施建设维护和网络维修。为承担学校数字化校园建设，成立了信息管理部，负责学校数字化校园基础平台和各类信息系统建设、整合、集成等信息化建设。网络与计算中心内部资源集中共享，人员打通使用，加强顶层规划和设计，避免割据封闭、各自为战的局面，自此，适应学校信息化发展的科学合理的内部架构基本形成。同时推进管理工作的制度化、规范化、程序化，落实学校"三重一大"有关规定；改进考核管理办法，加强职工与部门考核。

·2013 年·

1月8日，网络与计算中心新建的用户服务大厅正式启用，用户服务大厅集中了网络与计算中心对外各类业务，为全校师生提供业务咨询与办理的一站式服务，大厅内设有7个服务柜台，同时新增了填单台、触摸式查询机、播放通知信息的大屏幕等便利设施，用户服务环境得到明显改善。

1月10日，秦山秀被评为学校"十佳女教工"。

1月23日，实验室与设备管理处设备采购管理系统、设备管理系统以及主页迁移至数据中心运行；26日，华中科技大学主页迁移至数据中心虚拟机运行。

1月25日，首次承接研究生入学考试网上阅卷工作并圆满完成。

1月30日，完成了网络与计算中心主供电源双回路切换系统设备改造，同时对两个重要回路的电源配电箱进行了升级改造，确保了主供电源和重要回路电源运行的安全、稳定、可靠，使得主供电源、UPS供电和柴油发电机的搭配更趋合理性。

3月5日，由黄晓涛副教授牵头，吴驰、王芬等参加的"基于共享资源平台的计算机应用专业大型主机特色方向建设与实践"项目获得第七届湖北省高等学校教学成果奖二等奖。

3月7日上午，网络与计算中心召开教学指导委员会会议，根据《网络与计算中心优质课堂评选办法》（2011年4月修订），对"C++语言程序设计"和"VB语言程序设计"共32个课堂进行评选，胡兵副教授讲授的"生医1102-1104 C++程序设计"等10个课堂被评为优质课堂。

3月9日，2007级八年制临床医学专业150余名学生使用"同济医学院在线考试系统"在同济校区计算机房圆满地完成了临床阶段考试，国家医学考试中心主任黄广仕、学校教务处副处长厉岩、第二临床学院教学办公室副主任舒涛到现场指导。

3月15日，我校当选为第二届全国高校Power Systems人才培养与校企合作指导工作组组长单位，网络与计算中心副主任康玲教授任组长。

3月28日，由黄晓涛副教授负责申报的"基于计算思维的程序课程改革与实践"项目和青年教师王芬负责申报的"大数据系列课程的研究与改革"获 2013 年校级教改项目立项。

3 月 28 日，网络与计算中心申请的 2013 年教学实验室建设项目"计算机基础教学实验中心计算机更新"获学校批准，校拨建设经费 90 万元，另外网络与计算中心为该项目配套经费 51.6 万元，共投入经费 141.6 万元。项目于 7 月 4 日开始实施，8 月 27 日顺利完成。该项目的建设内容包括：主校区 401、403 机房 1200 平方米地板和 547 张电脑桌更新，购置储物柜 20 个及机房环境整修；同济校区更换 100 台计算机；更换机房老旧空调 46 台。

3 月 30 日至 3 月 31 日，第 37 次全国计算机等级考试在我校顺利举行。本次考试参加人数 6824 人，合格率为 33.92%。

4 月 1 日，正式开通网络与计算中心的腾讯、新浪官方微博。

4 月 12 日，"电子校务平台综合信息管理平台（二期）"项目通过专家论证，正式启动建设。

4 月 25 日，因我校在主机合作项目上的教学和科研成绩突出，荣获了教育部-IBM 颁发的 2012 年度高校合作项目创新协作奖。

4 月 27 日，外国留学生在线申请（支付）系统成功迁移至电子校务综合信息管理平台上线运行，成为我校电子校务综合信息管理平台上线运行的首个业务系统。

4 月 30 日，数据中心虚拟主机监控与备份平台安装配置完成，正式启用。

5 月 8 日，龙涛、周丽娟、郑競力和刘蜀豫申请的四项 2013 年实验技术研究项目获得立项，分别是"大数据与云计算教学实验平台""开放实验室网络监测系统研究与开发""临床实践技能多媒体资源库建设"和"校园网电子邮件账户盗用自动检测"。

5 月 10 日，"华中科技大学至同济校区教育网备份光纤线路建设工程"项目启动，5 月 25 日完工验收。该项目包括从武昌紫阳路接头盒至同济校区机房铺设 24 芯光缆 17068 m，对已有线路（华中科技大学—武汉理工大学—中南财大紫阳路接头盒）进行调试，挑选质量较佳的纤芯作备份光纤线路。

5月14日，中心青年教师龙涛、李伟明和王芬申报的2013年度院系自主创新研究基金项目获得学校批准，经费总额为15万元。

5月23日下午，中心召开部门负责人及教职工代表会议，与会人员全票通过了《网络与计算中心教师分类管理岗位聘任实施细则（试行）》《网络与计算中心教师分类考核实施细则（试行）》和《网络与计算中心2014年工资及绩效津贴分配办法》等三个文件。

6月4日至20日圆满完成2013年教师分类管理岗位聘任工作。根据《华中科技大学关于实施综合改革的指导意见》文件要求和精神，为了切实做好网络与计算中心综合改革工作，网络与计算中心成立了"2013年网络与计算中心教师分类管理岗位聘任组"，6月4日晚上召开聘任动员大会，布置聘任考核工作，到6月20日，经过动员、个人申报、申报材料展示、材料审查、述职、学术评议、投票、公示、申诉、聘任等程序，顺利完成了2013年教师分类管理岗位聘任工作。本次全体教师（除1名出国教师）均聘任上岗，其中教学科研并重型教师岗位3人，教学型教师岗位12人。

6月6日，全国计算机等级考试华中科技大学考试点网上报名系统在电子校务综合信息管理平台正式上线运行，系统采用网上报名、网上交费模式，显著提高了工作效率，共处理有效报名6463人次，系统访问量为14万余次。

6月8日，新版设备管理系统在电子校务综合信息管理平台正式上线运行，该系统是实验室与设备管理信息平台的重要组成部分。

6月10日，校园无线网三期建设（同济校区部分）工程项目启动。

6月13日，实验室与设备管理处组织校内专家对中心两项实验技术项目进行结题验收。专家一致认为张洁卉负责的"移动校园网络服务平台的研究与实现"项目具有较强的实用性和便捷性，使得教职员工和学生可以非常方便地利用手机使用校园网络服务平台；一致认为赵维武负责的"实验教学中网络管理的开发与应用"项目特别适用于我校大机房的教学环境，应该推广到全校其他实验室。

6月15日，新版人事管理信息系统在电子校务综合信息管理平台上线试运行。

6月28日,华中科技大学开源镜像站上线试运行,为广大师生提供了丰富的开源软件镜像下载服务,该系统由启明学院DIAN团队与网络与计算中心负责建设管理,使用数据中心资源运行。

7月8日,为了认真贯彻中共中央《关于在全党深入开展党的群众路线教育实践活动的意见》精神,落实《华中科技大学深入开展党的群众路线教育实践活动实施方案》,网络与计算中心直属支部高度重视,积极组织,注重落实,成立了党的群众路线教育实践活动领导小组;7月9日前,把《论群众路线——重要论述摘编》《党的群众路线教育实践活动学习文件选编》和《厉行节约、反对浪费——重要论述摘编》三本书发到了全体干部和党员手中,要求认真学习;7月10日召开动员大会,制定了活动实施方案;7月30日召开班子成员和各部门负责人集中学习会议;8月28日,共收到学习体会13篇,2篇学习体会刊登在学校教育实践活动专题网站上;9月29日把《论党的群众路线》和《厉行节约 反对浪费》2本学习材料发给全体离退休党员同志学习;8月28日,召开全体教师座谈会;8月30日,召开实验技术人员座谈会;9月2日召开网络与信息化和办公室工作人员座谈会;9月29日下午,召开全体离退休人员座谈会,广泛征求群众意见;9月30日网络与计算中心党的群众路线教育实践活动专题网站开通。

7月,新设301考务办公室,安装了标准化考场视频监控系统,完善了考场功能,提升了服务能力。

7月,启动"11栋办公楼网络布线"项目,12月楼栋割接完毕。项目完成了主校区南五楼、南七楼、东六楼、动力楼、西四楼、西三楼、西一楼、东校区软件学院、生科院、环境学院水工馆、环境学院力学馆共11栋楼的网络综合布线工程方案设计以及方案的实施。

7月,启动校园网大屏监控系统建设,11月完成试运行工作。该平台使用大屏幕显示控制技术,集中监控校园网运行情况,实现了校园网的可视化管理,做到第一时间发现问题和解决问题。系统建设经费28.6万元。

7月,启动校园网呼叫中心建设,12月16日,软件系统上线投入试运行。该系统能提供5座席的话务服务,并可扩展10座席,系统提供知识库模块、故障报修登录模块、维修工单派发模块、维修服务质量考核模块、业务统计模块、语音导航服务模块等。建设经费22万元。

7月,启动华中科技大学学生宿舍网络二期防雷工程,9月完成。共建机房44间,安装一级浪涌保护器44台,二级浪涌保护器44台,三级浪涌保护器107台,以及各相关楼栋防雷接地系统的建设工作。覆盖建筑物包括主校区紫菘1栋至13栋,西一舍至西十六舍(不含西四、西十舍)、东校区成教楼、学苑宿舍、柏景阁。建设经费131.7558万元。

7月,启动华中科技大学学生宿舍网络交换机更换工程(一期)项目,10月完成。共完成了1320台接入交换机,136台汇聚交换机的更换工作,对主校区全部及东校区10栋学生宿舍交换机进行了更换,以上宿舍楼栋全部实现动态IP地址获取,采用学生证号作为上网账号的新型接入方式。

8月16日,李伟明副教授负责申报的国家自然科学基金项目"动态污点分析中的污点传播相似性研究"获得批准,项目经费75万元。

8月29日,李冬负责申报的项目"有效吞吐量最大化的CRN网络跨层资源优化方法研究"获批2013年度校创新研究院技术创新基金面上项目。

9月1日,首次为大一新生开通校园无线网。2013级本科生一入学,即可自动获得一个上网账号,用户名为学号,初始密码是身份证的后六位。所有大一新生,在10月7日前可免费使用自己的账号进行无线上网,到期后可到网络与计算中心购买充值卡,在自助网站为账号充值后,可继续使用该账号上网。

9月3日,于俊清教授申请的项目"物联网安全模型与关键技术研究"获批2013年度校自主创新基金重点专项。

9月18日,完成对南三楼的网络全面升级改造并投入使用。在该项校园网的建设中领先采用六类屏蔽布线技术,为用户计算机提供1000 Mb/s的高速接入,采用两条不同路径的光缆及冗余保护技术,使南三楼的网络设施具有高可用性和抗雷击的防护功效。

9月21日至23日,第38次全国计算机等级考试在我校顺利举行,报考人数6164人,合格率为32.43%。本次考试首次采用Win7操作系统进行考试,服务器在 Windows 2008 Server 的环境下部署,各级别语种也全面更新,经在 3 种不同的机型上反复调试,保证了考试的顺利完成。

9月24日,网络与计算中心直属党支部组织中心党员、入党积极分子和其他教职工 20 余人到"武汉市民之家"参观学习。

6月至9月,为加强安全整改工作,在南六楼分别增设一套覆盖整栋大楼的视频监控系统和红外报警系统,系统视频监控点达到 106 个,温湿度监控点为 97 个。本系统建成后,安全管理能力大幅改善,可视化的管理水平显著提高;更换了安全指示牌、应急灯、安全锤以及 500 平方米窗帘的防火处理工程;改造二楼东安全通道;对外出口新增 7 樘防火门;东校区实验室重新安装一套新的红外报警装置,改造 EPS 电源,安装了机房、走道的应急照明灯;同济分中心更换了灭火器、安全通道指示牌;10月底,柴油机房迁建工程完工;11 月完成主校区网络机房、数据中心机房、托管机房、UPS 机房、IBM 机房和东校区网络机房 5 套气体灭火系统的建设工作。至此,中心完成了保卫处下达的安全整改建议书的全部整改工作,进一步提升了中心整体消防基础防范能力。共投入经费 72 万余元。暑假期间对南六楼 301、302、304 和一、三楼卫生间以及一到三楼楼梯、三楼走廊进行了装修改造。

10月24日,实验室与设备管理处组织校内专家对网络与计算中心 2012 年实验室建设项目"计算机基础教学实验中心的综合更新改造"进行验收,闵艺华老师代表网络与计算中心进行项目验收汇报,专家在听取汇报后实地考察了实验室的改造情况,对改造效果给予充分肯定。

10月30日,网络与计算中心龙涛负责申报的湖北省自然科学基金项目"面向多租户的云计算平台存储资源访问控制模型研究"获得批准,项目经费 3 万元。

11月底,完成校园无线网三期项目。共部署了近 1400 台 AP,新增覆盖了西边体育馆、西边迎新大道、东边迎新大道、西边操场、东边操场、逸夫科技楼数学系、逸夫科技楼物理系、工会、医院、新闻中心、基建处、校史馆、校友会、维稳办、水电学院、同济校区 25 栋教学办公楼无线网络。对认证系统进行了优化,新增 802.1X 认证方式,方便智能终端的使用。工程经费 256 万元。

12月5日下午，中心组织消防检查及消防器材的使用培训，培训内容主要包括防烟面具和水基型灭火器的使用，以及机房七氟丙烷气体灭火系统的使用。

12月17日，中心承担的CERNET"211工程"三期中国教育和科研计算机网主干网和重点学科信息服务体系升级扩容工程——华中科技大学CERNET主干网核心节点建设子项目，通过了由CERNET网络中心在清华大学组织的、采用视频会议方式对该子项目的验收。2013年12月31日上午，教育部在清华大学召开包括该项目在内的38个节点承担的"211工程"三期CERNET的3亿元工程的验收大会，专家组一致同意项目通过验收，并对项目给予高度评价。该子项目的主要建设内容：CERNET华中地区网络机房柴油发电机建设、UPS电源（120 kV·A机头）建设、空调与配电建设，建设经费83.6万元。

12月25日，完成2013年"修购专项""电子校务综合信息管理平台"建设项目，建设经费840万元，校配套经费60万元。该项目的主要建设内容包括：① 电子校务平台资源扩容；② 数据中心服务器资源扩容；③ 云计算管理平台；④ 数据中心监控及备份平台；⑤ 电子校务平台监控系统；⑥ 电子校务平台X86服务器资源扩容；⑦ 虚拟化软件及服务；⑧ 校园网账户在线充值系统；⑨ 计算机等级考试报名系统；⑩ "电子校务应用系统开发"，校相关单位在电子校务平台环境上开发了房产资源管理系统、数字档案管理系统、数字校史馆、网络舆情监测系统、学生注册管理系统、工程审计咨询与服务平台、工程实训信息化平台、科研项目Web管理系统、校友及基金管理信息系统、党员信息管理系统（三期）等应用。

本年：

遵循"以优质服务求生存，以服务创新求发展"的理念，以用户为中心，努力为师生提供优质服务，国庆节期间为所有已开通账号的学生免费上网7天；2013年办公网开通认证和无线上网账号5645个，登记开通VPN账号267个；快速响应用户网络需求，对负责的白云黄鹤BBS网络中心版、华中大学子版、NCS网站、NCS邮箱、学校信息反馈平台等用户反馈渠道收集的意见做到及时回复，回复学校信息反馈平台意见53条、

NCS网站意见反馈407条、NCS邮箱意见反馈2342条，全年为用户在认证窗口推送信息309个；积极做好用户与各部门的沟通工作，全年实现用户对用户服务工作的零投诉。

开设了"C++语言程序设计""VB语言程序设计""网络技术与应用""数据库技术与应用""大学计算机基础""Java程序设计""数据结构"等必修课程和"C语言程序设计"校公选课程，共完成5192学时。人年均432学时。所有课堂的评分均在90分以上，完成夜大教学任务120学时；出版了教材《大学网络技术基础教程》，由电子工业出版社2013年9月出版；发表教学研究论文12篇。

全年完成教学上机任务1447846机时，自费上机688924机时，共计2136770机时。

全年到校科研经费273万元，比2012年增加52.72%。其中纵向经费101万元，横向经费172万元；发表论文31篇，其中SCI收录7篇，EI收录6篇，国际期刊论文7篇，国际会议论文5篇；获得软件著作权6项，申请专利1项；全部科研项目均按照计划顺利进行，2013年结题科研项目37项，在研科研项目40项，其中本年新增项目19项（其中纵向项目9项）。

组织IBM俱乐部及计算机学院、软件学院同学参加IBM大赛。获IBM大型主机个人赛一等奖1名，二等奖2名。

为保护校园网安全，采取了各种网络安全措施，将校园网和地区网DNS服务器联入UTM设备，配置相应规则，有效降低DNS服务器的负载和进一步增强安全防护；撰写了8个网络与信息安全文档，规范、宣传网络安全规定及防护与保障。

同济校区二级汇聚网接口全部实现了百兆电口向千兆光口转换的改造，完成了无线网区域用户IP的扩容和管理IP的分离优化；完成了行政楼、外事楼、法医楼的三个二级光纤接入点的结构性优化，将它们全部优化为网络中心的一级光纤连接点，实现千兆光缆与网络主干直接互联；同济校区内新敷设光缆7km，建立5个室外光缆交接箱，实现了有线网络与无线网络独立光缆层。

完成电源建设任务 9 项，包括：网络与计算中心配电房双电源自动切换的改造工程；"211 工程"三期 UPS 180 kV·A 电源和其相关的配电系统安装、调试、运行建设；"211 工程"三期的 200 kW 康菱柴油发电机安装、调试、运行建设；MGE-UPS 60 kV·A 电源供电系统改造和电池更换；200 kW 康菱柴油发电机的迁移工作；柴油发电机新机房的建设；机房门禁系统和应急照明系统的改造；机房空调应急供电系统建设；机房环境监控系统升级。

全年完成光缆建设任务 11 项，包括：大学生创业实践中心光缆敷设和联网建设；引力实验中心光缆故障检查与抢修；引力实验中心双回路光缆建设（单模）；网络与计算中心北面光缆整理；东五楼 24 芯主干光缆断网抢修；老附中主楼和附楼的光缆转接和迁移到先进制造大楼；西六楼（土木学院）光缆改造迁移；电源应急标识和基本操作规范设计、撰写与实施；光谷体育馆光缆断网抢修；国资办光缆联网建设工程；万兆光缆从网络机房到 IDC 机房的建设。

加大安全工作建设力度，加强安全责任管理，实现全年安全工作零事故。设立安全与卫生巡视员岗位，专门聘请一位同志兼任，基本每天对中心进行安全巡查。

于俊清教授荣获华中科技大学"三育人奖"；贺聿志高工在 2013 年度 CERNET NOC 工作评比中荣获一等奖。

·2014 年·

1 月 3 日上午，网络与计算中心召开教学指导委员会会议，对 2012—2013 年度优质课程进行了评选，共评选出 20 个优质课堂。12 日上午，兰顺碧等 7 名教师被评为主讲教授或主讲教师。

1 月 15 日下午，网络与计算中心召开党的群众路线教育实践活动专题民主生活会。3 月 27 日下午，网络与计算中心召开党的群众路线教育实践活动总结会。通过开展教育实践活动，党员干部及工作人员的工作作风转变明显，服务师生的意识明显增强，推出多项新的服务举措，服务质量得到师生认可。在开展活动的过程中，网络与计算中心加强了校园无线网覆盖工程，推进了师生电子邮箱扩容、校园网网银充值、服务门户网站整合、启用呼叫中心、按服务对象对服务分类并实行限时服务、改善教学机房条件等工作，服务师生的能力和水平进一步增强。网络与计算中心下一步要做好建章立制，完善整改措施，建立长效机制，巩固好活动成果。

1月16日，校园网网上充值系统正式上线运行，学生可直接在校园网自助服务网站进行网费充值，不再需要输入充值卡号和密码，充值数额也有多种选择，最快可在2分钟内完成整个充值过程，月均缴费5000多人次。

1月20日，2013年产学合作专业综合改革项目入选名单公布，我校获得教育部-IBM产学合作专业综合改革项目4项，获批该项目总数为全国高校第一。

1月22日，电子邮件系统完成拓扑优化调整，实现了电信、教育网双前端，提升了电信网用户的访问速度。

1月28日，华中科技大学集成数据查询系统上线试运行，实现了人事、财务、科研数据的集成与查询。

2月27日，网络与计算中心用户服务部被授予华中科技大学"巾帼建功示范岗"荣誉称号。

2月28日，为了向师生和部门工作人员提供更好的服务，网络与计算中心将原校园网服务网站（ncs.hust.edu.cn）与中心主页（ncc.hust.edu.cn）进行整合，统一为ncc.hust.edu.cn。该网站按照教职工、学生和部门三类服务对象对服务项目进行了梳理，师生和部门办事人员可快速找到相应的服务项目，每项业务的办理流程、表格下载都一目了然。

3月7日，完成了学校财务专网的升级改造工作。

3月10日，实现主校区和同济校区之间无线网用户账号漫游功能，使得全校师生在不同校区方便地使用无线网络。

3月15日，华中科技大学云计算自助服务平台及云计算管理平台上线试运行。

3月20日，校园网安全项目通过专家组验收，获得专家组好评，该项目总经费225万元，项目实施近1年时间。

3月20号，教研室主持或参与的三项校级教改项目顺利通过验收，其中"基于计算思维的大学计算机课程体系与教学内容改革"被评为优秀。通过验收的项目是：李之棠、黄晓涛牵头的"基于计算思维的大学计算机课程体系与教学内容改革"、徐永兵牵头的"'大学计算机基础'课程学生学业评价体系改革与实践"、李战春牵头的"注重学习主体个性化的C++实验体系构建与实践"。

3月29日至4月1日，顺利完成第39次全国计算机等级考试工作，本次考试全部实行无纸化考试。主校区考点应考人数6155人次，实考人数4705人次，合格率为32.27%；同济校区考点应考人数632人次，实考人数541人次。

3月30日，利用新建的多波光纤环路，建立跨校区的财务VPN专网和各单位业务服务直接访问通道，其传输带宽达到千兆，有效地保证了同济校区师生访问主校区各专有业务服务的网络质量。

4月2日，校园网统一对外服务电话号码82668837正式启用，可同时接听3路用户来电，并可提供语音留言和网络自助报修功能。师生只需拨打一个号码即可咨询、报修及办理校园网相关业务。该号码接受主校区和东校区校园网用户的办公区网络、学生宿舍网络、校园无线网、电子邮箱、VPN、虚拟服务器申请、校园网域名、网络安全、计算机等级考试等各类服务的咨询和故障报修。

4月11日上午，IBM技术主机卓越中心合作伙伴高校签约仪式在北京举行，常务副校长罗俊院士出席签约仪式并代表学校与IBM公司签署了新一轮大型主机合作协议。签约仪式后，全国十三所主机合作高校召开了主机大学合作项目工作会议，我校被选举为新一届主机高校人才培养与校企合作指导工作组组长单位。

4月13日，网络与计算中心正式实行限时服务，分别按照学生、教职工和部门三类服务对象共梳理出35项服务，各服务项目介绍、办理流程、表格等公布在中心网站上，每项服务均设置了服务完成时限，时限最短的为即时办理，最长为3个工作日。

4月23日，"教育部-IBM高校合作项目年会"在大连召开，我校荣获2013最佳合作伙伴奖，孙肖琏老师荣获最佳合作教师奖。

4月26日，组织了湖北省内相关高校校园网维护技术交流会，相互交流技术，互相学习其他高校的网络结构及未来的建设方向。

4月28日，IBM技术中心运行了9年的大型主机系统z900机器淘汰，迎来了新一轮合作的主机z10。

4月，教研室经过多次讨论、论证，制定了理工类及医科人文类计算机基础课程体系及相应的新的教学大纲。根据学校提出的新课程改革方案要求，对原有的"程序设计基础"和"大学计算机基础"课程进行了整合，以一种具体的程序设计语言为载体，讲授程序设计基本方法与原理，并在此过程中普及计算机的相关基础知识。新课程名称为"计算机及程序设计基础（VB/C++）"。

4月，东校区实验室安装了一套机房视频监控系统；5月至7月，完成了"计算机基础教学实验中心设备更新"项目，对机房空调供电线路进行了改造，更新23台格力柜式空调，更新30台千兆交换机，更换机柜中所有跳线。

5月13日，为做好非IT类专业计算机基础教学工作，了解其他高校同类教学情况，教研室组织部分教师到复旦大学进行调研。通过此次以互动交流、实践研讨的方式促进教学之间的思维碰撞，以便更好地提高课改后计算机基础教学的质量。

5月16日，IBM Power System大学合作项目2014年年会在我校举行。华中科技大学网络与计算中心副主任于俊清、书记王士贤、副主任康玲，IBM研究院云计算架构及基础技术总监林咏华，IBM大学合作部经理李晶晖及来自全国十多所高校的领导和IBM公司相关人员出席了本次活动。

5月，华中科技大学与IBM公司商谈了成立"华中科技大学-IBM大数据分析中心"的相关事宜，并签署了相关协议。5月4日，短信平台升级改造完成。5月6日，SAM系统升级到3.95版。

6月7日，网络与计算中心组织编写的《华中科技大学校园卡系统技术方案》通过第一轮专家论证，6月14日，该方案通过第二轮专家论证。

6月30日，华中科技大学云计算服务平台正式上线运行，平台面向学校二级单位提供基础设施云计算服务。

6月，黄晓涛老师牵头申报的题目为"文科大学计算机课程体系和内容改革与实践"教学改革项目获2014年校级教改项目立项。

7月2日，全校公共基础课"C＋＋程序设计"顺利进行了期末上机在线考试。

7月10日至20日，主校区计算机开放实验室更换了34台千兆交换机，排除50多处网络单点故障。7月21日至25日，安装调试新的等级考试服务器6台，保证了第40次等级考试工作正常进行。

7月16日至8月3日，同济分中心完成形态楼五楼计算机开放实验室300 m² 天花板吊顶拆旧换新；六楼实验室250 m² 静电地板拆旧换新；五、六楼实验室墙面粉刷600 m² 和楼道路灯改造。

7月，华中科技大学学生宿舍网络交换机更换工程（二期）项目完成，实现全校学生宿舍交换机更新，全校学生宿舍动态IP上网，所有学生账号改为学号。

7月，为迎接教学评估检查，对二、三楼机房和公共走道等进行了墙面裂缝修补和整体墙面刷白；8月底，对实验室的所有教学计算机进行软件升级和打系统补丁。

8月7日至8日，2014年CERNET华中地区（三省）网络建设研讨会在河南省安阳市召开。会议由CERNET华中地区网络中心、CERNET湖南省主节点、河南省教育科研计算机网网络中心主办，安阳师范学院承办，来自湖北省、湖南省、河南省、江西省（特邀）CERNET会员单位的200多名负责人和技术人员参加会议，会议就"新一代校园网的建设与管理"进行了广泛的学术交流。会上，我单位于俊清教授作"合作共享，共谋发展，提升网络服务水平"专题报告、李芝棠教授作"网络空间安全的基本问题"专题报告，在"校园网安全分论坛"上，李伟明作"网络主机内存取证和分析"技术报告、周丽娟作"校园网安全防护的几点经验"技术报告，在"网络运维分论坛"上，柳斌作"使用集中式802.1X构建校园网认证系统"技术报告。

8月9日，网络与计算中心组织起草的《华中科技大学校园卡系统银行对接技术协议》通过专家论证。

8月18日，校园无线网四期建设工程项目（含同济校区）全面启动。

8月23日，注册中心硬件设备整体迁移至网络与计算中心机房工作顺利完成，迁移过程中，对部分应用服务器进行了更换并将注册中心数据库系统迁移至学校核心数据中心。本次迁移提升了注册、选课等教务应用系统的处理能力，能够为相关工作提供更好的信息化保障。

8月26日，网络与计算中心南六楼门楼装修改造工程竣工，办公楼面貌焕然一新。

8月7日至8月24日，同济分中心形态楼六楼实验室购置150把电脑椅、完成100台主机安装调试、对监控室进行了改造和办公家具更新；在五楼实验室安装多媒体投影系统及语音功放系统一套。

8月27日，华中科技大学校园卡系统数据中心软硬件招标工作全部完成。

8月，根据新课改的教学要求，教研室组织全体教师利用假期编写两门核心课程的教材，《计算机与程序设计基础（C++）》讲义已完稿供2014级新生一年级使用，《计算机与程序设计基础（VB）》在修订完善中。

8月，IBM公司对新z10机器进行了安装和调试。

9月6日，同济校区校园卡系统部分工程完成：主机房双回路电源改造、服务器机柜更新、饮食中心校园卡专网光缆建设。

9月23日，为简化校园网入网手续，网络与计算中心为所有已注册的学生推出自助开通宿舍入网账号的功能。

9月，校园无线网四期工程启动；校园网DNS设备和认证服务器更新完成，核心设备N7000、N18K设备到位并测试。

11月24日至27日，CERNET第二十一届学术年会在北京召开，会议由中国教育和科研计算机网CERNET管理委员会主办，CERNET网络中心、CERNET专家委员会、北京市教育厅协办，清华大学、北京大学、北京邮电大学承办，会议主题是：CERNET与中国互联网同行。网络与计算中心研究生程俊霞、冯兵、花广路分别做了"一种基于SVM过滤的微博新闻话题检测方法""基于灰度-梯度共生矩阵的图像型垃圾邮件识别方法""一种基于H.264/AVC视频的低频隐写算法"等三篇学术论文的交流。

本年：

完成校园网 DNS 等关键服务器升级改造，购置 8 台 DELL R720 服务器，对关键服务 DNS、上网认证、DHCP 以及 VPN 等进行加固和升级改造，提升服务器的处理和容错能力，提高网络可使用率和上网用户的用网体验。

完成部分校园网接入层交换机的更新，已购置 1333 台交换机，在 2013 年交换机更换（一期）基础上，对全校使用连续 10 年以上的老旧交换机进行更新。已完成东校区 20 栋学生宿舍和同济校区 17 栋楼（或单位）的交换机更新。

正在进行办公区部分楼宇网络布线建设，对主校区防伪中心、西八楼、化学楼前后楼、新动模前后楼、大电机、西二楼、东五楼、东七楼、东八楼、东四楼和南一楼共计 11 栋楼宇进行结构化布线改造，实现网络接入的规范化和标准化的管理。

更新校园网核心交换机，购置 2 台扁平化核心交换机、2 台 CISCO Nexus 7010 数据中心交换机，构建稳定可靠的校园网核心层，通过虚拟化技术为一卡通专网、财务专网、校园信息化平台、云存储和云计算平台，以及大数据处理提供高速的网络支撑；将同济校区与主校区的网络互联带宽由千兆升级为万兆，实现校区之间不同业务的相互隔离。

进行校园网机房精密空调建设，购置 6 台大金（FDYQ500PY1L）空调；完成校园网机房吊顶改造招投标评审和立项，通过改造建设，解决局部环境过热导致设备突然关机的安全风险，大幅提升校园网机房空调系统的制冷量和空调设备运行的安全性。

校园无线网四期建设工程，完成了建筑与城市规划学院无线网建设及图书馆新馆 70 个无线信息点的建设；购置了 1848 台无线接入设备（AP）、6 台无线接入控制器（AC）及 145 台 POE 交换机，分别在主校区、东校区和同济校区进行安装。校园无线网四期建设优先保障校园公共区域无线网建设，实现同济校区公共区域及学生宿舍无线网全覆盖，主校区、东校区公共区域 90% 的覆盖。

积极开展校园卡系统相关项目建设。主校区校园卡管理中心装修建设项目已完成招投标评审和立项，并启动主校区校园卡管理服务中心装修；经过招标，签订了校园卡专网建设的"购置专网接入交换机93台设备""购置专网核心交换机""购置专网波分OTN设备""购置专网系统安全—漏扫设备"等合同，设备已到货；经过招标，签订了校园卡系统数据中心建设的"校园卡系统数据中心负载均衡服务器""校园卡系统数据中心刀片服务器""数据中心交换机""校园卡系统数据中心存储系统"购置合同，设备已陆续到货；确定了校园卡系统网络光缆建设方案，即将开始招标；同济校区分中心机房改造基本完成；完成部分光缆敷设（学生食堂、教工一食堂）和接头熔接、双回路电源改造，完成电缆放置、机房服务器机柜更新改造。

· 2015 年 ·

1月6日，校园卡专网光缆敷设工程竣工，共建设主校区和东校区48 km的光纤网络，同济校区1.25 km的光纤网络，建立各接入点到汇聚节点，各汇聚节点到主干的光纤网络。

1月，李赤松获校教学研究项目立项——"基于项目学习的'计算机与程序设计基础（C++）'课程教学研究与实践"；黄庆凤获校自主创新项目立项——"投影寻踪理论在移动自组网信任评估中的应用"。

3月10日，校园卡专网正式上线运行。

3月，黄晓涛获软件著作权——"大数据基础实验自动评判系统"。

4月9日，将认证系统原7位人事编号账号全部升级为10位人事编号账号，全校所有人员编号统一为10位。

4月15日，启动办公楼综合布线项目（四期），完成大学生活动中心、逸夫科技楼、分析测试中心、老保卫处、校报编辑部、液压楼、内燃机楼、新动模楼、设计规划院、煤燃烧实验室、东十楼共十一栋办公楼的结构化布线工作，其中有线信息点1080个，无线信息点205个，共计信息点1285个。

4月25日，校园卡系统上线，校园卡取代了饭卡、借书卡、上机卡等一系列卡片，解决了校园内长期存在的多卡并存、卡证繁杂的问题。共发行校园卡16万余张，其中教工卡25166张，学生卡72359张，消费卡55160张，普通卡8653张及功能卡17张。在主校区、同济校区和东校区分别建设了校园卡服务大厅，同时在不同地点部署了937部POS机、98台自助服务终端设备和4台自助补卡设备，设置了17个现金充值点。实现学校各食堂、超市、图书馆、校医院、电瓶车充电桩及校内循环车等处的消费功能，图书馆门禁、图书借阅等功能，以及校医院人工、自助挂号及门诊功能。全年校园卡系统处理资金过亿，日均交易额达到百万元，系统运行安全稳定，校园一卡通初见成效。

4月，校园网开通网银直充功能，学生登录http://myself.hust.edu.cn自助服务网站，然后依次点击网银充值、选择充值金额、登录网银充值，最后按步骤完成网银缴费即可，成功后还可查看充值记录。

5月7日至9日，CERNET湖北省2015年学术论坛在宜昌市召开。会议由CERNET华中地区网络中心、湖北省教育主管单位指导，赛尔网络有限公司湖北分公司主办，三峡大学协办，来自湖北省CERNET会员单位的120多名负责人和技术人员参加会议，会议就"未来互联网和教育信息化"进行了广泛的学术交流，于俊清主持了高校信息化建设与发展论坛，周丽娟在校园网建设与运维论坛做了"校园网安全防护的几点经验"的报告，吴驰在高校信息化建设分论坛做了"华中科技大学信息化基础平台介绍"的报告。

5月，"云计算自助服务平台"上线，极大地简化了虚拟主机申请流程，提高了开通速度，获得用户好评。

6月，李战春获校教材《计算机与程序设计基础（C++）》立项。

7月3日，启动五栋宿舍无线覆盖项目，8月项目完成，共部署无线AP设备210台，覆盖主校区东二舍、东三舍、东四舍、东五舍和东八舍，实现无线信号发射器入室，进一步增强用户无线信号强度。

7月15日，启动校园无线网五期项目，12月项目完成，共部署无线AP设备4700台，覆盖了主校区东十楼、工程训练中心、医学图像中心等30余楼栋，覆盖了同济校区8栋学生宿舍及两栋办公楼。

7月，同济校区所有教学办公楼完成了校园无线网的公共区域覆盖，至此，同济校区所有楼栋均实现公共区域的校园网无线信号覆盖。

8月,计算机基础教研室在科学出版社出版了十二五规划教材《Visual Basic 程序设计基础》和《Visual Basic 程序设计基础学习指导书》。

9月,完成认证系统功能升级项目,完成客户端升级、密码自动找回、与各信息系统对接等功能;同济校区下发第一批校园卡,校园卡系统正式上线投入运行;黄晓涛获教育部人文社科项目——"校企深度合作大数据人才培养模式研究与实践";李赤松获2015年校教师教学竞赛二等奖;计算机基础教研室在电子工业出版社出版了《程序设计基础(C++)》和《程序设计基础(C++)学习指导书》;黄晓涛获华中科技大学"三育人积极分子"。

10月30日,郑竞力等同志的"华中科技大学电子校务综合信息系统相关数据标准建立及功能开发"和章勇等同志的"网络用户仿真测试系统研发"荣获华中科技大学第十届实验技术成果奖三等奖。

10月,数据中心对数据库服务器进行升级,采购服务器4台及存储设备1套,新增虚拟主机近20台。

11月11日,"学生宿舍网络设备间整改"项目招标完成,并于2015年11月25日签订合同。2016年2月2日项目实施完成。该项目完成了57栋学生公寓的网络设备间整改,共更换网络跳线29909条,更换交换机互联线1496条,另外更换了5个机柜和57个配线架,增补了200个PDU,修复了42段布线线槽,完成了机柜中线缆整理和标识。网络传输质量得到进一步提升。

11月23日至26日,CERNET第二十二届学术年会在江西省南昌市召开,会议由中国教育和科研计算机网CERNET管理委员会主办,CERNET网络中心、CERNET专家委员会、江西省教育厅协办,南昌大学承办。会议主题是:网络空间安全保障教育信息化。网络与计算中心研究生周需在学术论文交流论坛做了"一种基于H.264/AVC的新型视频隐写算法"的报告。

11月,数据中心采购正版数据库软件授权许可;黄晓涛获教育部-IBM授予"IBM优秀教师"称号;黄晓涛获2015年校教学质量优秀奖二等奖。

12月10日,校园卡专网重铠光缆建设项目验收,食堂等重点校园卡节点使用重铠光缆接入,大幅提高专网稳定性。

12月,数据中心开始使用堡垒机业务后台维护操作进行审计。黄晓涛获全国大型主机应用大赛优秀指导教师。

本年:

对主校区科技楼等10栋办公大楼进行结构化布线,部署信息点1285个,对东校区图书馆等10栋楼的出口带宽从百兆升级到千兆,并进行IP地址动态化改造,办公楼网络接入环境明显改善。首次完成大学生活动中心等11栋办公楼的门禁综合布线工作,部署信息点459个。主校区校园网出口带宽扩容升级,由4.5 Gb/s升级到6.65 Gb/s。对网络主机房的UPS和供电系统进行了改造,同时对西九楼等二级节点设备间供电结构进行调整,消除其他供电与网络共用产生的安全隐患,网络设备用电安全等级明显提升。对同济分中心网络主机房进行了改造,主机房面积扩充了60余平方米。新增部署6台网络安全设备,分别用于Web应用防火墙、网络安全审计和堡垒主机,网络安全监控和防护能力进一步增强。

建成以教职工和学生基本信息为核心的基础数据库和数据交换平台,基本实现了学校主要业务系统间的基础数据自动交换。共接受并处理人事、HUB、学工、设备管理、信息门户等10余个业务系统的基础数据交换申请,数据记录交换量100余万条。电子邮件系统运行平稳,完成了同济校区电子邮件系统与主校区电子邮件系统的合并,正式启动了升级建设。"短信通信平台"支持了HUB系统等发送通知等短信百万余条。

完成"大学计算机基础"和"程序设计基础"的课程整合,编写并出版了新课程教材《计算机与程序设计基础(C++)》和《计算机与程序设计基础(VB)》;继续开展学生学业评价体系改革,采用包括阶段测试、上课和上机表现、上机作业及课外练习等多元化学习测评系统;在教学资源平台上推出"计算机与程序设计基础(C++)"、"计算机与程序设计基础(VB)"系列微课程,微课程针对相应的知识组织教学,有案例分析、实验讲解和课程内容的归纳。获得校教师教学竞赛优秀奖二等奖1项、校教学质量优秀奖二等奖1项。获得国家自然科学基金1项,全年到校科研经费194.2万元，发表论文12篇，获得软件著作权和申请专利6项。

获得"华中科技大学2015年度信访维稳工作先进集体""华中科技大学2015年度宣传思想文化工作先进集体"。

·2016年·

1月，李赤松获省教学研究项目立项——"基于项目学习的'计算机与程序设计基础（C++）'课程教学研究与实践"；黄庆凤获校教学研究项目立项——"'数据库技术及应用'课程资源建设"。

4月6日，认证系统功能升级，实现主校区与同济校区认证系统合并，用户在校区间无缝漫游使用校园网，启用日志组件，大幅提升日志查询速度，实现与华中大微校园功能对接，提供移动设备上的校园网自助功能，实现校园网账号自动开户、与短信网关对接自助找回密码等功能。

5月10日，启动办公楼综合布线项目（四期），完成工程实训中心、同济校区9栋办公楼的结构化布线，共计信息点2070个，并首次在校内办公区使用GPON光纤入室技术。

5月，数据中心开始启动信息系统等级保护工作，此后每年进行等保测评备案。

6月7日，完成西十六舍、东六舍、东八楼、西九楼、东九舍～东十三舍二级节点上收工作，实现校园网大二层改造。

6月16日至17日，CERNET湖北省2016年学术论坛在黄石市召开。会议由CERNET华中地区网络中心、湖北省教育主管单位指导，赛尔网络有限公司湖北分公司主办，湖北师范大学协办，来自湖北省CERNET会员单位的130多名负责人和技术人员参加会议，会议就"信息安全和教育信息化"进行了广泛的学术交流。于俊清在会上做了信息安全和教育信息化的专题报告。

6月17日，《华中科技大学"十三五"信息化发展规划》发布。规划经2016年5月10日第十二次校党委常委会审议通过。规划提出了通过"十个一"工程建设全国一流智慧校园的目标。"十个一"是指，在技术上实现"全校一张网，基础一平台，网站一个群，数据一个库，集成一总线"，在为师生服务上实现"上网一个号，信息一个站，消息一通道，校园一张卡，办事一张表"。"十个一"成为我校信息化的重要品牌，在全国高校信息化界产生了很大影响。

6月，同济校区的校园网认证系统与主校区校园网认证系统合并，完成了两校区教职工和在校学生的认证账号合并，实现了"全校一张网"的统一准入。阙向红获校教材《计算机与程序设计基础（VB）》立项。

7月15日，启动无线网六期项目，12月项目完成，共部署了无线AP 13000台，覆盖了主校区紫菘、韵苑、沁苑等66栋学生宿舍，实现了主校区学生宿舍无线全覆盖。

7月18日，新版信息门户和统一身份认证系统二期上线运行，信息门户目前已成为师生在PC端获取信息的重要渠道，日均访问用户约3000人次；统一身份系统已与HUB系统、OA系统、人事系统、实验室与设备管理系统、校园卡系统、电子邮件系统等19个重要业务系统实现集成。"华中大微校园"上线运行，包含了应用中心、通知公告、每周会议、学校公文、OA系统、消息中心、安全讲座、学校校历等十余个栏目，其中应用中心已集成教学、校园卡、财务和数据等四大类共二十余个应用。

7月，王芬和黄庆风获2016年校教学质量优秀奖二等奖。

8月，在数字迎新平台http://freshman.hust.edu.cn/的新生导读栏目，介绍了校园网的开通、学校邮箱使用指南、校园卡的使用方法；新入学的博士生、研究生、本科生（不包含外国留学生），其邮箱、上网账号由智慧华中大统一生成账号和初始密码；同济校区学生宿舍完成校园无线网的入室覆盖。

9月10日，电子邮件系统XT5版本升级。实现邮件UI响应式改造，同时增加邮件微信达到通知、邮件自助查询、邮件规则匹配等功能，提高邮件系统性能和用户体验。

9月，数据中心进行二期建设，重点是网络改造，增加了核心交换机1台，服务器8台，存储1套；黄晓涛获批校责任教授课程"计算机与程序设计基础"。

10月24日至27日，CERNET第二十三届学术年会在重庆召开，会议由中国教育和科研计算机网CERNET管理委员会主办，CERNET网络中心、CERNET专家委员会、重庆市教育厅协办，重庆大学承办。会议主题是：乘"互联网＋"浪潮，推进教育信息化的创新。网络与计算中心研究生贺玄、汤俊伟、赵斌分别做了"基于动态污点跟踪的敏感文件泄露检测方法""Android应用软件漏洞静态挖掘技术"和"利用动态污点跟踪优化模糊测试的方法"等三个专题报告。

10月，完成"互联网＋"期间网络保障任务；校园网出口接入联通2G带宽资源，提高校园网用户上网体验；同济校区的校园网环控监控系统工程启动，第一期工程完成25个主要设备间环境监控和视频监控的项目建设，实现校园网运行环境的24小时自动监控。

11月21日，正版软件服务平台上线运行，为师生提供正版软件服务，首次上线引入微软操作系统全系列软件、Office办公全系列软件。当年有1.7万名教师和学生注册使用，Office激活7000余次，Win 10激活2000余次，Win 7/Win 8激活1000余次。

11月，建成了数据备份中心，采购备份服务器8台，备份软件1套，备份存储设备1套，磁带库1台，实现了对核心数据中心、二级数据中心及校园卡系统数据中心的统一数据备份管理。校园网出口接入电信1G带宽资源，提高校园网用户上网体验；成功承办第三届全国高校软件定义网络（SDN）创新应用开发大赛。

12月22日，网站群平台上线。全校所有二级学院以及职能部门站点进行集中管理与维护，极大提高安全管理能力，为二级学院等单位减轻运维负担。档案馆、网络与信息化办公室等10个单位的新版网站上线运行，当年收到88个网站的入驻申请。

12月30日，网上办事大厅信息平台上线。首批开发上线20余个办事或服务流程，主要为科发院、人事处、校长办公室、档案馆、本科生院、网信办等部门的流程，包括横向科技合同审批、在职教职工因私出国（境）申请、研究生查询本科（外校）成绩档案申请、公用邮箱申请、校园网信息推送申请、办公区入网申请、无线网会议账号申请等全部实现网上申请和办理。此外，还集成了HUB系统部分原有流程，主要包括借教室、四六级报名、学籍异动申请、学期注册、基本身份信息变更申请、教师成绩录入、研究生招生资格申请等。总流程60余个。

12月，校园网光缆扩充改造工程（一期）项目竣工，该项目实施后，实现了主校区主干道路架空光缆入地，建成了地下光缆环网。

本年：

对工程实训中心和同济校区9栋办公楼进行结构化布线，办公楼网络接入环境明显改善。主校区新建60余平方米的UPS电池房，消除与其他设备共用产生的安全隐患，安全等级明显提升。对西十六舍、西九楼和东八楼等3个二级节点进行了无源化改造，同时对主校区和同济校区99栋学生宿舍设备间的网络设备供电系统和进户电缆进行了升级改造，更换了学生宿舍网络机柜的网络跳线，大大提升了安全性和可靠性。对"全校一张网"工程进行规划和设计，紫荆路和迎宾路的光交接箱已经部署完成，同时道路沿线架空光缆入地改造也完成，"全校一张网"雏形已经显现。对西二区教工住宅采用全光网络（PON）技术，建设电力智能远传网络，实现远程抄表，大大提升了学校水电节能的信息化管理水平。完成了校园无线网六期项目，新增部署了约12000台AP设备，覆盖了主校区70栋学生宿舍和同济校区10栋办公楼。为了配合"互联网+"创新创业大赛，对一号楼、八号楼、启明学院、西十二楼和光谷体育馆进行了无线网络的增补，其中光谷体育馆的无线网可以满足3000人同时流畅上网。

对核心数据中心和二级数据中心进行了扩容改造，核心数据中心增加4路X86服务器8台、高端四控存储设备1台及数据中心交换机1台，共计增加CPU 384核、内存2 TB及存储容量100 TB；二级数据中心增加2路刀片服务器5台，存储设备1台，共计增加CPU 80核、内存1.2 TB及存储容量100 TB。此外，为了进一步保障数据安全，提高备份策略和管理的统一性，建设了统一备份中心，实现了对核心数据中心、二级数据中心及校园卡系统数据中心的统一数据备份管理。为了进一步提高数据分析能力，建设了数据分析中心，其中包括由16台X86集群组成的大数据分析平台和由大容量存储设备、X86服务器及数据分析软件组成的网络信息化日志采集分析平台。

校园卡系统完成了10个子项目的建设，主要包括校内循环车消费、体育场电子储物柜、体育锻炼管理及学生体质健康标准测试、会议签到、自动售货机购物、博士生公寓房间门锁、学生宿舍门禁、食堂后厨门禁、计算机开放机房收费、生科院大楼门禁等，为师生提供了更加丰富多样的服务，初步实现了"校园一张卡"。

积极推进教材建设，完成《数据库技术与应用》的讲义编写；积极参与MOOC建设，"计算机与程序设计基础（VB）"MOOC课程录制完成。获批国家重点研发计划项目1项，全年到校科研经费121.5万元，发表论文12篇，获得软件著作权和申请专利4项。

· 2017 年 ·

1月，张晓芳获校教学研究项目立项——"基于MOOC的程序设计语言混合式教学"。

3月21日，SAM认证系统自助网站增加统一身份认证入口功能，清理弱密码账号1.4万个，推出Windows、Linux、MAC新版认证客户端。

3月，MOOC课程"VB.NET程序设计"在中国大学MOOC平台上线；数据中心对校园卡数据库进行了升级和远程容灾配置。

4月25日，建成网络管理数据中心，包含16台计算服务器和100 TB存储空间，网络管理数据中心运行有iptv、speed测速、日志平台、认证服务等多项网络服务。

4月，同济校区完成校园网主机房第二套UPS系统采购，实现核心机柜的双CPU供电，将市电中断后校园网主机房继续正常运行的有效时间提高了一倍，达到了12个小时以上。

5月10日，校园网运维数据中心上线，为网络应用及测试提供重要运行环境。

6月8日，电子邮件系统上架安全网关设备以加强安全防护。

6月15日，完成eduroam与认证系统对接开发，eduroam服务完成调试上线。

6月16日至17日，CERNET华中地区2017年学术论坛在十堰市召开。会议由华中地区各省教育主管单位和CERNET华中地区网络中心、河南省教育科研计算机网网络中心、CERNET湖南省节点指导，赛尔网络有限公司湖北分公司主办，湖北医药学院协办，来自华中地区CERNET会员单位的380多名负责人和技术人员参加会议，会议就"大数据、云计算、网络安全、智慧校园"进行了广泛的学术交流。于俊清主持"高校信息化建设与发展论坛"。

6月21日，校园卡电子账户启用，已实现校园网充值和图书馆缴费等功能，为校园卡无卡化支付的发展奠定了基础。

7月6日，启动无线网覆盖增补项目，共部署无线AP设备2950台，升级换代了东九楼、西十二楼、东十二楼、柏景阁无线设备，覆盖了西十一楼、虹景留学生公寓、电气大楼、附小、引力中心一期、焊接楼、西三区留学生宿舍共12栋楼以及西四舍、教八舍等楼栋。

7月，黄晓涛获教育部-google产学协作育人项目"优秀教师"奖教金。

8月18日，华中大微校园上线运行，集成了电子邮件、办事大厅、失物招领、华中大地图、校园网服务、校园卡服务、校园宣讲会、校园活动等多个微应用。

8月，数字迎新平台（http：//freshman.hust.edu.cn）上线，介绍了校园网账号、邮箱、统一身份认证、校园卡、新生上机等信息，本科大一新生可免费使用一个月校园网（当年9月底），期满后可自助开通；完成将东校区计算机开放实验室的205、206、207三个房间改造，建成一个新的教学机房（206机房），改造后的新机房面积约130平方米，安装部署计算机68台，可供两个自然班同时进行实验上机。

9月1日，正版软件平台提供Matlab正版化服务，进一步满足师生需求。

9月，"校园网出口网络改造"项目竣工，本项目包括"高性能链路负载均衡设备""网络波分复用设备扩容板卡套件""Sigma E6流量控制设备扩容板卡套件"三个子项目，项目建设涵盖了校园网出口负载均衡、流量控制，以及主校区和同济校区之间互联网络带宽，解决了这些关键区域的设备瓶颈问题，有效提高了校园网出口及校区间互联的可靠性和处理性能，提升了校园网维护管理水平；"校园网光缆扩充改造工程（二期）"项目竣工，共敷设备类光缆125 km，累计6063芯公里，熔接17400芯，建设光交接箱8台，实现了校内"两横四纵"主干道路内的架空光缆全部入地改造；CERNET 湖北省网络安全与信息化委员会成立；同济校区建设了远程灾备中心；黄晓涛获教育部-google 协作育人项目立项——"大数据基础"课程建设与实践；张建国获校教材《数据库技术及应用》立项；张晓芳获校"三育人积极分子"。

10 月，建设了数据中心运维监控平台，对设备和业务运行状态进行集中监控和展示。

11 月 19 日至 23 日，CERNET 第二十四届学术年会在山东省济南市召开，会议由中国教育和科研计算机网 CERNET 管理委员会主办，CERNET 网络中心、CERNET 专家委员会、山东省教育厅协办，山东大学承办。会议主题是：互联网＋助力高校发展，信息化创新一流大学。于俊清在"中国高校 CIO 论坛"开放论坛上做了专题报告。

11 月，网络与计算中心成功承办第四届全国高校软件定义网络（SDN）创新应用开发大赛；张晓芳和李赤松获 2017 年校教学质量优秀奖二等奖；江敏获校青年教师竞赛二等奖。

12 月 12 日，VPN 系统与统一身份认证对接，进一步方便师生使用。

12 月 16 日，教师个人主页上线，教师通过学校统一身份认证登录后，只需简单地填写相关内容并通过审核后即可自动生成个人主页。

12 月 25 日，主校区师生服务中心正式启用。中心秉持"办事一站到底、服务永无止境"的理念，坚持"依法办理、规范公开、高效便捷、师生满意"的原则，以集中式受理、一站式服务为特色，以为广大师生提供"方便、高效、舒心"优质服务为目标，将尽最大的努力为全校师生提供优质、满意的服务。师生服务中心与网上办事大厅平台共同构建了线上线下一体的智慧化办事服务体系，成为全国高校"一站式"服务的典范，数百所高校同仁前来参观调研。

12 月 28 日，统一通讯平台上线运行，可精准发送各类短信、微信和邮件等信息，真正实现"消息一通道"。

12 月，数据中心虚拟防火墙建成，对云平台虚拟机进行整体防护；CERNET 20G 带宽扩容接入测试，大幅提升校园网出口带宽容量，显著改善校园网用户体验；同济校区校园网出口完成升级改造，实现了双出口的流量负载均衡。

本年：

推进"全校一张网"工程建设，完成"校园网光缆扩充改造工程（二期）"、后勤集团饮食总公司搬迁光缆改造和主校区喻园大道以南架空光缆及废弃电杆的清除工作，"一张网"工程的主校区光缆环网基本形成。加强网络与信息化核心基础设施的保障能力建设，完成机房配电辅助系统建设、UPS电池的更新、UPS电池房气体灭火系统建成投入使用，完成所有校园网设备间的机柜理线和消防安全整改，电子巡检系统建成投入使用。完成了校园无线网七期项目，无线网新增覆盖附小、动力楼、引力中心、新电气大楼、虹景学生公寓、西四舍、材料实验室等11栋楼，新增了AP设备2000余台。完成"校园网出口网络改造"项目，采用主备技术和负载均衡技术，将校园网、CERNET出口与省网合并，并对出口线路进行优化调度，高峰时出口流量达到16 Gb/s，极大增强出口线路的可靠性和网络运行速度。完成同济校区校园网出口的升级改造和校区光缆互联波分设备的万兆升级，为未来两校区统一出口和两校区间做信息系统的异地容灾备份提供了带宽的保证。

进一步规范管理二级数据中心，完成330个二级单位网站迁移和清理工作，协助宣传部完成学校主页和新闻网的改版工作，并将学校新闻网纳入网站群平台管理。建成以教职工和学生基本信息为核心的基础数据库和数据交换平台，基本实现学校主要信息系统间的基础数据自动交换。制定出台华中科技大学基础数据标准1.0版。建设并完成统一数据共享平台、校园软件正版化二期、网站群平台一期、电子邮件系统升级、邮件安全网关、教师个人主页、灾备数据中心建设、虚拟机安全防护工具、数据中心运维监控软件、三级应用系统安全等级保护测评等项目。完成同济校区学子苑学生宿舍门禁系统、图书馆医学分馆门禁系统、医学院职工医院HIS医疗管理系统和同济校区办公教学区门禁系统与校园卡系统的对接。

校园卡移动应用在华中大微校园全面上线，师生可直接在手机上随时办理充值、绑定银行卡、查询余额、消费提醒、修改密码等校园卡业务。实现校园网充值和图书馆缴费等功能，校园卡扫码支付功能上线试运行，实现了学校超市、自动售货机和部分食堂窗口的无卡化支付。

"计算机与程序设计基础（VB）"MOOC课程在中国大学MOOC课程网站上线，选课人数突破5000人。张晓芳、李赤松获校教学质量优秀奖二等奖，江敏获校教师竞赛二等奖，张晓芳评为校三育人积极分子，黄晓涛等获得校教学成果奖三等奖。获批国家重点研发计划子项目1项，全年到校科研经费167.54万元，发表论文13篇，授权专利5项。

获得"全省网络安全等级保护工作先进单位""华中科技大学2017年度信访维稳工作先进集体""华中科技大学2017年度消防安全工作先进单位"。

· 2018年 ·

1月3日，开通教职工网上申请VPN流程，实现网上申请、网上审批和网上开通，进一步方便教职工。

1月15日，校园卡系统无卡化支付平台上线，师生可使用校园卡电子账户进行校内无卡化支付。

1月，配合学校和网络与计算中心的安排完成开放实验室重大调整工作：拆除了南六楼的四楼机房；将南六楼205、401、403机房的计算机600余台调配至东校区机房；对东校区301机房的电脑桌、网络环境和电源重新改造。

3月9日，基于ITIL的统一、集成、开放并可扩展的网络与信息服务及运维管理系统（新呼叫运维系统）上线试运行。系统通过与统一身份认证、华中大微校园、呼叫中心、SAM系统的集成，实现用户微信、语音留言、电话等多渠道故障申报集中统一管理，从而实现对各类运维故障的全面采集、及时处理与合理分析，实现运行维护工作的智能化和高效率。

3月，"校园网光缆扩充改造三期"子项目"西区光缆维修工程"项目竣工，共建设光交接箱2台，各类光缆26.7 km，熔纤3536芯，实现了主校区西区相关道路范围内的架空光缆全部入地改造。

4月24日至26日，CERNET湖北省2018年学术论坛在咸宁召开。会议由CERNET华中地区网络中心、湖北省教育主管单位指导，赛尔网络有限公司湖北分公司主办，湖北科技学院协办，来自湖北省CERNET

会员单位的140多名负责人和技术人员参加会议，会议就"基础网络、网络信息化和网络安全"进行了广泛的学术交流，于俊清做"新时代高校网络安全和信息化工作思考"的报告，王士贤做"高校一站式服务信息化建设探索与实践"的报告，李冬做"CERNET湖北省IPv6部署推进思考"的报告，周丽娟做"关于校园网安全管理的思考"的报告。

5月8日，网站群平台运维大屏展示系统上线，开通附属医院用户网上申请VPN流程。

6月6日，正版软件服务平台提供激活次数在线申请服务，进一步方便师生。

7月10日，启动了光电信息大楼等网络覆盖项目，覆盖了主校区光电信息大楼，增强覆盖了同济校区2号教学楼和解剖楼等楼栋。

7月15日，修改了认证系统，学生可使用2个终端同时在线。

7月，数据中心进行远程灾备恢复演练，此后定期进行灾备中心恢复演练；开放实验室完成了湖北省信息学奥林匹克竞赛工作；张晓芳获省级教学研究项目立项——"基于MOOC的程序设计语言混合式教学研究"。

8月2日，张雪梅获华中科技大学"三育人积极分子"。

9月14日至16日，CERNET华中地区2018年学术论坛在河南省黄淮学院召开。会议由CERNET华中地区网络中心、河南省教育科研计算机网网络中心、CERNET湖南省主节点主办，黄淮学院承办，来自湖北省、湖南省、河南省、江西省（特邀）CERNET会员单位的390多名负责人和技术人员参加会议，会议就"教育信息化2.0"进行了广泛的学术交流。于俊清做"新时代高校网络安全与信息化工作实践"的报告。

9月至10月，配合校网信办完成了湖北省网络空间安全实践能力竞赛的决赛工作。此次竞赛是湖北网络安全宣传周活动的重要组成部分，由湖北省网信办、湖北省教育厅、湖北省通信管理局、国家计算机网络与信息安全管理中心和武汉市网信办五个省市部门联合主办，我校和湖北科技职业学院、湖北生物科技职业学院承办，开幕式、决赛和闭幕式在我校举行，相关工作由网络与信息化办公室和网络与计算中心承担。来自全省36所本科院校、43所高职院校、10家企事业单位、5家网安企业和47支技术爱好者团队共168支参赛队伍逾500名参赛选手展开激烈角逐，18支队伍进了决赛，5支队伍获得决赛优胜奖。

9月，湖北省CERNET成员单位IPv6路由全部开通。

10月22日至25日，CERNET第二十五届学术年会在青海省西宁市召开，会议由中国教育和科研计算机网CERNET管理委员会主办，CERNET网络中心、CERNET专家委员会、青海省教育厅协办，青海师范大学承办。会议主题是：IPv6下一代互联网支持新时代教育科研大发展。李芝棠做题为"IPv6物联网技术"的专题报告。

10月，黄晓涛获2018年校教学质量优秀奖二等奖；刘群等的"基于通识教育的网络实验体系的探索与实践"、章勇等的"校园网故障监控平台"和张洁卉等的"校园网络认证监测系统"荣获华中科技大学第十一届实验技术成果二等奖。

11月6日，新增一台VPN设备组成集群，最高可支持1000人同时在线。

11月21日，实现特殊设备入网数据库同步，并开发管理系统实现特殊设备入网记录及多条件搜索功能。

11月，数据中心进行三期扩容建设，增加了16台服务器及4套存储设备；黄庆凤获校教师竞赛二等奖。

12月30日，校友邮箱上线为校友提供服务。

12月，校园网出口接入中国移动12 Gb/s带宽，显著改善校园网出口带宽资源紧张的情况；王芬获校教学研究专项立项——"新工科背景下支持学科交融的Python语言程序设计课程的研究与实践"；黄晓涛获校级MOOC课程建设立项——"计算机与程序设计基础（C++）"。

本年：

按照A类机房标准完成247平方米机房的改造，有效拓展机房空间。完成机房供配电辅助系统建设，重新改造南六楼供配电体系，解决了大楼供配电系统运行的安全隐患，提升了大楼供配电系统的安全性和稳定性，以及对特大暴雨水灾的防御能力。对主干网络拓扑系统进行了优化改进，对同济校区校园网进行了全面优化调整，实现两个校区统一互联网出口，统一入网认证平台，统一 DNS，校园网管理更加统一规范，网络更加稳定安全。校园网实现了 IPv6 全面升级，校园网的互联网带宽扩充到了 33 Gb/s，配合智能 DNS，用户上网体验明显改善。

开发网上办事大厅流程 65 项，上线 40 余项，总流程数已达 185 个。总计服务 6.1 万人次，参与使用用户数共计 2.8 万人，流程流转次数 38 万次。实现了"事项办理一站式"。新建统一数据填报平台并完善教师业绩管理系统（统称"一张表"平台），平台综合了业务部门及机械科学与工程学院、生命科学与技术学院、环境科学与工程学院、计算机科学与技术学院、社会学院及基础医学院等六个试点学院的 61 项数据需求，并实现了与人事、教务、研究生、科研、图书馆等权威数据源的同步。教师仅需通过简单核对和填充即可实现数据一次核对（录入），各处共享使用，初步实现"数据填报一张表"。

建成网络与信息化运维平台并上线运行，平台实现了基于 ITIL 的全生命周期的 IT 服务事件管理功能。用户可采用电话、微校园等多种手段方便地进行咨询及故障申报，并可在接受服务后进行评价；维修和运维人员可在第一时间通过微校园获知用户故障并予以处理。

积极开展教学研究工作，获批校级教学研究项目立项 1 项、省级教学研究项目立项 1 项和产学合作协同育人项目 2 项。教师教学水平获得提升，1 人获校教学质量优秀奖二等奖，1 人获校教师竞赛二等奖，1 人获校教师竞赛三等奖。全年到校科研经费 200 余万元，授权 5 项发明专利，发表论文 11 篇。

获得"华中科技大学四届二次教代会提案承办先进单位""华中科技大学 2018 年度消防安全管理先进集体""华中科技大学 2018 年度信访工作先进集体"。

· 2019 年 ·

1 月 10 日，"一张表"平台正式上线运行，开放第一批试点单位，包括机械科学与工程学院、计算机科学与技术学院、生命科学与技术学院、环境科学与工程学院、基础医学院、社会学院、网络中心。

2月，新实验室管理系统上线测试运行。新系统接入了统一身份认证、校园卡、华中大微校园等多个系统，可通过POS机刷卡、微校园自助查询和充值。

3月13日，因良好的服务意识、优质的服务质量和工作作风，网络与计算中心荣获2018—2019年度师生服务中心"优秀窗口"单位，熊鹰和饶琼荣获"先进个人"。

3月，主校区—同济校区互联VPN备用线路调试成功。

4月，王芬获省教学研究项目立项——"新工科背景下支持学科交融的Python语言程序设计课程的研究与实践"。

5月22日至26日，CERNET华中华南地区联合学术论坛在恩施市召开。会议由CERNET华中地区网络中心、CERNET华南地区网络中心主办，赛尔有限公司湖北分公司、广东分公司承办，湖北民族大学和恩施职业技术学院协办，来自华中华南地区CERNET会员单位的620多名负责人和技术人员参加会议，会议就"教育信息化2.0、IPv6规模部署、网络和信息化安全"进行了广泛的学术交流，会上，于俊清做题为"网络安全与数据治理"的报告。

5月，计算机基础教研室在清华大学出版社出版了教材《数据库技术与应用——SQL Server 2012》。

5月，网络运行部完成光谷体育馆网络改造项目，将光谷体育馆的有线和无线网络重新改造，共部署无线AP设备186台，满足第七届世界军人运动会需求。

6月3日，完成认证系统日志中间库搭建，为校园网大数据分析开发提供有效的日志共享的平台。

6月，"VB.NET程序设计"获得首批省级本科精品在线开放课程。

7月2日，更换认证系统的服务器，认证性能显著提高。

7月，主校区-同济校区互联光缆项目实施，校区校园网互联实现双路由冗余。

7月，建设数据中心业务配置管理系统，对信息系统后台各类配置进行集中管理。

9月4日，启动了校园网覆盖增补（2019年）项目，12月项目完成，项目实现了档案馆、管理学院（重新覆盖）和紫菘学生活动空间等网络覆盖。

9月16日，特殊设备入网使用基于SDN的新管理办法。新管理办法可对设备有效期进行设置，一个IP可在全校范围内使用，用户更换特殊设备物理位置时无需再重复申请，有效提升了特殊设备管理水平，保障了设备使用安全。

9月，"校园网光缆扩充改造三期"子项目"校园网光缆建设工程"项目竣工，共建设光交接箱1台，各类光缆58.9 km，熔纤8376芯，建成了遍布全校的光缆网络；吴驰荣获校"三育人奖"。

10月15日至28日，网信办、网络运行部和信息系统部的于俊清、王士贤、吴驰、柳斌、雷洲、严格知、贺聿志、陈英、洪剑珂等人，组建"军运会女篮项目网络保障团队"，负责军运会女篮项目的保障任务。大赛期间严格执行网络安全方案，确保了大赛期间的网络安全，大赛期间未发生网络安全事故。赛时实行每日例会制度，编制了信息技术处工作手册，实行岗位责任制，明确了赛时每名工作人员的岗位职责、工作内容和要求，以及各种网络事件的应急预案。另外前期投入信息化专项资金162万余元，在8月完成了光谷体育馆网络设施的改造升级，场馆内共部署互联网无线信息点186个，有线信息点600多个，电话信息点96个，全馆设置12个网络机房，安装光口汇聚交换机4台、24口千兆电口交换机20台、48口千兆电口交换机20台、24口POE＋交换机20台、无线AP 220台、无线盒式AC 1台、防火墙2台以及日志审计系统和上网行为管理系统。

10月25日，主校区及同济校区智能DHCP服务器上线，承担463个IPv4子网、127个IPv6子网的动态地址分配功能。系统上线后，实现了针对各区域的精细化管理，有效提高了校园网运维管理水平。

11月11日至14日，CERNET第二十六届学术年会在浙江省杭州市召开，会议由中国教育和科研计算机网CERNET管理委员会主办，CERNET网络中心、CERNET专家委员会、浙江省教育厅协办，浙江大学承办。会议主题是："IPv6下一代互联网：新网络、新技术、新应用"。在IPv6技术与应用论坛上，网络与计算中心李冬老师做了题为"SDN网络中 SAVI 绑定表安全研究"的报告，在网络运行管理论坛上柳斌做题为"校园网中数字终端的智能化管理"的报告。

11 月，黄晓涛获校级教学研究项目立项——"新工科下'计算机与程序设计基础'课程多维互动的 SPOC 混合式教学模式改革与实践"。

12 月，MOOC 课程"C++程序设计基础"在中国大学 MOOC 平台上线。

本年：

成立了跨部门的网络安全技术工作组，由专职的网络安全高级工程师（博士）任组长，网络信息化全体技术人员为组员。工作组打破了原有的部门藩篱，让全体技术人员在做好本职工作基础上参与网络安全工作，不断强化网络安全意识，同时也实现了网络安全技术措施、防护手段等从网络底层到应用上层的一致性，以及对网络安全攻击及网络安全事件的联防联动。

实施了校园网光缆扩充改造三期工程，大幅推进了校园网光缆基础设施建设，特别是提升了主校区-东校区互联光缆的可靠性。截至 2019 年底，共计建设室外光交接箱 19 台，校园网光缆 620 条，自建光缆总里程约 320 km，累计约 14000 芯公里，形成遍布全校的主干环路和局部支路地下光缆网络。进一步加大校园无线网覆盖规模，新增 1700 余台 AP 设备，目前校园网 AP 设备已达 23353 台，校园无线网已成为师生接入校园网的重要方式。

"一张表"平台一期试点工作顺利结束，并同步启动二期试点工作。一期试点中，平台为 1000 余名试点单位教师提供了服务，支撑完成七家试点单位的教师数据核对工作以及五家试点单位的年度业绩考核工作，平台采集并管理各类数据共计 18 余万条。

网上办事大厅上线流程数达 214 个，总办理量突破 13.17 万件次，服务满意度 99%，流程流转办理总次数共计 78.69 万次。网站和教师个人主页规模持续扩大，已入驻网站 530 个，上线运行 430 个，1483 位教师开通教师个人主页。

积极开展教学研究工作，"VB.NET 程序设计"获湖北省高校首批省级本科精品在线开放课程，获批省级教学研究项目立项1项，出版《数据库技术与应用——SQL Server 2012》教材。教师教学水平获得提升，2人获校教学质量优秀奖二等奖。全年到校科研经费228万元，全年授权5项发明专利，发表论文17篇，出版译著1本。

获得"华中科技大学2019年度宣传思想文化工作先进集体""华中科技大学2019年度信访工作先进集体"。

· 2020年 ·

1月10日，统一门禁管理平台上线，为实现学校楼栋、房间门禁系统的统一管理提供了基础平台。

1月27日，新冠疫情防控专题网站上线。24小时完成了专题网站的建设，对于实现学校疫情防控工作的信息发布、公开、公示、咨询等发挥了重要作用。

1月30日，师生健康填报系统上线。健康数据要求师生每日填报，为简化填报流程，第二次填报时，如果状况未发生改变，则点击"与上次填报内容相同"即可，其简单易用的体验也获得师生的一致好评。

2月1日，健康查询统计系统上线。师生健康状况填报和查询统计系统的上线，为学校和校内各单位及时了解师生健康状况提供了重要的平台支撑。

2月3日，完成超星学习平台、超星App与统一身份认证系统对接。仅用一周左右时间完成了本科网络教学平台的紧急部署工作，实现了与学校统一身份认证系统、统一通讯平台和教务系统的数据对接。2月17日顺利通过开学首日"大考"。

2月4日，开通学生网上申请VPN流程，满足了疫情期间学生居家访问校内电子资源开展学习和科研的需求。

2月15日，华中科技大学防控防疫捐助平台和学术资源文献聚合访问服务上线。基于统一身份认证系统与中国教育和科研计算机网联邦认证与资源共享基础设施（CARSI）开发了学术资源文献聚合访问服务，为师生在校外直接访问中国知网、万方数据、Web of Science、Springer、IEEE

Xplore、Science Direct 等学术资源提供便利，使得师生在任何时间、任何地点，通过任何终端，以任何联网形式，均可通过校园网账号访问资源，确保了特殊时期广大师生对图书馆文献的访问查阅需求。

3月13日，本科生可信电子成绩单系统上线，系统基于PKI技术体系，使用国际通用的加密算法，并且电子成绩单可在"中国高等教育学生信息网（学信网）"进行真实性验证。系统的上线，满足了学生居家期间急需成绩单用于申请出国或就业的需要。截至6月份，累计提供10000余次服务。3月20日，研究生可信电子成绩单系统上线。

3月26日，社区居民返汉登记系统上线，为华中科技大学社区居民返汉提供平台支撑。

4月1日，VPN系统升级，最高可支持10700人同时在线，极大缓解了师生居家期间通过VPN访问校园网资源的问题。

4月16日，与保卫处、房产处、医学总务办、华中大社区等多部门协同，抢时间、保进度，建设了"常住人口登记管理系统"，明确了各类临时人员的责任人和责任单位，为后续校园防疫业务场景消除数据缺失的障碍，实现"管住人"。为确保系统数据的采集和核对，网络与计算中心成立了"人员登记用户答疑工作组"，21位中心教职工24小时采用手机、微信和QQ等手段在线处理用户的各种填报问题，为学校实名制门禁的顺利实施和疫情防控常态化提供了有力的数据支撑。

6月5日，华中大通行码、毕业返校登记系统上线，提供了人员识别、健康监测、通行规则、数据记录、应急预警一站式管理模式，实现"管住行踪"。6月8日第一批毕业生顺利返校。

6月8日，校园卡、校园网和计算机开放实验室自助退费登记系统上线。至9月统计已有7000余名毕业生在线上完成了账户余额退费。

6月9日，东校区校园卡务中心搬迁至工程训练中心A座203室，并开展校园卡挂失、补卡、充值、冻结等各项业务。

6月12日，网站群平台完成全媒体版本升级。

6月28日，网络与计算中心党总支荣获"2018—2020年度先进基层党组织"，郑竞力荣获"2018—2020年度优秀共产党员"。

6月28日至29日，配合采购中心做好银校合作项目遴选工作，为该项目提供计算机设备和服务器的软硬件支持，部署会议现场的小型网络环境，以及会议当天的技术、网络服务。

6月，江敏获教育部产学合作协同育人项目立项——"计算机与程序设计基础（C++）"示范课程建设。

7月3日，CERNET湖北省2020年学术论坛线上举行。会议由CERNET华中地区网络中心、湖北省教育主管单位指导，赛尔网络有限公司湖北分公司主办，来自湖北省CERNET会员单位的300多名负责人和技术人员参加会议，会议就"'十三五'总结和'十四五'畅想、抗疫后期的信息化工作思考、网络安全及舆情管控、IPv6规模部署实施情况"进行了广泛的学术交流。

7月29日，网络与计算中心荣获"新冠肺炎疫情防控先进集体"，于俊清、李凯、洪剑珂、熊鹰荣获"新冠肺炎疫情防控先进个人"。

9月1日，正版软件平台提供Adobe正版化服务，进一步满足师生需求。

9月20日，在全校区域开启MAC无感认证，为校园网用户提供便捷的无线网服务。9月28日开启认证系统与DHCP指纹对接功能，显著提升了MAC无感认证的安全性。

9月，在做好疫情防控的同时如期完成了第58次全国计算机等级考试，接纳考生人数2221人。

"启明路光缆维修改造工程"实施，对启明路周边道路上空架空光缆线路进行改造，在保持原有线路通畅的前提下将道路上空的架空光缆入地。

9月，刘波荣获华中科技大学"三育人积极分子"。

10月16日，网管系统上线，对全校范围内的网络设备进行实时监控，有效提升校园网运维水平。

10月，公共计算服务平台（一期）上线，平台包含CPU节点138个，共6912核，GPU节点16个，共48块GPU卡，存储空间2 PB，理论峰值算力接近1pFlops。

11月9日，大数据平台试运行。上线学情总览、学生画像、学业预警、学生经济困难分析等功能模块，提供给学工部试用，为学工部掌握学生的学习生活情况提供数据支撑。

11月24日,教育部发布《教育部关于公布首批国家级一流本科课程认定结果的通知》,公布了首批国家一流本科课程名单,黄晓涛教授牵头、计算机基础教研室全体教师参与的"计算机与程序设计基础(C++)"被认定为国家级一流本科课程(线下)。

11月30日,完成主校区计算机开放实验室电脑桌线路改造,解决在实验室师生自带笔记本无法充电的问题。

11月,国家未来网络试验设施(CENI)武汉节点开通,初步具备"分钟级"按需定制网络能力、"微秒级"确定性保障服务能力、"千万级"大规模多云交换服务能力。

12月7日,"一张表"平台对新应用学院开放运行,新增数学与统计学院、物理学院、化学与化工学院、人工智能与自动化学院4个应用单位。"一张表"平台二期试点工作顺利结束,并同步启动全校推广工作。二期试点中,平台为2196名教师提供了服务,支撑完成11家试点单位的教师数据核对及年度业绩考核工作,平台采集并管理各类数据共计23万余条,为各单位管理提供了有力的数据支撑,取得了良好的效果,进入全校应用推广阶段。

12月14日,同济医学院师生服务中心举行揭牌仪式并正式启用,同济分中心的校园网服务和校园卡服务窗口入驻同济医学院师生服务中心。

12月30日,因良好的服务意识、优质的服务质量和工作作风,网络与计算中心荣获2019—2020年度师生服务中心"红旗窗口"单位,吴驰、刘晓兰、饶琼和黄晓凤荣获"先进个人"。

12月,CERNET2武汉节点"互联网+"工程建设完成,IPv6主干网能力达到100 Gb/s。

本年:

按照"空间一个库、管理一平台、展现多应用"的建设目标,完成了"一张图"基础数据的测量采集入库及基本功能建设。在此基础上,开发了网络资源(无线、光缆)信息管理和人员轨迹追踪等示范性应用。积极与总务办、房产处、国资办、保卫处等单位协同,正稳步推进学校"安防一张图""资产一张图""地下管网一张图"及"园林构筑物一张图"等应用的建设。

网上办事大厅上线流程数达246个，总办理量突破26.75万件次，服务满意度为98.18%，流程流转办理总次数共计130万次。微校园总应用/流程数达到300余个，微校园注册用户达8.38万余人，每天访问约8.1万人次，推送微信消息4186万条。校园卡新增第三方对接应用5个，优化了校园卡数据同步和服务流程3个。统一通讯平台新增接入业务系统23个，年发送短信106万余条，微信205万余条，邮件6万余封。

CERNET2主干设备6台，全年可用率100%；完成主干网IVI设备、网管设备和网络安全监测设备部署。推进IPv6规模部署工作，IPv6路由开通单位70余家，处理线路和用户访问技术故障60余次。

全年到校科研经费225万余元，全年授权6项发明专利，发表论文19篇。

获得"华中科技大学2020年度保密工作先进集体""华中科技大学2020年度信访工作先进集体""2020年全国计算机等级考试（湖北考区）优秀考点""华中科技大学2018年至2020年度先进基层党组织""华中科技大学新冠肺炎疫情防控先进集体"。

· 2021 年 ·

1月14日，华中科技大学高性能计算公共服务平台试运行。高性能计算公共服务平台由学校统一规划建设，以超级计算、高性能计算、人工智能计算、大数据处理等软硬件为基础，面向全校各单位提供大规模科学计算和大规模数据处理服务的校级公共计算服务平台。平台包含CPU节点138个，共6912核，GPU节点16个，共48块GPU卡，存储空间2 PB，理论峰值算力接近1pFlops。平台在全国率先采用"众筹式"方式建设，院系和课题组可通过直接出资和远程接入两种方式参与共建并获取机时收益，后续数学交叉研究院以直接出资方式按平台标准采购了计算资源加入平台，国家脉冲强磁场科学中心和精密重力测量国家重大科技基础设施两个集群以远程接入方式接入平台。

2月，《高校信息化建设与管理（管理篇）》《高校信息化建设与管理（制度篇）》《高校信息化建设与管理（技术篇）》三部著作出版，该套书由网络与信息化办公室和网络与计算中心全体人员编写，总结了我校近五年来信息化的方法、经验、感悟、案例和制度规范等，是全国首套关于高校信息化建设管理的系列专著，出版后引起高校信息化同仁好评，当年销售8000余套。

3月4日，校园卡有效期自助更新功能上线，学生和博士后的有效期可通过数据同步自动更新，用户持卡片至自助服务终端校正有效期即可，不用再通过人工窗口办理校园卡延期服务。

3月24日，智能问答平台上线试运行，通过智能问答平台，建立职能部门、直属附属单位以及院系的知识库，优化学校师生的咨询服务生态环境，降低相关工作人员的咨询服务压力，提高师生咨询效率，提升学校智能化服务水平。首批上线了网络与信息化办公室、网络中心和财务处三个单位的知识库，共1987条。

3月27日至29日，顺利地完成了第60次计算机等级考试，总计报考人数3105人次。

4月8日，WPS云平台上线。平台包括WPS Office 2019教育版、WPS云文档两个部分。其中WPS Office具备文字、表格、演示等办公文档查看、编辑、划词翻译，以及文档云端备份、历史版本查看、在线分享等功能；WPS云文档具备多人实时在线文档编辑、团队共享等功能。

4月，西六舍完成了基于全光以太网的WiFi6光AP入室改造，为我校第一个全光网络学生宿舍，西六舍全光网络改造开启了校园网整体升级的序幕。

5月27日至6月15日，网络与信息化办公室、网络与计算中心和宣传部共同策划组织了"一张表"应用系列宣传活动，组织了机械科学与工程学院、计算机科学与技术学院、生命科学与技术学院、环境科学与工程学院、基础医学院、材料科学与工程学院6个学院在新闻网和校报上分别介绍了本学院"一张表"应用经验。

5月27日至29日，CERNET湖北省2021年学术论坛在襄阳市举行。会议由CERNET华中地区网络中心、湖北省教育主管单位指导，赛尔网络有限公司湖北分公司主办，湖北文理学院协办，来自湖北省CERNET会员单位的140多名负责人和技术人员参加会议，会议就"基础网络建设与新一代校园网、网络安全与数据治理、智慧校园与'十四五'规划"进行了广泛的学术交流，王士贤做了题为"华中科技大学信息化'十四五'规划"的报告。

5月，数据中心进行四期扩容建设，增加了24台服务器及4套存储设备，数据中心资源总配置达到CPU 3800核，内存60 TB，存储容量3.7 PB。

6月8日，校区专递服务系统正式上线。校区专递服务面向全校各单位和全体师生员工，涉及师生服务中心、网上办事大厅和单位对公业务等3个大类50多项具体事项，通过自助下单、收件办理、通勤运转、分发受理、办结取件，实现跨校区办理。

6月15日，校园卡人脸识别消费在百景园教工自助餐窗口试点运行，教职工不用带校园卡和手机，通过"刷脸"就能在食堂消费就餐。

6月，转化医学大楼完成387台无线AP设备及交换机安装，完成14楼以下校园有线网和无线网覆盖，并开始投入正常使用。主校区—同济校区—网安基地三地动态路由互联互通方案落地，实现了三地动态冗余路由保护，三地任意一段光缆线路出现中断不影响互联互通业务。

实验教学共享服务平台（一期）上线运行，对全校各实验教学单位的IT资源需求提供环境和技术支撑，实现实验教学云资源共享，截至2021年底，已为5个学院提供服务。

针对我校信息系统开发公司中普遍存在的安全开发观念薄弱及技术缺乏的问题，撰写一套《Web应用安全开发规范》，并在数据中心上线流程中增加一项安全自检文件填写及审核的步骤。

7月1日，李战春同志获"湖北省高等学校优秀党务工作者"荣誉称号；刘雅琴同志在华中科技大学2020—2021年度"七一"表彰中被评为优秀共产党员，网络运行党支部被评为先进基层党组织。

7月16日，高校"一张表"工程暨"十四五"信息化规划研讨会在梧桐语问学中心明德报告厅举行。研讨会由中国高等教育学会教育信息化分会指导，我校和东软集团联合举办。湖北省网信办处长项海、东软集团联席总裁徐洪利、武汉理工大学副校长刘春江、中国高等教育学会教育信息化分会副理事长张巍巍分别致辞。清华大学信息化工作办公室主任张小平做了题为"回顾'十三五'、展望'十四五'"的开场报告；吉林大学大数据和网络管理中心主任车翔玖在线做了题为"顺势而为，深耕数据"的报告；武汉理工大学网络信息中心主任陈采军做了题为"加强新时代教育管理信息化工作，以信息化推进学校治理现代化"的报告；华东师范大学信息化治理委员会秘书长沈富可做了题为"教育信息化的需求层次模型初探"的报告；华南理工大学副首席信息官（CIO）兼网信办主任陆以勤做了题为"新基建赋能一流校区智慧校园建设"的报告；东软集团教育技术总监郭岩做了题为"高校学院一体化服务平台助推高校信息化建设最后一公里"的报告。我校财务处处长、网络与计算中心教授于俊清主持了"高校CIO沙龙"环节，四川师范大学副校长郭朝辉、中国科技大学网络信息中心主任李京、天津大学信息与网络中心主任刘峰、四川大学信息化建设与管理办公室主任段磊、大连外国语大学信息技术中心主任李富宇、深圳大学信息中心副主任秦斌参加了沙龙研讨。来自中南大学、武汉大学等200余名全国高校信息化部门主任、专家和技术骨干齐聚一堂，共话高校信息化数据治理与规划。副校长梁茜参加研讨会并致辞。

7月，计算机基础教研室主任黄晓涛教授带领部分教师到重庆大学调研；计算机基础教研室组织教师赴重庆参观白公馆、陈独秀旧居，开展"追寻红色足迹，坚定初心使命"党史学习教育研学实践。

8月10日，CERNET华中地区2022年学术论坛线上举行。会议由CERNET华中地区网络中心主办、河南省教育科研计算机网网络中心承办，赛尔网络有限公司协办，来自华中地区CERNET会员单位的300多名负责人和技术人员参加会议，会议就"实施教育数字化转型升级，建设智慧教育新生态"进行了广泛的学术交流。

8月，顺利完成暑期装修学生宿舍网络恢复工作，2021年暑期由于疫情原因，部分已装修的学生宿舍楼栋工期异常紧张，运行部克服困难，坚持每天在每个学生宿舍现场值守，监督检查网络布线工作，以最快的速度保质保量地完成了南二舍等5栋装修学生宿舍的网络恢复工作，在开学前按时通过上线调试，及时为新生提供了稳定的上网环境。

完成了网络与计算中心 B2 机房封闭冷通道模块化机房建设，新建机房冷通道 2 个，为教育网"未来网络"设备及校园网关键应用服务器提供了可靠的基础设施保证。

9 月 8 日，统一会议室预约管理系统上线，可以在线查询会议室预约状态、设备设施，并自动给参会人员推送会议通知。

9 月 25 日至 26 日，应省考试院等多方要求，严格按照我校校园常态下防疫的流程，开放实验室完成学生学籍数据库比对筛查，确保参考人员的合理性。在入场时进行测温检测和发放免费的防疫物品，考试结束后每个考场进行消杀处理，保障了考生及监考人员的健康安全。顺利地完成了第 60 次和第 62 次全国计算机等级考试工作，总计报考人数 3840 人。

9 月，完成同济校区碧珠长廊区域的校园网光缆入地改造，敷设新的地下光缆 9600 芯公里，新建光缆交接箱 7 个。

人证核验数字化迎新与报到系统上线，简化了报到流程，减少了聚集堵情况，确保了核验精度，提高了报到效率，同时提升了新生的校园融入感。为来自全国各地的 7000 余名本科新生及 9000 余名研究生新生提供了数字化迎新报到服务。中青网、腾讯网等媒体进行了报道或转载。

10 月 26 日，"一张表"平台、华中大微校园以及构建线上线下一体的智慧办事服务体系三个数字校园应用场景案例获评湖北省数字校园应用场景优秀案例。

10 月 27 日，吴驰、熊鹰、李凯、龙涛、王士贤等的"全校信息化支撑保障公共服务平台"获得华中科技大学第十二届实验技术成果奖一等奖，陶建平、刘波、曹霞、刘群、詹广辉等的"计算机开放实验室管理系统"获得二等奖，毛文卉、刘晓兰、秦楠等的"校园疫情防控一体化平台"和洪剑珂、刘波、雷洲、严格知等的"校园网精细化管理平台"获得三等奖。

10 月，组织国家网络安全周系列活动。开展了钓鱼邮件测试两次、网络安全讲座、钓鱼 WIFI 现场测试、线上知识答题、网络安全进社区等丰富多彩的网络安全宣传周活动，活动周期间参与活动及推文阅读总人数达 24079 人次，取得了切实可见的网络安全普及宣传效果。

"公共机房设备更新建设"项目通过中心验收。更新主校区实验室 144

套计算机，同济校区实验室 156 套计算机；更新同济校区实验室（形态楼 6 楼）的电脑桌；完成同济校区实验室（形态楼 6 楼）网络及电源线路改造。

李赤松老师获得教学竞赛一等奖，王芬老师获得教学质量优秀奖二等奖。

11 月 28 日，福昕 PDF 软件上线，对师生提供正版化服务。

11 月，探索课程思政教学方式，安排电气和能源本硕博班的学生到华为武汉研究所参观学习，以及邀请华为校友到课堂做报告——"华为企业文化及核心价值观、创新战略交流"。

微信企业号正式迁移至华中科技大学企业微信，提供了官方正式的移动校园门户，注册用户 8 万余人，日活跃 4 万余人，接入应用 149 个，提供移动端办事服务流程 300 多个，年均发送消息 4000 万余条。

校园卡自助服务一体机完成界面双语化，师生在设备上可按需求自由进行汉英切换，为国际师生提供优质服务。

12 月 3 日，电子签名平台上线试运行，平台基于 PKI 技术体系，由国内第三方 CA 公司提供数字证书，使用国际密码算法和国密算法双算法，为我校教职工提供安全、合法、合规的电子签名服务，彻底解决了电子文档签字问题，为实现无纸化办公提供了有利条件。12 月，网上办事大厅、财务电子审批系统、高性能计算服务平台与电子签名平台集成对接完成。

12 月 13 日，"一张表"平台 2021 年度应用工作启动，各应用学院启动 2021 年度数据准备及应用工作。

12 月 17 日，"一张表"平台应用总结暨全校推广启动会举行，副校长梁茜主持会议，全校各学院党委书记、分管负责人等参加了会议。

12 月 20 日，高性能计算公共服务平台完成国家脉冲强磁场科学中心高性能计算平台的接入，并正式上线运行。此次共接入 80 个计算节点，算力超 500TFlops，其中包含 72 个 CPU 节点（48 核）和 8 个 GPU 节点（2×A100 显卡）。

12 月 21 日，统一数据服务平台上线，以 52 个信息系统的数据库为权威数据源，为 102 个信息系统提供基础数据，为 88 个系统之间提供两两数据交换服务，日均共享数据约 1.6 亿条，有效保证了学校基础数据的一致性。

12月24日，WPS云平台上线提供文件共享、协同办公服务。

12月30日，尤政校长到网络与计算中心调研学校网络安全和信息化工作。实地参观学校网络机房、数据机房、高性能计算公共服务平台机房和智慧校园运行管理中心，并召开座谈会。

12月，完成永红学生宿舍的校园无线网光网络改造，三栋宿舍楼共安装光网络无线AP设备356台，光网络交换机9台。首次实现了校园网光网络在同济校区的升级改造，同济校区学生宿舍部分楼栋实现光网络入室。

疫苗接种情况统计系统上线，为学校全面、准确掌握师生疫苗接种情况提供数据支撑，为疫情精准防控工作开展提供决策依据。

校园卡服务中心推出英文版学生卡和教工卡，为有需要的师生提供英文版卡片，促进了我校管理服务国际化。

建成全国创新的5G校园专网。以校园网为基础，与中国联通联合开展5G校园专网建设工作，利用5G网络的切片及边缘计算技术，将5G核心网下沉，构造5G校园专网，实现校园网的无感知认证和接入，构建华中科技大学新型"无边界校园网"。

本年：

认真开展党史学习教育，围绕网络与计算中心网络和信息化服务、计算机基础教学质量和计算机开放实验室建设等工作，共梳理出5项"改革发展大事"清单和9项"服务师生实事"清单。改革发展"谋大事"清单的"一张图"工程已经集成学校资产设备、交通安防、园林树木、地下管网等多维度数据应用；电子签章平台与财务电子审批系统、超算平台、网上办事大厅进行集成，实现各业务场景电子签章应用无缝融合；校园智能问答机器人"华小智"，访问量已达58037人次，有效地提升了相关部门的咨询效率；采用全光网络覆盖东三舍等7栋学生宿舍，室内无线网访问速度可达到300 Mb/s以上，无线网使用体验显著提升；12月8日国际医学中心与校园网连接成功，拓展了校园网边界。这些"谋大事"工程的顺利完成，进一步夯实学校网络与信息化基础，"十四五"取得良好开局。服务师生"办实事"清单的高端模板上线，网站视觉可看性与吸引力显著增强，国际范儿凸显；网安校区安装部署校园卡及注册服务机一台，为网安学院学生办理业务提供方便；对用户反映网络性能不佳的楼栋进行网络调优和光网络改造，有效改善了这些区域的网络条件；建设"待办中心"系统，实现与 OA、采购管理系统等 10 余个系统待办集成，实现各类业务的待办事项一站式处理；建设计算机科学与技术学院、管理学院等院系级流程，满足了学院网上审批需求，让师生少跑腿；网络安全宣传进社区，通过线下宣传和线上答题相结合的方式普及了常见且实用的网络安全知识；对计算机基础弱的学生精准帮扶；更换电脑桌 150 套，进一步给学生提供良好的学习环境；校园卡及一体机实现双语化，提升了学校国际化形象，方便了留学生使用。这些"办实事"项目的如期完成，持续提升师生的服务体验，进一步增强师生的幸福感和获得感。

获得"华中科技大学 2021 年度宣传思想文化工作先进集体""湖北省 HW2021 网络攻防演习 2021 年度等级保护工作先进单位""微信 2021 年度'数字化政务民生先锋'奖"。

· 2022 年 ·

1 月 5 日，发布《智慧华中大信息系统 UI 设计规范（V1.3）》，规范用于全校新建设和迭代升级信息化系统，统一全校信息化系统的页面展示风格，提升了用户体验。

1 月 12 日至 15 日，接待阅卷教师 2600 人次，协助研究生院完成 2022 年度研究生入学考试的数学及专业科目阅卷工作。

1 月 14 日，与中国联通合作建设的校园 5G 专网投入试运行，首先设计了全新的两级分流架构，师生在外省使用 5G 专网访问资源时先通过湖北省联通 UPF 分流，目标地址为公网的分流到公网，目标地址为学校校园网资源的分流到校园 5G 专网，可实现全国漫游，解决了其他 5G 专网无法实现全国漫游的问题；其次，创新性地将 5G 专网 AAA 服务器的认证鉴权功能下沉到校园网，通过建立数据中台与学校统一身份认证系统和校园网认证系统打通，5G 专网用户在后台完成无感认证，不需要输入校园网账号密码，用户体验大为提升；为了保证校园网安全，系统为学校提供了认证日志,并且将用户身份信息编到其所获取的 IPv6 地址中,可更高效、精准地进行安全追溯。5G 专网的技术方案在全国高校中很具创新性。

1 月 18 日至 20 日,对开放实验室音响设备进行改造,更新了 201、202、206 和 301 四间实验室的全部功放、无线接收及播放设备,提升了教学实验授课效果。

1 月 24 日,华中大智能推荐系统上线试运行,系统结合师生特征画像,为师生提供来自校内外优质网站和权威公众号的精彩资讯、办事服务、开放存取论文、网络课程,并利用人工智能技术为师生精准推送,达到"千人千面"的推荐效果,满足师生个性化需求。

1 月 24 日至 3 月 13 日,完成 2022 年春节假期及冬奥会等重要时期网络安全保障工作。

1 月 27 日,"高性能计算公共服务平台建设(二期)"完成立项,计划对当前平台内部计算网络进行扩容,新增 12 台 IB 交换机组成全线速网络,使平台达到 320 个 100 Gb/s 节点接入能力。

1 月,主校区校园网窗口、校园卡窗口,同济校区校园卡窗口,均荣获师生服务中心 2021 年度优秀窗口单位。饶琼、黄晓凤、刁水仙、郑兢力、秦楠、熊鹰等荣获师生服务中心 2021 年度先进个人。

3 月 5 日,校园网出口加载"挖矿"情报信息,阻断校内"挖矿"流量。

3 月 23 日,"一张表"平台完成新申请学院接入工作,接入全校 41 个学院,在全国高校首个实现"一张表"应用学院全覆盖。

3 月,教学实验室建设项目"公共机房设备更新建设"通过实验室与设备管理处专家验收。该项目将现有的老化设备进行了分批更新,共采购替换了 300 台计算机设备,并将实验机房的漏水及破损位置进行了修葺,极大地改善了实验教学物理环境。

利用企业的先进技术首开"智慧园区网的设计与实践"课程实验,该课程以园区网技术为核心,包括网络准入控制、业务随行技术、VXLAN 技术、园区网络虚拟化技术、智能运维等,同时设置了社会实践环节。以培养适应新技术和应用发展的综合型人才为导向,通过社会实践,理论联系实际,提高学生的实践动手能力,扩展了学生视野,截至 9 月份该课程已经开设了三期。

启动统一身份认证系统、电子签名平台、校园卡系统的商用密码应用安全性评估工作。

3月和9月，顺利地完成了第64次和第66次全国计算机等级考试工作，总计报考人数7190人。

4月15日起，高度重视对校园网内各类"挖矿"行为的检测，实现以校园网出口日志和"挖矿"病毒情报为源自动分析校园网用户"挖矿"行为，邮件告警，人工通知后封禁的处理流程，达到有效遏制"挖矿"行为的目的。

4月22日，智慧华中大数据看板（一期）项目完成论证。本项目深入数据治理，持续完善数据管理，进行总体校情分析，建设数据可视化平台，全面提升学校数据应用水平。

4月，同济校区完成转化医学大楼负一楼、15楼、16楼实验动物中心的无线设备的安装，共80台AP。转化医学大楼所有区域校园无线网和有线网安装完成。

5月3日，电子签名平台启用校外专家签名服务，在疫情防控常态化背景下，为各院系解决了课程评审、项目论证等日常办公中线下见面有风险、不便捷，校外专家签字难的痛点。

高性能计算公共服务平台注册用户数突破1000人。截至5月3日，平台已经为能源与动力工程学院、物理学院、人工智能与自动化学院、生命科学与技术学院等32个院系的120个科研团队提供了高性能计算服务，累计提交作业20400余项，累计运行核小时数突破530万，支撑了124项科研项目（其中国家级课题64项），其中依托平台已发表高质量学术论文23篇（其中SCI一区论文12篇）。

5月13日，校园网学生账号改为3终端上网，最高在线设备数由7.1万增长至8.9万。策略修改得到广大学生用户肯定，用户上网体验得到有效提升。

5月25日，高性能计算公共服务平台成立专家委员会，主要负责对平台发展规划、具体建议、运行管理、成果奖励等方案的制定和对重大事项进行论证评审，并提供咨询、建议和指导，确保平台对学校教学科研和学科建设的推动作用，促进平台长远发展。

5月30日，完成了连接国家电子政务专网的VPN专网建设，确保了学校财务处等部门使用国家预算一体化平台。

5月31日，智能问答平台运营数据展示大屏上线，集中展示了访问统计、热点问题、知识库统计、接入单位统计等运营数据。

6月17日，"校园网高速缓存设备"项目建设完成，3台设备上线运行，最高可为校园网提供7 Gb/s的缓存服务流量。

6月19日，2022届毕业生大数据应用"光阴的故事"上线。

6月24日，"一张图"工程校园资产可视化查询功能上线。网络设备间动环监控系统部署完成，实现全校各校区办公区、宿舍区网络设备间的远程环境参数监测。

7月6日，网络与计算中心副主任康玲教授带领计算机基础教研室全体教师赴国防科技大学计算机学院调研交流课程思政建设，参观了国防科技大学计算机学院院史馆，与计算机学院计算科学系副主任沈立教授，软件工程教研室主任李暾教授，计算机基础教研室主任周海芳教授、周会平副教授、刘强副教授和卢遥老师等进行了座谈交流。

7月12日，成功举办"人工智能技术在高校信息化中的应用研讨会"，研讨会由中国高等教育学会教育信息化分会指导，分会常务副秘书长宋式斌到会致辞。这是全国首个关于人工智能技术在高校信息化中应用的会议。来自浙江大学，我校人工智能与自动化学院、网络与计算中心、协和医院、同花顺公司等省内外的信息化专家分享了人工智能赋能高校信息化的经验，240余人通过线上线下方式参加了本次会议。

7月12日，数学与应用学科交叉创新研究院作为出资单位，采购超200TFlops算力的27台高性能计算设备，将其全部上架接入学校高性能计算公共服务平台，使平台的硬件资源得到进一步扩充，平台总算力达到1.2pFlops。

7月18日，精密重力测量国家重大科技基础设施超算集群正式接入学校高性能计算公共服务平台，本次接入集群的算力高达1.3pFlops，共176个计算节点，包含6台8×A100显卡的GPU服务器。至此，平台已通过出资共建或远程接入方式先后完成了国家脉冲强磁场科学中心、数学与应用学科交叉创新研究院、精密重力测量国家重大科技基础设施等3家单位高性能计算集群的接入纳管。平台目前共 341 个计算节点，可用 CPU 核 18312 个，GPU 显卡 104 块，存储空间超 4 PB，理论峰值算力超 2.5pFlops。

7月，完成全校 11 栋楼的无线光网络改造、AP 入室工程，共上线 3000 余个 AP。

同济校区完成核心机房第四台精密空调采购，提高了核心机房恒温恒湿环境的保障能力，提高了对空调系统设备故障的冗余能力；校区校园网光缆核心完成新主干环网光缆入地建设，同济校区校园网光缆核心完成入地迁移，新的全网光缆改造将在此基础上逐步展开。

8月1日，开通中国移动国际专线服务，解决了校园网访问谷歌学术和 Github 等技术网站访问问题，有效提高了国外网站特别是各数据库网站的访问下载速度和 Zoom 等国际会议连接速度，为师生学习、科研、管理等提供了更加优质的网络环境。

8月17日，完成"校园网核心交换机"项目中 6 台 18K 设备的上线工作。本项目实施后，校园接入网结构清晰、管理规范、性能得到极大提升，能显著增强校园网稳定性。

8月25日，完成 SAM 认证系统 RG-SAM＋ ENTERPRISE_ 4.21（p16）大版本升级。新版本系统优化集群数据库同步时长、日志查询效率，解决自助网站在线设备管理问题，增加 SAM 管理系统预销户批量查询等功能。

8月，同济校区完成校园网核心交换机 N18K 的更换，实现校园网核心的全面升级。完成同源学生公寓和留学生公寓校园网建设，共上线 463 台 AP；实现校区新建区域的校园网全光网络覆盖。

黄晓涛、黄庆凤、江敏的"计算机及程序设计基础（C＋＋）"课程思政案例获第二届"智慧树杯"课程思政示范案例大赛一等奖，王芬、张晓芳的"字符串处理在中国文化中的应用"获二等奖。

9月5日，华中大智能推荐系统企业微信工作台 WebView 页面上线试运行，为师生提供更便捷的资讯推荐服务。

9月5日至9月11日，2022 年网络安全宣传周系列活动圆满举行。其中知识答题活动共计 3216 人次参加了线上答题，28 人获奖；"喜迎七十周年校庆，守护校园网络安全"网上签名活动，全校共有 2260 名师生参与；"树立网络安全观，全校共筑安全线"网络安全讲座，70 余名师生听取了报告。宣传周期间参加各种活动、网站及推文阅读等总人数共计35866人次,进一步扩大了覆盖面和受众面,取得了显著的网络安全宣传效果,切实增强了师生的网络安全意识。

9月9日,完成工程实训中心、西九楼、恩明楼、亮胜楼、先进制造东楼、先进制造西楼、逸夫科技楼、南一楼、生科楼、引力中心二期等楼栋的无线网络建设,共上线3000余台AP,提高了教工楼栋无线网络接入速率,显著提升了校园网使用体验。

9月14日,校园卡服务中心启动70周年校庆纪念版校园卡补换卡服务,启动当天,补换校庆纪念版学生卡2411张。

9月15日,"5G+IPv6在华中科技大学智慧校园虚拟专网的示范应用实践"项目在工信部主办的第五届"绽放杯"5G应用征集大赛中获得二等奖。

9月20日,完成"2022年学生宿舍光网络升级改造"项目所有建设内容,包括紫菘8栋、南一舍、南三舍、韵苑14栋、韵苑18栋、韵苑23栋、博士生公寓1栋、博士生公寓2栋、博士生公寓3栋、博士生公寓4栋共3000余个房间的光网络改造。项目完成后,宿舍区无线网速度普遍达到300 Mb/s以上,用户体验得到显著提升。

9月22日,网上办事大厅《楼栋(房间)零星接入校园网申请》流程上线。网上办事大厅上线流程数突破370项,涉及38个二级单位,服务师生56.28万人次,事项流转231.9万次,总体事项办结率98.29%,服务总满意度98.7%。

9月29日,安排预防本硕博2201班,临床本硕博2201班、2202班的同学到网络与计算中心参观学习。先由王士贤主任做了题为"网络安全与信息化发展形势"专题讲座,之后同学们参观了校园网核心机房和华中地区CERNET机房。

9月30日,完成70周年校庆大会网络保障方案,从网络基础设施、网络带宽、网络设备、线路、网络安全和应急预案等各方面全面保障校庆大会网络应用。

9月,李赤松获得华中科技大学教学质量优秀奖二等奖,张洁卉获得华中科技大学"三育人积极分子";完成同济校区留学生公寓校园网的光网络改造升级,同济校区光网络入室覆盖区域进一步扩大。

10月5日至7日，网络运行部、数据智能部、计算业务部、用户服务部和办公室多部门协作，圆满完成了庆祝华中科技大学建校70周年大会、中外大学校长论坛、首届全球校友创新创业大赛总决赛、首届国际学生校友大会、中德医学教育联盟成立大会、华中科技大学校友总会第五届会员代表大会等校庆系列活动直播会场网络保障工作，各会场网络运行稳定，播放效果流畅。

11月至12月，光明日报、中国科学报、长江日报、极目新闻等媒体以《为科研人员减负 实招越多越好》《"一张表"搞定400项流程！为科研人员减负还需"刀刃向内"》《一张表，让数据跑起来!》等为标题报道了我校"一张表"平台建设成效。"一张表"平台、网上办事大厅等信息化平台为科研人员减负被科技部评为全国十大优秀案例，被《教育部信息摘报》和中央教育工作领导小组相关报告采用。

12月6日，湖北省教育厅发布《省教育厅关于公布2022年度省级一流本科课程认定结果的通知》，公布了2022年省级一流本科课程名单，王芬牵头、计算机基础教研室教师参与的"计算机与程序设计基础（Python）"被认定为省级一流本科课程（线下）。

本年：

中共华中科技大学委员会第二巡视组对网络与计算中心党总支开展了校内巡视，网络与计算中心党总支高度重视，认真制定整改方案，提出了47条整改措施。为推进整改工作，完善了《网络与计算中心意识形态工作任务清单》《网络与计算中心廉洁风险点及防控措施》《网络与计算中心网络及信息化事故责任认定及追究管理办法》《网络与计算中心教师本科教学质量综合评价办法》《实验教学云平台建设管理办法》《网络与计算中心设备采购和工程建设领导小组议事规则》《网络与计算中心教师年度绩效考核办法》和《网络与计算中心关于执行"三重一大"决策制度的实施办法》等8项制度文件，实施了成立校网络安全和信息化建设用户委员会、设计并上线智慧华中大企业微信信息推送申请流程、设计并上线网上办事大厅办公楼校园网接入申请流程和成立校高性能计算公共服务平台专家委员会等4项改革措施。

智慧华中大

——华中科技大学网络与计算中心40周年发展纪实

第六章

成果统计

40年来，网络与计算中心教职工辛勤工作，承担了大量科研项目、教学研究项目、实验技术项目和信息化项目，编写了多本教材，为学校教学、科研和管理服务提供了有力支撑，也获得了不少荣誉和成果，现将主要成果和项目统计如下。

·省部级及以上获奖·

获奖年度	获奖项目	获奖等级	获奖者
1990	海南省网络人才信息系统	海南省科学技术进步奖三等奖	孙传林（第2完成人）
1996	中国教育和科研计算机网CERNET96 JAVA 杯 Homepage 竞赛	中国教育和科研计算机网第三次年会鼓励奖	CERNET 华中地区网络中心
1996	CERNET 华中地区网络中心建设	通过国家教育委员会鉴定	华中理工大学
1997	中国教育和科研计算机网CERNET 示范工程	国家教育委员会科学技术进步一等奖	华中理工大学（第9完成单位）
1997	计算机选课系统的研制及其在教改中的作用	湖北省人民政府优秀教学成果奖二等奖	孙传林、俞碚蓓、许晓东、韩森梅、苏红斌
2001	计算机信息网络关键技术	国家科学技术部、财政部、国家计委、国家经贸委"九五"国家重点科技攻关计划重大科技成果	华中理工大学（第8完成单位）

续表

获奖年度	获奖项目	获奖等级	获奖者
2001	计算机信息网络及其应用关键技术研究	中国高校科学技术奖励委员会一等奖	华中科技大学（第8完成单位）
2006	中国下一代互联网示范工程CNGI示范网络核心网CNGI-CERNET2/6IX	中华人民共和国教育部科技成果证书	李芝棠（第7完成者）
2007	中国下一代互联网示范工程CNGI示范网络核心网CNGI-CERNET2/6IX	中华人民共和国教育部科学技术进步奖一等奖	华中科技大学（第8完成单位）
2007	中国下一代互联网示范工程CNGI示范网络核心网CNGI-CERNET2/6IX	中华人民共和国国务院科学技术进步奖二等奖	李芝棠（第7完成人）
2011	适应复杂公网环境的安全传输系统（asVPN）研制与应用	湖北省人民政府科技进步奖一等奖	李芝棠
2013	基于共享资源平台的计算机应用专业大型主机特色方向建设与实践	湖北省教学成果奖二等奖	黄晓涛、王芬、吴驰
2017	湖北省2017年度等级保护工作先进单位	湖北省网络安全等级保护领导小组办公室	华中科技大学
2019	"VB. NET程序设计"课程	湖北高校首批省级本科精品在线开放课程	张晓芳、黄晓涛、阚向红、王芬、张建国
2020	"计算机与程序设计基础"课程	国家级一流本科课程	黄晓涛、张晓芳、王芬、李赤松、黄庆凤

续表

获奖年度	获奖项目	获奖等级	获奖者
2021	湖北省2021年度等级保护工作先进单位	湖北省网络安全等级保护领导小组办公室	华中科技大学
2021	"学在华中大"智慧教学环境、"一张表"平台、华中大微校园和构建线上线下一体的智慧办事服务体系	湖北省数字校园应用场景优秀案例	华中科技大学
2022	基于用户身份编址的5G校园专网IPv6单栈环境建设	中央网信办、教育部等12部委IPv6技术创新和融合应用试点项目	华中科技大学
2022	极简以太校园全光网络	全国信息技术标准化技术委员会教育技术分技术委员会组织评选为高等学校数字校园建设规范优秀应用案例	华中科技大学
2022	高层次创新人才培养教育教学信息化生态研究与实践	湖北省教学成果奖二等奖	于俊清、王士贤、陈小丽、吴驰、李战春、柳斌、徐章、郑竞力
2022	"计算机及程序设计基础（Python）"课程	湖北省级一流本科课程	王芬、张晓芳、江敏、黄庆凤、徐永斌

· 教学获奖 ·

获奖年度	获奖类别	颁奖单位	获奖者
1986	教学质量优秀奖三等奖	华中工学院	杨有安
1987	教学质量优秀奖三等奖	华中工学院	杨有安
1990	教学质量优秀奖三等奖	华中理工大学	杨有安
1991	教学质量优秀奖三等奖	华中理工大学	杨有安
1992	教学质量优秀奖三等奖	华中理工大学	杨有安
1994	教学质量优秀奖三等奖	华中理工大学	杨有安
2000	"基于多媒体课件模型实现办公自动化和汇编的辅助教学"项目获教学成果奖三等奖	华中科技大学	郑翔、彭娅婷
	教学质量优秀奖二等奖	华中科技大学	黄晓涛
	IBM奖教金	国家留学生基金管理委员会	吴驰、彭娅婷、郑翔
	IBM奖研金	国家留学生基金管理委员会	黄晓涛、郑翔
2001	教学质量优秀奖二等奖	华中科技大学	曾大亮
	教学质量优秀奖	华中科技大学远程与继续教育学院	黄晓涛、曾大亮、杨有安
	优秀教师	国家留学生基金管理委员会	王芬、吴驰、黄晓涛
	S/390奖教金	国家留学生基金管理委员会	孙肖琏、王芬
	IBM软件奖教金	国家留学生基金管理委员会	黄晓涛

续表

获奖年度	获奖类别	颁奖单位	获奖者
2002	教学质量优秀奖二等奖	华中科技大学	徐永兵、李战春、杨向东
	S/390 奖教金	国家留学生基金管理委员会	吴驰
	IBM 软件奖教金	国家留学生基金管理委员会	王芬
	优秀教师	国家留学生基金管理委员会	彭娅婷
2003	教学质量优秀奖二等奖	华中科技大学	曾大亮、李战春、彭娅婷
	青年教师教学竞赛三等奖	华中科技大学	彭娅婷
	2003 教育部-IBM 高校合作项目年度最佳技术认证中心	国家留学生基金管理委员会	华中科技大学 IBM 技术中心
	IBM 软件奖教金突出贡献奖	国家留学生基金管理委员会	黄晓涛
	IBM 软件奖教金优秀奖	国家留学生基金管理委员会	彭娅婷
2004	"本科学生实验创新能力培养的研究——开放式计算机基础课程实验教学体系研究"获教学成果奖二等奖	华中科技大学	赵信、李战春、彭娅婷、赵维武、孟新光
	"大型 IBM S/390 网上教学服务器的开发"获教学成果奖三等奖	华中科技大学	黄晓涛、王芬、吴驰、赵信、彭娅婷

续表

获奖年度	获奖类别	颁奖单位	获奖者
2005	"C语言程序设计"获优质课程	华中科技大学	杨有安、曾大亮、崔珂梅、李战春、郑平安
	教学质量优秀奖二等奖	华中科技大学	彭娅婷
	教学质量优秀奖	华中科技大学远程与继续教育学院	黄晓涛
	IBM奖教金	国家留学生基金管理委员会	黄晓涛、彭娅婷、王芬、郑炎雄
2006	教学质量优秀奖二等奖	华中科技大学	李战春、江敏、徐永兵、张建国
	青年教师教学竞赛二等奖	华中科技大学	柯华、黄科烺
	青年教师教学竞赛三等奖	华中科技大学	彭娅婷
	网络教育网上教学三等奖	华中科技大学远程与继续教育学院	彭娅婷
	教学质量优秀奖	华中科技大学远程与继续教育学院	王芬
	IBM奖教金	国家留学生基金管理委员会	孙肖琏、吴驰
2007	青年教师教学竞赛一等奖	华中科技大学	柯华
	青年教师教学竞赛二等奖	华中科技大学	郑炎雄
	青年教师教学竞赛三等奖	华中科技大学	黄科烺
	教学质量优秀奖二等奖	华中科技大学	王芬、彭娅婷、吴驰、黄科烺
	IBM奖教金	国家留学生基金管理委员会	王芬
	IBM奖教金	国家留学生基金管理委员会	黄晓涛

续表

获奖年度	获奖类别	颁奖单位	获奖者
2008	"大型主机应用创新人才培养模式研究与实践"获教学成果奖二等奖	华中科技大学	黄晓涛、彭娅婷、吴驰、叶涛、王芬、郑炎雄
	"大学计算机基础"获精品课程	华中科技大学	兰顺碧、李战春、郑平安
	"电子商务"获精品课程	华中科技大学	黄晓涛、王芬、郑炎雄、叶涛
	"电子商务导论"获教材奖二等奖	华中科技大学	黄晓涛、王芬、叶涛、郑炎雄等
	教学质量优秀奖二等奖	华中科技大学	杨向东
	青年教师竞赛二等奖	华中科技大学	吴驰、彭娅婷
	本科生优秀毕业设计（论文）奖三等奖	华中科技大学	黄晓涛
	教学质量优秀奖二等奖	华中科技大学远程与继续教育学院	黄晓涛、刘群
	IBM奖教金	国家留学生基金管理委员会	彭娅婷
2009	教学质量优秀奖二等奖	华中科技大学	黄晓涛、李战春
	教学质量优秀奖	华中科技大学远程与继续教育学院	彭娅婷、徐永兵
	教学质量表扬奖	华中科技大学远程与继续教育学院	黄晓涛、郑平安
	IBM奖教金	国家留学生基金管理委员会	王芬
2010	青年教师竞赛一等奖	华中科技大学	吴驰
	青年教师竞赛二等奖	华中科技大学	杨向东

续表

获奖年度	获奖类别	颁奖单位	获奖者
2010	教学质量优秀奖二等奖	华中科技大学	黄晓涛、胡兵、徐永兵、吴驰、阙向红
	教育部-IBM高校合作项目15周年优秀教师奖	教育部-IBM公司	吴驰
	IBM主机大学合作项目突出贡献奖	IBM公司	吴驰
	IBM奖教金	国家留学生基金管理委员会	黄晓涛
	IBM大型主机合作项目学科建设奖	IBM公司	IBM技术中心
2011	教学质量优秀奖二等奖	华中科技大学	黄晓涛、李赤松、王芬、彭娅婷、江敏
	青年教师教学竞赛奖二等奖	华中科技大学	王芬、吴霞
	青年教师教学竞赛奖三等奖	华中科技大学	李赤松
	IBM奖教金	国家留学生基金管理委员会	吴驰
	IBM X10创新奖	IBM公司	于俊清
2012	"基于共享资源平台的计算机应用专业大型主机特色方向建设与实践"获教学成果奖一等奖	华中科技大学	黄晓涛、王芬、吴驰
	"华中科技大学临床技能网络评价系统的研究与实践"获教学成果奖二等奖	华中科技大学	郑兢力、历岩、刘波、陈大庆、邓洪志

续表

获奖年度	获奖类别	颁奖单位	获奖者
2012	教学质量优秀奖二等奖	华中科技大学	黄晓涛、胡兵、李战春、吴霞
	教学质量优秀奖一等奖	华中科技大学远程与继续教育学院	黄晓涛
	IBM中国优秀计算奖教金	国家留学生基金管理委员会	王芬
2014	校教师竞赛二等奖	华中科技大学	李赤松
	教学质量优秀奖二等奖	华中科技大学	黄庆凤、张建国、阙向红
2015	校教师竞赛二等奖	华中科技大学	李赤松
	教学质量优秀奖二等奖	华中科技大学	黄晓涛
2016	"以计算思维为核心的计算机基础课程教学平台建设与实践"获校级教学成果奖三等奖	华中科技大学	黄晓涛、阙向红、张晓芳、黄庆凤、江敏、张建国、王芬、李赤松、李战春、胡兵
	教学质量优秀奖二等奖	华中科技大学	黄庆凤、王芬
2017	校教师竞赛二等奖	华中科技大学	江敏
	教学质量优秀奖二等奖	华中科技大学	张晓芳
2018	校教师竞赛二等奖	华中科技大学	黄庆凤
	校教师竞赛三等奖	华中科技大学	江敏
	教学质量优秀奖二等奖	华中科技大学	黄晓涛
2019	教学质量优秀奖二等奖	华中科技大学	于俊清、王芬
2021	校教师竞赛一等奖	华中科技大学	李赤松
	"深度融合教育教学的高校信息化支撑保障体系研究与实践"获校级教学成果奖一等奖	华中科技大学	于俊清、王士贤、陈小丽、吴驰、李战春、柳斌、徐章、郑兢力

续表

获奖年度	获奖类别	颁奖单位	获奖者
2021	"新工科背景下计算机基础一流课程建设与教学模式改革"获校级教学成果奖三等奖	华中科技大学	黄晓涛、王芬、康玲、黄庆凤、张晓芳、王少荣、王琳玲、刘小虎、江敏、李赤松、李战春、徐永兵
2022	"高层次创新人才培养教育教学信息化生态研究与实践"获教学成果奖一等奖	华中科技大学	于俊清、王士贤、陈小丽、吴驰、李战春、柳斌、徐章、郑競力

·实验技术获奖·

获奖年度	获奖项目	颁奖单位	获奖者
2002	S/390优秀系统管理员	国家留学生基金管理委员会	龙涛
2002	S/390新秀奖	国家留学生基金管理委员会	吴驰
2002	"微机硬盘保护卡"获实验技术成果奖二等奖	华中科技大学	闵艺华、秦山秀、张启华、王洪
2004	"计算机开放实验室的建设与管理"获实验技术成果奖三等奖	华中科技大学	赵维武、向玉艳、张启华、陈骏
2007	"机房网络安全的研究"获实验技术成果奖三等奖	华中科技大学	赵维武、徐福斌、罗玉芬

续表

获奖年度	获奖项目	颁奖单位	获奖者
2008	"公共计算机实验室游戏控制软件的研究"获实验技术成果奖三等奖	华中科技大学	闵艺华
	"网络基础课程实验平台建设"通过验收	华中科技大学	李芝棠
	"数码艺术设计实验平台建设"通过验收	华中科技大学	李应金
	"同济校区计算机实验室机房改造"通过验收	华中科技大学	李应金
2009	"开放型多功能计算机网络实验室系统的研究"获实验技术成果奖一等奖	华中科技大学	王强、李芝棠、李战春、赵维武、周丽娟
	"计算机网络实验教学的改革与研究"获实验技术成果奖二等奖	华中科技大学	刘群、李应金、王强、赵维武、李战春
	"电子商务实验体系与技术研究"获实验技术成果奖二等奖	华中科技大学	王芬、黄晓涛、孙肖琏、叶涛、郑炎雄
	"公共计算机实验室游戏控制软件的研究"获实验技术成果奖三等奖	华中科技大学	闵艺华
2012	"大型机房数字化管理的研究"获实验技术成果奖三等奖	华中科技大学	唐颖、孙传林、闵艺华、王强、赵维武
	"基于创新能力培养的'C++程序设计'实验教学的研究与应用"获实验技术成果奖三等奖	华中科技大学	刘群、李应金、李战春、赵维武、罗玉芬

续表

获奖年度	获奖项目	颁奖单位	获奖者
2012	"临床技能数字化平台"获实验技术成果奖三等奖	华中科技大学	郑兢力、邓洪志、厉岩、舒涛、尹明敏
2015	"华中科技大学电子校务综合信息系统相关数据标准建立及功能开发"获实验技术成果奖三等奖	华中科技大学	郑兢力、吴驰、龙涛、王士贤、刘蜀豫
	"网络用户仿真测试系统研发"项目获实验技术成果奖三等奖	华中科技大学	章勇、张洁卉
2018	"校园网络认证监测系统"项目获实验技术成果奖二等奖	华中科技大学	张洁卉、章勇、周丽娟
	"基于通识教育的网络实验体系的探索与实践"项目获实验技术成果奖二等奖	华中科技大学	刘群、黄晓涛、胡兵、罗玉芬
2021	"全校信息化支撑保障公共服务平台"项目获实验技术成果奖一等奖	华中科技大学	吴驰、熊鹰、李凯、龙涛、王士贤
	"计算机开放实验室管理系统"项目获实验技术成果奖二等奖	华中科技大学	陶建平、刘波、曹霞、刘群、詹广辉
	"校园网精细化管理平台"项目获实验技术成果奖三等奖	华中科技大学	洪剑珂、刘波、雷洲、严格知
	"校园疫情防控一体化平台"项目获实验技术成果奖三等奖	华中科技大学	毛文卉、刘晓兰、秦楠、熊鹰、郑兢力

其他获奖

获奖年度	获奖项目	颁奖单位	获奖者
1995	三育人积极分子	中共华中理工大学委员会 华中理工大学	杨有安
1997	在"八五"科技工作中成绩显著,被评为科技工作先进集体	中共华中理工大学委员会 华中理工大学	华中地区网与校园网络中心
2001	三育人积极分子	中共华中科技大学委员会 华中科技大学	郑平安
2001	考场评估二等奖	华中科技大学成教院	华中科技大学计算中心
2002	一级合作学校	IBM 公司	华中科技大学-IBM 技术中心
2004	CERNET 十年建设中做出突出贡献的先进个人	中国教育和科研计算机网管理委员会	李芝棠、赵信、贺丰志、杨勇、金根龙、汪燕
2004	2004 年度 CERNET 主干网运行工作综合评比一等奖	中国教育和科研计算机网网络中心	CERNET 华中地区网络中心
2005	一级合作学校	IBM 公司	华中科技大学 IBM 技术中心
2005	2005 年度 CERNET NOC 工作评比三等奖	中国教育和科研计算机网网络中心	CERNET 华中地区网络中心

续表

获奖年度	获奖项目	颁奖单位	获奖者
2006	优秀共产党员	中共华中科技大学委员会	李战春
	三育人奖	中共华中科技大学委员会	兰顺碧
	治安综合治理工作先进单位	华中科技大学	华中科技大学网络与计算中心
	团队成就奖	IBM公司	华中科技大学IBM技术中心
	最佳团队合作奖	IBM公司	华中科技大学IBM技术中心
	2006年度CERNET主干网运行工作评比二等奖	中国教育和科研计算机网网络中心	CERNET华中地区网络中心
2007	三育人奖	中共华中科技大学委员会	李芝棠
	宣传思想工作先进个人	中共华中科技大学委员会	陈骏
	2007年度CERNET主干网运行管评比一等奖	CERNET国家网络中心	CERNET华中地区网络中心
2008	优秀共产党员	中共华中科技大学委员会	赵维武
	三育人积极分子	中共华中科技大学委员会	黄晓涛
	教学组织奖（NIIT）	华中科技大学远程与继续教育学院	华中科技大学网络与计算中心
	2008年度CERNET主干网运行工作评比三等奖	中国教育和科研计算机网网络中心	CERNET华中地区武汉主节点
2009	三育人积极分子	中共华中科技大学委员会	胡兵

续表

获奖年度	获奖项目	颁奖单位	获奖者
2009	2009年度CERNET主干网运行工作评比优秀奖	中国教育和科研计算机网网络中心	CERNET华中地区武汉主节点
	中国教育和科研计算机网CERNET建设十五年"突出贡献奖"	CERNET管理委员会（教育部科技司代章）	华中科技大学
2010	特色党日活动奖——开展党员为社区服务，推动党的影响力进社区	中共华中科技大学委员会	华中科技大学网络与计算中心党支部
	治安综合治理先进单位	华中科技大学	华中科技大学网络与计算中心
	优秀共产党员	中共华中科技大学委员会	杨勇
	优秀党务工作者	中共华中科技大学委员会	周汉中
	三育人积极分子	中共华中科技大学委员会	徐永兵
	老年工作先进工作者	中共华中科技大学委员会	周汉中
	科技管理工作先进个人	华中科技大学	于俊清
	CERNET主干网运行工作评比优秀奖	中国教育和科研计算机网网络中心	CERNET华中地区武汉主节点
2011	消防安全工作先进单位	华中科技大学	华中科技大学网络与计算中心
	高等教育信息化先进单位	教育部科技发展中心	华中科技大学网络与计算中心

续表

获奖年度	获奖项目	颁奖单位	获奖者
2011	优秀共产党员	中共华中科技大学委员会	李应金
	三育人积极分子	中共华中科技大学委员会	李战春
	IBM大型主机合作项目教书育人奖	IBM公司	华中科技大学IBM技术中心
2012	消防安全工作先进单位	华中科技大学	华中科技大学网络与计算中心
	优秀共产党员	中共华中科技大学委员会	兰顺碧
	三育人积极分子	中共华中科技大学委员会	吴霞
	宣传思想文化工作先进个人	中共华中科技大学委员会	王士贤
	优秀本科教学管理人员	华中科技大学	彭娅婷
2013	三育人奖	中共华中科技大学委员会	于俊清
	十佳女工	华中科技大学	秦山秀
	宣传思想文化工作先进个人	中共华中科技大学委员会	王士贤
	优秀工会委员	华中科技大学	唐颖
	综合治理先进个人	华中科技大学	王士贤
	校庆工作优秀个人	华中科技大学	贺聿志、汪燕
	优秀教务员	华中科技大学远程与继续教育学院	彭娅婷
	CERNET NOC工作评比一等奖	中国教育和科研计算机网网络中心	贺聿志

续表

获奖年度	获奖项目	颁奖单位	获奖者
2014	三育人积极分子	中共华中科技大学委员会	贺聿志
	校级先进单位（集体）——2014年度社会治安综合治理	华中科技大学	华中科技大学网络与计算中心
	CERNET 二十年建设中做出突出贡献的先进集体	中国教育和科研计算机网网络中心	CERNET 华中地区武汉主节点
	巾帼建功示范岗	华中科技大学	秦山秀、王景素、张雪梅
	2014 年度优秀共产党员	中共华中科技大学委员会	王景素
	校 2014 年度三育人积极分子	中共华中科技大学委员会	贺聿志
	校 2014 年度工会积极分子	华中科技大学工会委员会	张雪梅
	2014 年度校保密先进工作者	中共华中科技大学委员会	闵艺华
	CERNET 建设二十年做出突出贡献的先进个人奖（2014）	中国教育和科研计算机网网络中心	汪燕、贺聿志、杨勇、柳斌、秦山秀、李芝棠
	2014 年度信访维稳工作优秀个人	中共华中科技大学委员会	陈骏
2015	优秀工会工作者	华中科技大学	王景素
	CERNET NOC 工作评比先进奖	中国教育和科研计算机网网络中心	CERNET 华中地区武汉主节点
2016	优秀党员	中共华中科技大学委员会	于俊清
	CERNET 主干网运行工作优秀奖	中国教育和科研计算机网网络中心	CERNET 华中地区武汉主节点

续表

获奖年度	获奖项目	颁奖单位	获奖者
2017	消防安全工作先进单位	中共华中科技大学委员会	华中科技大学网络与计算中心
	校保密先进个人	中共华中科技大学委员会	杨勇
	三育人积极分子	中共华中科技大学委员会	张晓芳
	CERNET主干网运行工作先进奖	中国教育和科研计算机网网络中心	CERNET华中地区武汉主节点
2018	2016、2017年度湖北省非学历证书考试优秀工作者	湖北省教育考试院	陈骏、赵维武
	CERNET主干网运行工作优秀奖	中国教育和科研计算机网网络中心	CERNET华中地区武汉主节点
	校级先进单位（集体）——消防安全管理先进单位	中共华中科技大学委员会	华中科技大学网络与计算中心
	校保密先进个人	中共华中科技大学委员会	洪剑珂、严格知
	信访工作先进个人	中共华中科技大学委员会	李凯
	优秀党员	中共华中科技大学委员会	王景素
	优秀工会工作者	华中科技大学工会委员会	张建国
	三育人积极分子	中共华中科技大学委员会	张雪梅

续表

获奖年度	获奖项目	颁奖单位	获奖者
2019	校三育人奖	中共华中科技大学委员会	吴驰
	工会活动积极分子	华中科技大学工会委员会	雷洲
	先进工会工作者	华中科技大学工会委员会	彭娅婷
	2019年度CERNET主干网运行先进奖	中国教育和科研计算机网网络中心	CERNET华中地区武汉主节点
	社会治安综合治理先进个人（2019年度）	中共华中科技大学委员会	李战春、彭娅婷
	2018—2019年度湖北省非学历证书考试优秀工作者	湖北省教育考试院	刘群
2020	2020年全国计算机等级考试（湖北考区）优秀考点	湖北省教育考试院	华中科技大学
	2020年度保密工作先进集体	中共华中科技大学委员会	华中科技大学网络与计算中心
	2020年度信访工作先进集体	中共华中科技大学委员会	华中科技大学网络与计算中心
	2018年至2020年度先进基层党组织	中共华中科技大学委员会	华中科技大学网络与计算中心党总支
	华中科技大学抗击新冠肺炎疫情先进集体	中共华中科技大学委员会	华中科技大学网络与计算中心
	华中科技大学抗击新冠肺炎疫情先进个人	中共华中科技大学委员会	于俊清、李凯、熊鹰、洪剑珂
	社会治安综合治理先进个人（2020年度）	中共华中科技大学委员会	李战春、彭娅婷

续表

获奖年度	获奖项目	颁奖单位	获奖者
2020	学校工会积极分子	华中科技大学工会委员会	张建国
	2018至2020年度优秀共产党员	中共华中科技大学委员会	郑競力
	保密工作先进个人	中共华中科技大学委员会	詹广辉
	三育人积极分子	中共华中科技大学委员会	刘波
2021	保密工作先进个人	中共华中科技大学委员会	陶建平
	高等学校优秀党务工作者	中共湖北省委教育工作委员会	李战春
	华中科技大学2020—2021年度优秀共产党员	中共华中科技大学委员会	刘雅琴
	华中科技大学2020—2021年度先进基层党组织	中共华中科技大学委员会	网络与计算中心网络运行党支部
2022	三育人积极分子	中共华中科技大学委员会	张洁卉

完成的主要项目

序号	项目名称	项目来源	立项时间	负责人	参加人员
1	基于WDM光互联的网络并行计算系统结构的研究	国家自然科学基金委员会——面上项目	1999年	李芝棠	李汉菊、陈琳、汪燕、金海、徐则琨、王芳、徐福泉、蔡艳萍、黎耀
2	三网融合环境下多模视频内容搜索关键技术研究	国家自然科学基金委员会——面上项目	2012年	于俊清	黄晓涛、何云峰、吴驰、王增凯、王雷钧、胡雨成、邹前虎、汪洋、林朝晖
3	3D H.264视频的无帧内失真漂移隐写方法研究	国家自然科学基金委员会——面上项目	2013年	李芝棠	马晓静、涂浩、李战春、刘蜀豫、张爱芳、周丽娟、赵娟、刘云霞、叶涛
4	动态污点分析中的污点传播相似性研究	国家自然科学基金委员会——面上项目	2014年	李伟明	肖凌、张云鹤、梅松、赵娟、颜艺林、罗杰、刘昊、梁学甲、胡亚光
5	未知P2P流媒体识别及其特征码自动提取技术研究	国家科技部863信息技术领域	2007年	李芝棠	孙传林、马晓静、庞挺、涂浩、柳斌、刘蜀豫、刘峰、何宏、周丽娟、李汉菊、李战春、章勇
6	基于MBUS协议的松耦合型Internet会议系统研究	湖北省科技厅——湖北省自然科学基金面上项目	2004年	柳斌	李芝棠等

续表

序号	项目名称	项目来源	立项时间	负责人	参加人员
7	对等僵尸网络发现理论与技术的研究	湖北省科技厅重点基金项目	2009年	李芝棠	涂浩、李伟明、曾斌、李冬、李战春、周丽娟、刘蜀豫、张爱芳、陈琳、高翠霞、梅松
8	基于半监督学习的网络应用测量方法研究	湖北省科技厅——湖北省自然科学基金面上项目	2010年	柳斌	陶文兵、周丽娟、贺聿志、刘峰
9	基于随机线性网络编码的冗余P2P流媒体传输技术研究	湖北省科技厅——湖北省自然科学基金面上项目	2011年	黄晓涛	吴驰、于俊清、胡兵、王芬
10	未公开网络协议的自动化逆向工程研究	湖北省科技厅——湖北省自然科学基金面上项目	2012年	李伟明	李芝棠、张爱芳、陈琳、高翠霞
11	面向多租户的云计算平台存储资源访问控制模型研究	湖北省科技厅——湖北省自然科学基金面上项目	2013年	龙涛	吴驰、周可、黄晓涛、汤学明、王芬、曹建、符小龙
12	CNGI大规模路由器和组播技术的研究与试验	教育部重点项目	2005年	李芝棠	涂浩
13	华中地区武汉主节点及运行安全保障系统建设	教育部重点项目	2006年	李芝棠	黎耀、汪燕、秦山秀、周丽娟、涂浩、贺聿志、杨勇

续表

序号	项目名称	项目来源	立项时间	负责人	参加人员
14	CNGI-CER-NET2主干网华中科技大学核心节点建设	教育部重点项目	2006年	李芝棠	黎耀、汪燕、柳斌、贺聿志、杨勇、涂浩、周丽娟、刘蜀豫、孙传林、秦山秀、蔡新、李佳、林晓、张纪评、刘文芹、李文谨、孙飞、乐艳辉、马源、姜浩、马晓静、王斌斌、马明洋、雷杰、庞挺、冯永亮、何恒宏、张威
15	中国下一代互联网示范工程CNGI示范网络高校驻地网建设项目子项目	教育部重点项目	2007年	李芝棠	贺聿志、涂浩、刘蜀豫、柳斌、周丽娟、王景素、章勇
16	IPv4/IPv6过渡系统测试与部署（C）	教育部重点项目	2008年	李芝棠	李冬、周丽娟、涂浩、柳斌、刘蜀豫、李战春
17	"下一代互联网大规模高清视频会议系统应用示范"子项目——"高清视频会议系统部署和应用示范"课题	教育部重大项目	2009年	李芝棠	柳斌、涂浩

续表

序号	项目名称	项目来源	立项时间	负责人	参加人员
18	下一代互联网分布式搜索引擎应用示范	教育部重大项目	2009年	李芝棠	涂浩、柳斌、周丽娟、李冬、刘蜀豫、李战春、李汉菊、孙传林
19	华中科技大学校园网IPv6技术升级	教育部重点项目	2009年	李芝棠	贺聿志、柳斌、涂浩、邓洪志、李冬、章勇、刘波、孙传林、杨勇、蔡春光、王景素、秦山秀、陈大庆、郑竞力、李珊、刘纬、汪燕、周丽娟、刘蜀豫
20	华中科技大学CERNET主干网核心节点建设	教育部重点项目	2010年	李芝棠	贺聿志、杨勇、柳斌、李冬、周丽娟、章勇、汪燕、秦山秀
21	中日合作下一代互联网研究安全子项	教育部	2004年	李芝棠	赵宏、李芝棠、李汉菊、黎耀
22	基于Ipsec的高性能虚拟专用网系统	国家科技部	2004年	李芝棠	柳斌、涂浩、周丽娟、刘蜀豫、李战春
23	CNGI示范工程：面向下一代互联网的安全组播研究	国家发改委	2005年	李芝棠	柳斌、涂浩、周丽娟、刘蜀豫、李战春

续表

序号	项目名称	项目来源	立项时间	负责人	参加人员
24	新一代可信任互联网试验网	国家支撑计划	2007年	李芝棠	柳斌、涂浩、周丽娟、李冬、李战春、刘蜀豫、郭正彪、赵娟、宋广华、王卫东
25	新一代互联网上的P2P IPTV应用	国家支撑计划	2008年	李芝棠	涂浩、刘蜀豫、李战春、柳斌、周丽娟等
26	"教育科研基础设施IPv6技术升级和应用示范"项目——"校园网IPv6技术升级"子项目	教育部	2008年	李芝棠	贺聿志、杨勇、孙传林、汪燕、秦山秀、刘蜀豫、涂浩、柳斌、周丽娟、蔡春光
27	国家重点工业性试验项目：中国教育和科研计算机网（CERNET）示范工程：CERNET华中地区网络中心建设	国家计委	1994年	石冰心	刘启文、赵信、金根龙、詹建桥、胡曹元、冯波、贺聿志、邹玲、汪燕、肖汉南、孙传林、江国星
28	中国教育和科研计算机网（CERNET）示范工程应用系统专题：计算机网络性能管理	国家计委	1994年	贺聿志	汪燕、张斌

续表

序号	项目名称	项目来源	立项时间	负责人	参加人员
29	中国教育和科研计算机网（CERNET）示范工程应用系统专题：WWW服务器的建设	国家计委	1994年	赵信	詹建桥、肖汉南
30	中国教育和科研计算机网（CERNET）示范工程应用系统专题：电子新闻、电子论坛和电子公告牌建设	国家计委	1994年	邹玲	胡曹元、金根龙
31	中国教育和科研计算机网（CERNET）示范工程应用系统专题：通用SNMP AGENT的研制	国家计委	1994年	詹建桥	孙传林
32	中国教育和科研计算机网（CERNET）示范工程应用系统专题：whois服务系统	国家计委	1994年	胡曹元	邹玲、詹建桥

续表

序号	项目名称	项目来源	立项时间	负责人	参加人员
33	中国教育和科研计算机网（CERNET）示范工程应用系统专题：资源镜像系统自动管理	国家计委	1994年	汪燕	贺聿志
34	中国教育和科研计算机网（CERNET）示范工程应用系统专题：网络故障管理	国家计委	1994年	肖汉南	金根龙、张松国
35	华中理工大学校园网计算机网建设（一）	"九五"211工程	1998年	李芝棠	赵信、贺聿志、金根龙、杨勇、孙传林、汪燕、黎耀、秦山秀、刘蜀豫
36	华中理工大学校园网计算机网建设（二）	"九五"211工程	1999年	李芝棠	赵信、贺聿志、金根龙、杨勇、孙传林、汪燕、黎耀、秦山秀、刘蜀豫、王海丽、涂浩、柳斌
37	华中科技大学校园网三期建设	行动计划Ⅰ	2000年	李芝棠	赵信、贺聿志、金根龙、杨勇、孙传林、汪燕、黎耀、秦山秀、刘蜀豫、王海丽、涂浩、柳斌

续表

序号	项目名称	项目来源	立项时间	负责人	参加人员
38	基于 S/390 考试系统	国家留学基金委——IBM 研究基金	2000 年	黄晓涛	黄晓涛
39	四校区主干网建设	行动计划Ⅱ	2001 年	李芝棠	赵信、贺丰志、金根龙、杨勇、孙传林、汪燕、黎耀、秦山秀、刘蜀豫、王海丽、涂浩、柳斌
40	Websphere 课件制作	国家留学基金委-IBM 研究基金	2001 年	吴驰	吴驰
41	远程课件集成研究	国家留学基金委-IBM 研究基金	2001 年	王芬	王芬
42	Lotus 课件制作	国家留学基金委-IBM 软件基金	2001 年	郑炎雄	郑炎雄
43	图书信息与网络系统建设	行动计划Ⅲ	2002 年	李芝棠	赵信、贺丰志、金根龙、杨勇、孙传林、汪燕、黎耀、秦山秀、刘蜀豫、王海丽、涂浩、柳斌、周丽娟
44	本科学生实验创新能力培养的研究——开放式计算机基础课程实验教学	湖北省教学改革项目	2002 年	赵信	孟新光、李战春、赵维武、张小斌、王芬、黄晓涛、罗玉芬

续表

序号	项目名称	项目来源	立项时间	负责人	参加人员
45	东校区学生宿舍网一期建设	"十五"211工程	2003年	李芝棠	赵信、贺聿志、金根龙、杨勇、孙传林、汪燕、黎耀、秦山秀、刘蜀豫、王海丽、涂浩、柳斌、周丽娟、蔡春光
46	华中地区武汉主节点及运行安全保障系统建设	CERNET网络中心	2003年	李芝棠	黎耀、汪燕、秦山秀、周丽娟、涂浩、贺聿志、杨勇
47	大型主机系统管理	国家留学基金委-IBM软件研究基金	2003年	吴驰	吴驰
48	东校区学生宿舍网二期建设	"十五"211工程	2004年	李芝棠	赵信、贺聿志、金根龙、杨勇、孙传林、汪燕、黎耀、秦山秀、刘蜀豫、王海丽、涂浩、柳斌、周丽娟、蔡春光
49	中日合作下一代互联网研究安全子项	教育部	2004年	李芝棠	赵宏、李芝棠、李汉菊、黎耀
50	新形势下非计算机专业计算机基础教学系列课程的研究与实施	湖北省教改项目	2004年	赵信	李战春、黄庆凤、徐永兵、曾大亮、郑平安、鲁宏伟、谭志虎、李桂兰、孟新光

续表

序号	项目名称	项目来源	立项时间	负责人	参加人员
51	CNGI示范工程年研究开发、产业化及应用试验项目任务书（关键技术研究试验类）——面向IPv6的互联网安全体系结构和关键技术研究	国家产业化项目	2005年	李芝棠	周丽娟
52	现代大型主机操作系统	国家留学基金委-IBM研究基金	2005年	吴驰	吴驰
53	现代大型主机导论	国家留学基金委-IBM研究基金	2005年	黄晓涛	黄晓涛
54	远程网络教育研究	国家留学基金委-IBM研究基金	2005年	王芬	王芬
55	计算机应用技术专业大型主机创新人才培养模式的研究与实践	教育部-IBM联合教研项目（部级）	2006年	黄晓涛	许晓东、李桂兰、彭娅婷、吴驰
56	网络环境下基于问题的学习PBL在大学计算机学习中的应用研究	湖北省教改项目	2007年	兰顺碧	李战春、胡兵、阙向红、黄庆凤、江敏、杨向东

续表

序号	项目名称	项目来源	立项时间	负责人	参加人员
57	制冷机组设计反馈科研交流环境建设	国务院其他部委项目	2008年	李芝棠	柳斌
58	"下一代互联网校园学习生活交流平台应用示范"子项目	北京大学	2008年	李芝棠	涂浩、孙传林、杨勇
59	网页恶意代码的监测分析系统	938单位	2008年	李芝棠	涂浩、李战春、柳斌、刘蜀豫、周丽娟、李冬、刘峰等
60	大型主机应用系统案例分析与实践	教育部-IBM教学改革项目	2008年	王芬	王芬
61	大型数据库管理与应用	教育部-IBM精品课程建设项目	2009年	黄晓涛	黄晓涛
62	大型主机COBOL语言	教育部-IBM精品课程建设项目	2009年	郑炎雄	郑炎雄
63	湖北省电子政务"十二五"发展规划技术服务	湖北省电子政务工作领导小组办公室	2010年	李冬	李芝棠、贺聿志、涂浩、刘蜀豫、柳斌、周丽娟
64	校园网升级改造项目	2011年"985工程"	2011年	李芝棠	贺聿志、杨勇、孙传林、汪燕、秦山秀、刘蜀豫、涂浩、柳斌、周丽娟、王景素、章勇、张洁卉、李冬、蔡春光

续表

序号	项目名称	项目来源	立项时间	负责人	参加人员
65	校园网升级改造项目	2012年"985工程"	2012年	李芝棠	贺聿志、杨勇、孙传林、汪燕、秦山秀、刘蜀豫、涂浩、柳斌、周丽娟、王景素、章勇、张洁卉、李冬、蔡春光、
66	89栋学生宿舍网络防雷设施建设（一期）	2012年"修购专项"	2012年	王士贤	贺聿志、杨勇、孙传林、汪燕、秦山秀、刘蜀豫、涂浩、柳斌、周丽娟、王景素、章勇、张洁卉、李冬、蔡春光、
67	校园网升级改造项目（网络安全建设）	2013年"985工程"	2013年	于俊清	周丽娟
68	89栋学生宿舍网络防雷设施建设（二期）	2013年"修购专项"	2013年	王士贤	贺聿志、柳斌、章勇
69	校园网改选与升级	2013年"修购专项"	2013年	王士贤	柳斌、周丽娟、章勇、张洁卉、贺聿志、
70	大数据系列课程的研究与实践	湖北省教研项目	2013年	黄晓涛	康玲、王芬、秦磊华、吴驰

续表

序号	项目名称	项目来源	立项时间	负责人	参加人员
71	校园网 DNS 等关键服务器升级改造	2014 年信息化建设项目	2014 年	周丽娟	周丽娟
72	接入层交换机更新			章勇	蔡春光
73	办公区部分楼宇网络布线建设工程			张洁卉	柳斌、贺聿志
74	购置校园网核心交换机			柳斌	柳斌
75	校园网机房精密空调建设			贺聿志	杨勇
76	校园无线网第四期建设工程			刘波	柳斌、邓洪志
77	面向大数据的视频内容搜索关键技术研究	武汉市科技局应用基础研究计划	2014 年	于俊清	于俊清
78	校园网认证系统功能升级改造	2015 年信息化建设项目	2015 年	张洁卉	张洁卉
79	办公楼结构化布线增补			张洁卉	张洁卉
80	学生宿舍网络设备间整改			张洁卉	张洁卉

续表

序号	项目名称	项目来源	立项时间	负责人	参加人员
81	校园网无线布线五期	2015年信息化建设项目	2015年	柳斌	柳斌
82	核心数据中心数据库服务器及存储			龙涛	龙涛
83	同济校区网主机房UPS建设			邓洪志	邓洪志
84	校园网机房动力环境检测系统建设			李冬	李冬
85	网络信息化日志采集分析平台			涂浩	涂浩
86	电子邮件系统升级改造			李凯	李凯
87	数据中心硬件设备维保技术服务采购			龙涛	龙涛
88	网络与信息服务及运维管理系统			熊鹰	熊鹰
89	数字校园基础平台二期			郑竞力	郑竞力
90	校园微信门户平台			郑竞力	郑竞力
91	微软软件正版化服务			吴驰	吴驰

续表

序号	项目名称	项目来源	立项时间	负责人	参加人员
92	大数据分析在社交网络垃圾信息检测中的应用	国家基金面上项目	2015年	涂浩	涂浩
93	西二区电力增容智能远传网络建设	2016年信息化建设项目	2016年	杨勇	杨勇
94	校园网UPS供电系统			杨勇	杨勇
95	校园无线网六期建设			雷洲	雷洲
96	校园网光缆扩充改造工程			章勇	章勇
97	网络综合布线（五期）			张洁卉	张洁卉
98	统一通讯平台建设			郑君临	郑君临
99	网上办事大厅			熊鹰	熊鹰
100	数据中心硬件设备维保技术服务采购			龙涛	龙涛
101	核心数据中心建设二期			龙涛	龙涛
102	统一数据备份系统			龙涛	龙涛
103	网络安全设备维保服务采购			周丽娟	周丽娟

续表

序号	项目名称	项目来源	立项时间	负责人	参加人员
104	二级数据中心建设二期	2016年信息化建设项目	2016年	吴驰	吴驰
105	网络管理数据中心建设			吴驰	吴驰
106	校园卡会议签到终端			吴驰	吴驰
107	华中科技大学IPv6示范网络主干网核心节点支撑环境建设	教育部其他项目	2016年	于俊清	于俊清
108	软件定义的云计算资源管理	国家重点研发计划项目		于俊清	于俊清
109	面向视频大数据处理的数据流编程语言与并行优化方法研究	国家基金面上项目		于俊清	于俊清
110	机房供配电辅助系统建设	2017年信息化建设项目	2017年	贺聿志	贺聿志
111	校园网光缆扩充改造工程（二期）			章勇	章勇
112	学生宿舍新增桥架			雷洲	雷洲
113	校园网集中认证			柳斌	柳斌
114	校园网出口网络改造			章勇	章勇

续表

序号	项目名称	项目来源	立项时间	负责人	参加人员
115	校园网无线覆盖增补	2017年信息化建设项目	2017年	雷洲	雷洲
116	校园网安全设备及安全服务采购			周丽娟	周丽娟
117	数据中心远程（同城）灾备中心建设（一期）			龙涛	龙涛
118	华中大微校园二期			吴驰	吴驰
119	校园软件正版化（二期）			李凯	李凯
120	数据中心运维监控平台			龙涛	龙涛
121	信息系统安全检测工具采购			龙涛	龙涛
122	统一门禁管理系统			刘晓兰	刘晓兰
123	师生服务大厅信息化建设			郑兢力	郑兢力
124	校园架空光缆和废弃电杆拆除			贺聿志	贺聿志
125	校园无卡化支付平台建设			刘晓兰	刘晓兰
126	SDN/NFV与NDN安全研究	国家重点研发计划项目	2017年	李冬	李冬

续表

序号	项目名称	项目来源	立项时间	负责人	参加人员
127	校园网光缆扩充改造工程（三期）	2018年信息化建设项目	2018年	章勇	章勇
128	UPS系统维护保修			杨勇	杨勇
129	VPN设备采购及设备维保服务采购			洪剑珂	洪剑珂
130	核心数据中心建设（三期）			洪剑珂	洪剑珂
131	2018年数据中心硬件设备原厂续保服务			龙涛	龙涛
132	"一张表"工程（一期）			刘雅琴	刘雅琴
133	统一身份认证建设（二期）			郑竞力	郑竞力
134	华中科技大学转化大楼无线覆盖项目			雷洲	雷洲
135	虹膜身份认证平台示范建设	2019年信息化建设项目	2019年	郑君临	郑君临
136	光谷体育馆网络改造（军运会）			雷洲	雷洲
137	校园网IP地址动态分配系统			张洁卉	张洁卉

续表

序号	项目名称	项目来源	立项时间	负责人	参加人员
138	光谷体育馆互联网安全设备（军运会）	2019年信息化建设项目	2019年	严格知	严格知
139	网上办事大厅流程建设（三期）			熊鹰	熊鹰
140	校园网覆盖增补（2019年）			雷洲	雷洲
141	自助服务终端管理平台及设备试点建设（一期）			郑君临	郑君临
142	2019年信息系统安全等级保护测评技术服务			龙涛	龙涛
143	创新型工业互联网标识解析系统	国务院其他部委其他项目	2019年	于俊清	于俊清
144	异构系统安全互联关键技术及系统	国家重点研发计划项目		李伟明	李伟明
145	大规模试验验证和应用示范系统	国家重点研发计划项目		吴驰	吴驰
146	国家重大科技基础设施——未来网络试验设施核心节点建设合作协议	国家其他科技专项		于俊清	于俊清

续表

序号	项目名称	项目来源	立项时间	负责人	参加人员
147	可信电子单证服务平台建设	2020年信息化建设项目	2020年	孙晶晶	孙晶晶
148	校园网VPN升级系统			洪剑珂	洪剑珂
149	校园软件正版化（三期）			李凯	李凯
150	"一张表"工程（二期）			刘雅琴	刘雅琴
151	华中科技大学智慧华中大统一数据服务平台			毛文卉	毛文卉
152	网上办事大厅流程建设（四期）			熊鹰	熊鹰
153	校园网Web应用防护系统			严格知	严格知
154	网站群平台升级与监控			李凯	李凯
155	校园专网管控系统			刘云	刘云
156	校园网覆盖增补（2020年）（二次）			雷洲	雷洲
157	校园网出口流量监控与日志分析系统			章勇	章勇

续表

序号	项目名称	项目来源	立项时间	负责人	参加人员
158	校园网网络运维管理系统	2020年信息化建设项目	2020年	张洁卉	张洁卉
159	智慧华中大"一张图"工程项目			李俊峰	李俊峰
160	核心数据中心建设（四期）			龙涛	龙涛
161	华中大健康校园平台			秦楠	秦楠
162	南六楼和财务处实名制门禁建设			郑君临	郑君临
163	面向计算存储传送资源融合的网络虚拟化项目联合实施协议	国家重点研发计划项目	2020年	于俊清	于俊清
164	面向教育领域的IPv6示范网络互联网+技术试验子项目合同	教育部其他项目		于俊清	于俊清
165	智慧华中大"一张图"工程（二期）	2021年信息化建设项目	2021年	李俊峰	李俊峰
166	大数据与决策支持应急指挥系统——校园与数据可视化交互平台			李俊峰	李俊峰

续表

序号	项目名称	项目来源	立项时间	负责人	参加人员
167	华中大智能推荐系统（一期）	2021年信息化建设项目	2021年	秦楠	秦楠
168	网上办事大厅流程建设（五期）			熊鹰	熊鹰
169	网站建设与迁移服务（三期）			李凯	李凯
170	WPS办公文档云平台			李凯	李凯
171	华中科技大学数字迎新与报道系统			杨毅	杨毅
172	公共计算服务管理平台（一期）			张策	张策
173	大数据平台（一期）			严帆	严帆
174	院系国际化站点模板开发与服务			李凯	李凯
175	学生宿舍光网络升级改造			张洁卉	张洁卉
176	数据中心堡垒机采购			龙涛	龙涛
177	计算机基础课程全自动网络考试系统			黄庆凤	黄庆凤

续表

序号	项目名称	项目来源	立项时间	负责人	参加人员
178	计算机开放实验室预约管理系统	2021年信息化建设项目	2021年	曹霞	曹霞
179	智能问答平台			秦楠	秦楠
180	校园网安全冗余设备采购			周丽娟	周丽娟
181	2021年校园网覆盖增补项目			刘云	刘云
182	2021年数据中心硬件设备续保服务			龙涛	龙涛
183	2021—2023年校园网安全相关服务采购			周丽娟	周丽娟
184	2021年数据中心基础软件运维与技术支持服务			龙涛	龙涛
185	认证系统IPv6功能组件及技术保障服务			张洁卉	张洁卉
186	密码基础设施平台建设（二期）			孙晶晶	孙晶晶
187	同济校区校园网UPS电池更换			刘波	刘波
188	校园网主机房新增行间空调			蔡春光	蔡春光

续表

序号	项目名称	项目来源	立项时间	负责人	参加人员
189	校园网高速缓存购置	2022年信息化建设项目	2022年	章勇	章勇
190	校园网核心交换机			张洁卉	张洁卉
191	SAS软件正版化服务			李凯	李凯
192	高性能计算公共服务平台建设（二期）			张策	张策
193	2022年数据中心基础软件运维与技术支持服务			龙涛	龙涛
194	应急指挥系统升级改造			张洁卉	张洁卉
195	2022年学生宿舍光网络升级改造			张洁卉	张洁卉
196	2022年校园网安全相关服务采购			周丽娟	周丽娟
197	华中科技大学大数据平台（二期）			严帆	严帆
198	"挖矿"安全情报服务及专网安全防护设备采购			章勇	章勇

续表

序号	项目名称	项目来源	立项时间	负责人	参加人员
199	智慧华中大数据看板平台（一期）	2022年信息化建设项目	2022年	毛文卉	毛文卉
200	数据资源管理服务平台		2022年	严帆	严帆
201	网站群平台及教师主页平台升级服务（四期）			李凯	李凯
202	软件定义网络拓扑发现和保护	教育部其他项目	2022年	于俊清	于俊清
203	基于闭环的高校主动式网络安全管理机制与智能化技术防范体系研究	中国高等教育学会	2022年	王士贤	文坤梅、柳斌、周丽娟、刘恋、严格知、洪剑珂
204	规则内嵌的智慧网报系统关键技术研究	中国教育会计学会	2022年	王士贤	魏爱民、陈云生等

· 出版的专著及教材 ·

教材名称	主编	出版社	出版年度
光互联与并行处理（专著）	李芝棠	电子工业出版社	2001
SAS 统计分析软件应用指南	黄龙森	电子工业出版社	1993
统计分析软件 SAS 应用教程	黄龙森	湖北科学技术出版社	1995
计算机概论与上机操作	杨有安	华中理工大学出版社	1995
FORTRAN 77 设计	董学美	华中理工大学出版社	1995
统计分析软件 SAS 应用教程（第二版）	黄龙森	湖北科学技术出版社	1998
微机应用基础（第二版）	黄龙森	北京医科大学出版社	1999
计算机应用基础与上机操作	杨有安	华中理工大学出版社	1999
程序设计基础与 C 语言	王载新	华中理工大学出版社	1999
微机应用基础（第三版）	黄龙森	北京医科大学出版社	2000
计算机应用基础	杨有安	人民邮电出版社	2000
程序设计基础与 C 语言	王载新	人民邮电出版社	2000
SAS for Windows 统计系统教程	胡兵	华中科技大学出版社	2001
中文 Lotus Domino/Notes R5 系统管理高级技术	郑翔	机械工业出版社	2001
Domino R5 Lotus Script 与 Formula 应用手册	郑翔	机械工业出版社	2001
微机应用基础（第四版）	雷于生	北京医科大学出版社	2002
JAVA 语言程序设计	杨有安	电子工业出版社	2002
计算机应用基础（修订版）	杨有安	人民邮电出版社	2003
计算机应用技术基础	杨有安	高等教育出版社	2003
计算机应用基础（第二版）	杨有安	人民邮电出版社	2003
程序设计基础（C 语言）	王载新	清华大学出版社	2004
C 语言程序设计	郑平安	清华大学出版社	2004

续表

教材名称	主编	出版社	出版年度
计算机应用基础	杨有安	北京理工大学出版社	2004
大学计算机基础	杨有安	人民邮电出版社	2005
Visual FoxPro 程序设计教程	兰顺碧	清华大学出版社	2006
信息技术基础教程	胡兵	清华大学出版社	2006
程序设计基础（C语言）（第二版）	郑平安	清华大学出版社	2006
Visual Basic 程序设计教程	阙向红	清华大学出版社	2006
大学计算机基础（第一版）	杨有安	人民邮电出版社	2006
大学计算机基础（第二版）	杨有安	人民邮电出版社	2007
大学计算机基础（第二版）	兰顺碧	人民邮电出版社	2009
大学计算机基础（第三版）	兰顺碧	人民邮电出版社	2011
VB.Net 程序设计	兰顺碧	人民邮电出版社	2012
大学网络技术基础教程	胡兵	电子工业出版社	2013
Visual Basic 程序设计基础	阙向红	科学出版社	2015
Visual Basic 程序设计基础学习指导	张晓芳	科学出版社	2015
程序设计基础（C++）	李赤松、李战春、黄晓涛	电子工业出版社	2015
程序设计基础学习指导书（C++）	黄晓涛、徐永兵、江敏	电子工业出版社	2015
数据库技术与应用——SQL Server 2012	张建国	清华大学出版社	2019
高校信息化建设与管理（管理篇）	于俊清、王士贤、吴驰、李战春	华中科技大学出版社	2021

续表

教材名称	主编	出版社	出版年度
高校信息化建设与管理（制度篇）	王士贤、于俊清、吴驰	华中科技大学出版社	2021
高校信息化建设与管理（技术篇）	吴驰、于俊清、王士贤	华中科技大学出版社	2021

智慧华中大
——华中科技大学网络与计算中心40周年发展纪实

第七章

建设者

从起步建设到稳步发展,从快速提升到一流发展,华中科技大学网络与信息化经历了从无到有、从小到大、从弱变强的发展历程,40 年风雨同舟,40 年开拓进取,40 年砥砺前行。无论条件多么艰苦,一代又一代的网信建设者们在历任党政班子的带领下坚守在实现梦想的每一刻,充分发挥自身的水平和能力而卓有成效地履行历史使命。

· 历届领导班子成员 ·

姓名	职务	任职时间	备注
		1982 年 6 月—1985 年 4 月	
邹海明	计算中心主任	1982 年 6 月—1985 年 4 月	计算中心划归自动控制和计算机工程系领导
徐听宝	计算中心主任	1982 年 6 月—1985 年 4 月	
赵共麟	计算中心副主任	1982 年 6 月—1985 年 4 月	
文远保	计算中心副主任	1982 年 6 月—1985 年 4 月	
韦敏	计算中心副主任	1982 年 6 月—1985 年 4 月	
		1985 年 4 月—1997 年 10 月	
石冰心	计算中心主任	1985 年 4 月—1997 年 10 月	1985 年 4 月,计算中心从自动控制和计算机工程系划出,行政为正处级,支部隶属机关党总支。1987 年 12 月,支部从机关党总支划出,成立计算中心直属党支部
赵共麟	计算中心副主任	1985 年 4 月—1987 年 6 月	
张祖胜	计算中心副主任	1987 年 6 月—1996 年 3 月	
刘干斌	计算中心副主任	1992 年 9 月—1995 年 3 月	
任淑香	计算中心副主任	1996 年 3 月—1997 年 10 月	
韦敏	机关党总支计算中心党支部书记 计算中心直属党支部书记	1985 年 4 月—1987 年 12 月 1987 年 12 月—1990 年 9 月	
周汉中	校计算中心直属党支部书记	1990 年 9 月—1997 年 10 月	

续表

姓名	职务	任职时间	备注
1997年11月—2005年3月			
余祥宣	计算机学院计算中心主任（正处级）	1997年11月—1998年3月	计算机科学与工程系与计算中心联合组成计算机科学与工程学院，计算中心党支部隶属计算机科学与工程学院党总支
赵信	计算机学院计算中心副主任（副处级）	1997年11月—2005年7月	
李芝棠	计算机学院计算中心副主任（副处级） 计算机学院计算中心主任（正处级）	1998年3月—1998年10月 1998年10月—2005年3月	
艾一梅	计算机学院党总支计算中心党支部书记	1997年11月—1999年10月	
孟新光	计算机学院党总支计算中心党支部书记	1999年10月—2005年7月	
2005年7月—2017年8月			
李芝棠	网络与计算中心主任	2005年7月—2012年2月	计算中心从计算机科学与技术学院划出，成立网络与计算中心和网络与计算中心直属党支部
李应金	网络与计算中心副主任 网络与计算中心副处级调研员	2005年7月—2012年2月 2012年2月—2012年9月	
周汉中	网络与计算中心直属党支部书记	2005年7月—2011年9月	
王士贤	网络与计算中心直属党支部书记	2011年9月—2014年11月	
于俊清	网络与计算中心副主任 网络与计算中心副主任（主持工作） 网络与计算中心主任	2010年3月—2012年2月 2012年2月—2014年11月 2014年11月—2017年8月	

续表

姓名	职务	任职时间	备注
李战春	网络与计算中心直属党支部书记	2014年11月—2017年8月	
康玲	网络与计算中心副主任	2011年10月—2017年8月	
刘跃龙	网络与计算中心副主任	2015年11月—2016年9月	
吴驰	网络与计算中心副主任	2016年11月—2017年8月	
2017年8月至今			
于俊清	网络与计算中心党总支书记 网络与计算中心主任	2017年8月至2020年8月 2017年8月至2020年8月	
王士贤	网络与计算中心党总支书记 网络与计算中心主任	2020年10月至今 2020年10月至今	
李战春	网络与计算中心党总支副书记	2017年8月至今	经学校党委常委会决定，2017年6月，撤销网络与计算中心直属党支部，设立网络与计算中心党总支
康玲	网络与计算中心副主任	2017年8月至今	
吴驰	网络与计算中心副主任 网络与信息化办公室副主任	2017年8月至2022年11月 2022年11月至今	
柳斌	网络与计算中心副主任	2019年12月至今	
姚坦	网络与信息化办公室副主任	2022年1月至2022年11月	

·网络与计算中心在职人员名单·

（截至 2022 年 12 月 31 日，共 53 人，按姓氏笔画排序）

序号	所在部门	教职工名单
1	网络运行部	刘云、李冬、杨峰、张洁卉、章勇、雷洲、蔡春光
2	网络安全技术工作组	刘恋、严格知、周丽娟、洪剑珂
3	同济分中心	刘波、陆梅、郑君临、黄剑、谢立明
4	信息系统部	孙晶晶、李凯、李俊峰、杨毅、郑兢力、熊鹰、刘晓兰
5	数据智能部	毛文卉、刘雅琴、严帆、秦楠
6	计算业务部	龙涛、张策
7	用户服务部	江林、张雪梅、韩迎春
8	研究部	于俊清、唐九飞
9	计算机基础教研室	王芬、江敏、李赤松、张晓芳、徐永兵、黄庆凤、黄晓涛
10	计算机开放实验室	刘群、张江露、陶建平、詹广辉
11	办公室	王士贤、任佳文、李战春、吴驰、柳斌、曹霞、康玲、彭娅婷
12	IBM 计算机技术中心	吴驰（兼）

网络与信息化办公室在职人员名单

（截至 2022 年 10 月 31 日，共 7 人，按姓氏笔画排序）

序号	所在部门	教职工名单
1	综合科	陈英
2	项目管理科	刘洪、陈小翠
3	信息安全管理科	文坤梅
4	注册中心	罗蔚、杨峻、郑祥坤

图 7.1　在职人员合影